건축, 교양이 되다

- **일러두기**
번역서의 인용문 중에서 잘못된 표기나 오래전에 번역된 이유로 딱딱한 문어체의 느낌, 비전공자들이 이해하기 어려운 부분 등은 원문의 의도를 거스르지 않는 범위 내에서 독자들이 읽기 쉽도록 일부 수정하였음을 알려 드립니다. 원저자와 출판사의 따뜻한 이해를 구하는 바입니다.

건축, 교양이 되다

—

2016년 9월 27일 1판 1쇄 인쇄
2016년 10월 5일 1판 1쇄 발행

지은이 이석용
펴낸이 이상훈
펴낸곳 책밥
주소 03986 서울시 마포구 동교로23길 116 3층
전화 번호 02) 582-6707
팩스 번호 02) 335-6702
홈페이지 www.bookisbab.co.kr
등록 2007.1.31. 제313-2007-126호

—

기획·진행 김난아
디자인 디자인허브

—

ISBN 979-11-86925-11-9 (03610)
정가 15,800원

책밥은 (주)오렌지페이퍼의 출판 브랜드입니다.

이 도서의 국립중앙도서관 출판예정도서목록(CIP)은 서지정보유통지원시스템 홈페이지(http://seoji.nl.go.kr)와 국가자료공동목록시스템(http://www.nl.go.kr/kolisnet)에서 이용하실 수 있습니다.(CIP제어번호: CIP2016022962)

모두가 한 번쯤
궁금해했던
건축 이야기

건축, 교양이 되다

이석용 지음

책밥

건축, 충분히 재미있는 것

어릴 적 몰두했던 놀이 중 '초인종 누르고 도망가기'가 있었다. 물론 우리 집은 아니었다(가끔 극도로 소심한 녀석들 중에 제 집을 타깃으로 삼는 녀석들도 있었다). 당한 사람 입장에서는 어쩌면 경범죄라고 항의할 수도 있겠다. 피해자들에겐 심심한 사과를 드린다. 어쨌거나 아버지의 금연처럼 여러 번 끊기를 감행해야 했고, 금단현상을 느낄 정도로 짜릿했던 기억이다.

비슷한 시간, 대로변의 자전거 수리점에는 자전거계^界의 할리 데이비슨 Harley Davidson이라고 할 만한 배달용 자전거 한 대가 수리를 기다렸다. 이 녀석은 세워 놓는 장치도 튼튼해서 직립으로 서 있을 수 있었다. 그 옆에는 자전거의 페달을 손으로 쥐고 살짝 들린 뒷바퀴를 계속해서 돌리고 있는 녀석이 있었다. 세 걸음 뒤로 녀석의 책가방이 자빠져 있었고, 다시 세 걸음 뒤로 팔짱을 낀 수리점 아저씨가 녀석을 내려다보고 계셨다. 아저씨의 표정으로 보건대 분명 타일러도 보고 욕도 해 보고 힘으로 내쫓아도 보았던 것 같다.

당시 아이들의 이 두 보편적(변명 같지만)이고도 유별난 놀이에는 공통점이 하나 있다. 모두 '쌍방향으로 작동'한다는 것이다. 초인종을 누르고 도망치는 뒤통수에 도달하는 질펀한 육두문자는 순간 엄청난 아드레날린을 분비하게 한다. 자전거 페달은 녀석이 노력한 만큼 뒷바퀴를 돌게 한다. 체인이 세련된 마찰음을 낼 때면 별천지를 느끼기도 했을 것이다.

　당시의 길거리에는 그렇게 작동하는 것이 드물었다. 뒤돌아보면 그때만큼 작동하는 인간관계는 이제 없지만 말이다. 작동이 아니라 작용이라고 해야 할까? 동네에는 아는 어른들도 친구들도 참 많고, 서로 궁금한 것도, 얘깃거리도 참 많았더랬다. 작동하든 작용하든, 하여튼 재미는 거기에 있는 것이다.

　그런데 우리들의 집(넓게는 '건축')도 그렇다. 이 대목에서 누군가 대뜸 '그거 당연한 거 아니오?' 할 수 있겠다. 스위치를 켜면 전등이 불을 밝히고, 가스레인지의 손잡이를 비틀면 푸른빛의 가스 불이 들어온다는 것쯤은 너무나 당연해서 이젠 그리 재미있을 것도 없다고 말할 수 있겠다. 물론 그렇다. 하지만 그렇게 겉만 훑지 말고 안을 들여다보면 조금은 더 색다른 맛을 느낄 수 있음을 이 책을 통해 전하고 싶다. 한국인은 맨발로 방에 들어가고, 서양인들은 신발을 신은 채 방에 들어가는 것이 무엇에서 비롯된 차이인지 아시는가? 지금의 우리가 루이 14세보다 더 따뜻하게 겨울을 나고 있다는 사실은 또 어떻고? 공중화장실의 칸막이 이름은 로마 시대에 작명한 것이고, 우리들의 집 안에도 갤러리^{Gallery}라 부를 만한 공간이 있다는 사실은 우리들의 집이 한두 달 만에 뚝딱 만들어진 것이 아니라 아주 오랜 세월 이어진 뿌리 위에 건축되었음을 증명하는 것이다. 같은 맥락에서 한국인의 기호와 취향이 다양성을 잃어 가는 것도 비슷한 공간 안에서 3~40년 살아오며 쌓은 '작용 반작용'의 결과는 아닐까?

이 책은 우리들에게 물리적·정서적으로 '작용'하는 건축 교양의 폭을 넓히기 위해 집필되었다. 작은 방에서 시작해 대성당이나 에펠 탑과 같은 대형 건축물로 다가서기도 하고, 기원전 선조들의 주거 문화에서부터 지금의 아파트 문화에 닿는가 싶더니, 스크린 속 공간을 더듬다가 법전을 들춰 보기도 한다. 그러고는 작은 방 옆 화장실로 사뿐히 착지해 휴식을 취한다. 이 책은 그렇게 여행과 닮아 있다고 말하고 싶다.

- 2016년, 그 어느 때보다 더웠던 여름
서재의 고마운 에어컨 아래에서

목
차

자신만의 공간을 갖고 싶어 하는 욕망은
상당히 보편적인 현상이다.
그러한 욕망은 문명과 시간을 관통한다.

미셸 페로, 《방의 역사》

1

방에 관한
'결코' 짧은 이야기

반자돌림대의 존재 이유

방에 누워 천장*을 올려다보면 기분에 따라 달라 보인다. 어떤 때는 벽지의 문양이, 어떤 때는 찰싹 달라붙은 파리가 새만큼 크게 보이기도 한다. 온 정신을 집중하던 중 혹시 날아가기라도 하면 내 강한 기에 떠밀려 도망간 거라고 으쓱해했던 기억이 있다. 파리 자슥. 한번은 환한 형광등과 눈싸움하다 눈물을 한 종지나 흘리고 나서야 알 수 없는 패배감에 젖어 잠이 들기도 했다. 그러다 아주 가끔 시선을 고정하는 것이 하나 더 있다. 천장과 벽이 만나는 곳에 있는 선線 부재, 반자돌림대가 그것이다.

보통은 천장을 가리키며 '저거, 길쭉한 거, 작대기' 했던 그것. 관련 분야에서 조금 배웠다는 사람들은 '실내 상부 몰딩' 또는 '천장 졸대'라고 하면 의사소통은 되었던 그것.

좁고 가느다란 나무 부재를 통틀어 졸대(또는 오리목)라고 하니까 '천장 졸대'라고 하는 것이고, 그 모양새를 들여다보면 장식의 의도가 충분히 보

천장과 벽이 맞닿은 곳을 마무리하는 반자돌림대

바닥과 벽이 맞닿은 곳을 마무리하는 걸레받이

---

* 방의 보온과 미관을 위해 보꾹(지붕의 안쪽) 아래를 널이나 종이로 가린 것이며, 곧 반자의 겉면을 말한다. 간혹 '천장(天障)'과 '천정(天井)'을 혼동하는데 '천장'이 맞는 표현이다.

이므로 '몰딩Moulding(또는 Molding)'**이라고도 부른다. 그러면 반대로 '실내 하부 몰딩', '바닥 졸대'도 있을까? 있다. 바로 우리가 흔히 '걸레받이'라고 하는 그것이다.

실내 상부 몰딩 또는 천장 졸대. 하지만 사전에 명기된 정식 명칭은 어디까지나 다소 생경한 반자돌림대다. 풀이하면 천장을 이루는 평평한 면을 '반자'***라 하고, 그 반자의 테두리를 두르는 졸대가 곧 '돌림대'이니 '반자돌림대'라 이름 붙인 것이다.

그런데 반자돌림대는 도대체 왜 있는 것일까? 앞서 언급한 것처럼 부재는 장식적인 효과가 있다. 장식적인 부재가 방에 있다는 건 그리 이상할 바 아니다. 하지만 거의 대부분의 방에 저 반자돌림대가 있다면 얘기는 조금 달라진다. 미적인 고려가 눈곱만큼이라도 있을까 싶은 방들에서도 저 반자돌림대를 쉽게 찾아볼 수 있기 때문이다. 심지어 뜨내기들이나 가끔 들르는 여인숙이나 1년에 한두 번 갈까 싶은 엠티촌 50인실 — 무엇보다도 수용 인원수가 가장 중요한 — 에서도 흔히 볼 수 있다.

마치 학교 복도를 나설 때도 속눈썹을 마스카라로 올리고 뷰러로 집는 패피 여고생처럼 건축인들에게도 일말의 자존심처럼 여겨지는 최소한의 무언가라도 되는 것일까? 아무리 값싸고 흉한 집이라도 방에 반자돌림대만큼은 돌려야 뭔가 최소 기준을 만족하고 마침표를 찍을 수 있는 것처럼 말이다. 반자돌림대의 기능과 목적을 좀 더 살펴보자.

건축시공 책의 수장 공사(실내 마감 공사 또는 내장 공사) 편을 보면 반자돌림대의 목적을 벽과 반자(천장)가 맞닿는 곳을 깔끔하게 정리하고 장식을 겸

- 건축이나 공예 분야에서 틀이나 가구 따위의 테두리를 장식하는 방법으로, 주로 벽, 문 등의 윗부분에 돌이나 목재로 띠처럼 댄 장식을 말한다. '쇠시리'라고도 한다.
- ** 지붕 밑을 바르거나 막아서 평평하게 만든 천장. 방이나 마루의 천장을 평평하게 만들어놓은 시설.

하여 반자돌림대를 대는 것으로 설명하고 있다.[*] 그리고 목구조에서 반자돌림대는 윗면 반자널(마감재)을 끼울 홈을 파 넣기 위해 먼저 반자돌림대를 설치한다고 덧붙였다. 이렇게 되면 천장 반자의 수평 레벨을 보다 쉽게 잡아줄 수 있다. 다시 말해서 반자돌림대는 길이재이므로 면재인 반자널에 비해 벽의 일정한 높이에 정확하게 수평으로 돌려 설치하기 쉽고, 먼저 설치되어 홈을 내놓는다면 반자널은 자연스럽게 수평을 맞출 수 있게 된다는 얘기다.

게다가 벽지로 마감된 방에서도 요긴한 기능을 할 수 있다. 벽지 마무리를 숨기고 또 모서리가 일어나지 않도록 누르는 역할을 반자돌림대가 할 수 있기 때문이다. 오래된 벽지는 주로 모서리부터 문제가 발생한다. 벽지 중간이 느슨해지고 심하게는 공기가 들어차 뜯어지기 시작하는 것은 바로 모서리 부분의 점착성이 약해졌기 때문이다. 게다가 벽지의 어색한 마무리를 가린다면 깔끔한 미적 효과도 얻을 수 있다. 물론 반자돌림대를 먼저 시공하고 나중에 벽지를 붙이는 경우처럼 원래의 목적인 벽과 반자를 정리하고 장식하는 효과만 얻는 경우도 많다. 설령 벽지가 아닌 페인트로 마감된 방이라도 반자돌림대의 설치는 앞선 이유로 이해할 수 있다.

그런데 이 대목에서 가벼운 궁금증이 하나 일어난다. 왜 반자돌림대는 벽(또는 벽지)의 색보다 눈에 띄는 색을 사용하는 걸까? 왜 굳이(항상 그런 건 아니지만) 색상 대비 차가 큰 쪽으로 선택하는 것일까? 밝은 아이보리 벽지 위에 검은색에 가까운 짙은 갈색의 반자돌림대는 윤곽선처럼 너무 눈에 띄는 대비가 아닐까? 벽과 반자가 맞닿은 곳을 깔끔하게 정리한다는 것이 이

---

* 교재편찬위원회, 《건축시공》, 학연사, 1983.

런 의미일까? 방의 '윤곽'과도 같은 반자돌림대와 걸레받이는 도대체 어떤 부가적인 기능을 내포하고 있는 것일까? 다른 접근이 필요해 보인다.

점유 공간, 퍼스널 스페이스Personal Space

윤곽. 혹시 방의 윤곽을 뚜렷하게 해주려는 건 아닐까? 화장 기법 중에 아이라인이라는 것이 있다. 유행과 취향에 따라 각양각색이겠지만 대개는 짙은 색으로 눈의 가장자리를 따라 그려 윤곽을 또렷하게 하는 것이 아이라인이다. 반자돌림대와 걸레받이는 혹시 방의 윤곽을 따라 그리는 아이라인과 같은 것이 아닐까? 무슨 생뚱맞은 소리인가 싶겠지만 방의 윤곽을 부각시킴으로써 무언가 심리적인 효과를 가져다주는 것은 아닐까 싶은 것이다. 공간심리학이라는 다소 생경한 분야, 그중 퍼스널 스페이스personal space라는 개념이 눈에 들어온다.

미 북동부 뉴잉글랜드의 숲 속에는 Myrtle, Cape May, black—throated green 등의 새가 살고 있다. 이들을 가만히 지켜보면 같은 나무에 앉을 때 각각 따로따로 장소를 차지하는 경향을 알게 된다. Myrtle은 보통 나무의 얕은 부분을 차지하고, Cape May는 상부를, black—throated green은 뿌리에 가까운 지상 근처를 점유한다. 이와 같이 따로 사는 것은 종류 간에 생길 염려가 있는 먹이 싸움을 감소시킨다는 흥미 있는 효과가 있다.

특정 종류 간에도 공간적인 분포에는 뚜렷한 패턴이 관찰된다. 방목하는 소나 해조海鳥의 무리가 휴식을 취하거나 먹이를 먹을 때는 부근 일대에 균등하게 흩어지는 경향이 있다. 뉴잉글랜드의 작은 새와 마찬가지로 이들이 이용할 수 있는 공간과 먹이를 요령 있게 — 마치 사회적이라고도 말할 수 있게 — 배분함으로써 상호 간에 생기는 투쟁을 멀리하고 있다.

– 데이비드 칸터, 《건축심리》, p.135

에드워드 홀Edward T. Hall*은 《숨겨진 차원Hidden dimension》(1966)에서 공간에 대한 연구(공간학)를 뜻하는 '프록세믹스proxemics'를 처음으로 소개했다. 이 공간학의 바탕이 되는 개념이 바로 퍼스널 스페이스(개인 영역)다.

퍼스널 스페이스는 개인의 안정감ㆍ쾌적함을 바탕으로 하는 물리적ㆍ심리적 점유 공간이자 거리 감각이다. 개인은 눈에 보이지 않는 여러 공간 층을 형성하고 있는데 낯선 사람이 이 공간 층을 무시하고 접근하면 그 정도에 따라 불쾌감 또는 불안감을 느끼게 된다는 것이다. 홀에 의하면 퍼스널 스페이스는 4단계를 가지며, 가장 친밀한 영역intimate space부터 공적인 영역public space에 이르기까지 일정한 거리를 가지고 있다고 한다. 이런 이유로 사람들은 낯선 사람들과 일정한 거리를 유지하려는 경향을 보인다는 것이다.

버스 정류장에서 줄을 설 때 타인과 일정한 간격을 유지한다거나, 지하철에서 가장 선호하는 자리는 중간의 너른 곳이 아닌 맨 가장자리의 외딴곳인 경우도 이에 해당한다. 적어도 한쪽에는 다른 사람이 앉을 수 없어서 확실한 개인 영역을 확보할 수 있기 때문이다. 영화관에서 옆 사람과 공유할

---

* 미국의 문화인류학자. 홀은 그의 문화인류학 4부작이라 불리는 《침묵의 언어》, 《숨겨진 차원》, 《문화를 넘어서》, 《생명의 춤》을 비롯해 일상의 문화인류학과 문화 간의 비교 연구에 관한 여러 저서들을 남겼다.

낯선 사람들과 서 있을 때 일정한 간격을 유지하려 한다.

수밖에 없는 팔걸이에 민감한 것도, 엘리베이터에서 낯선 사람들과 밀착되었을 때 매우 어색한 것도 이러한 맥락이다. 일본의 한 소설에 다음과 같은 대목이 있다.

> 우산을 쓰고 걷다 보니 마음이 차분해졌다. 빗방울이 우산을 두드리는 소리가 아름다웠다. 혹시 그런 생각을 하는 건 자기밖에 없을지도. 그래도 우산 속에 혼자 있으면 부끄러워할 필요가 없다. 자기만의 공간을 확실히 알 수 있는 비 오는 날이 좋았다.
>
> – 기자라 이즈미, 《어젯밤 카레, 내일의 빵》, p.227

비 오는 날, 우산 속에서는 자신만의 공간을 확실히 느낄 수 있다. 공감할 만하지 않은가?

그런데 이 퍼스널 스페이스는 친밀감에 따라 유동적으로 재설정되기도 한다. 예를 들어 낯선 광장에서 전혀 모르는 사람들과 가까이 있다고 가정해 보자. 그것도 외국인으로. 세상에나, 눈동자가 녹색이다! 혹시나 뒤돌아 말을 걸지나 않을까 노심초사할 수 있다. 그런데 함께 전광판의 축구 중계를 보다가 공이 골망을 흔드는 순간, 서로 환호하는 모습을 발견하면서 묘한 동질감을 느끼게 된다. 상대편이 아니라면 말이다. 눈이 움푹 들어가고 눈동자가 에메랄드 색인 사람과 이내 부둥켜안고 껑충껑충 뛰는 광경을 연출하게 되는 것이다. 이는 동질감을 확인하는 순간 친밀도가 높아지면서 상대방을 퍼블릭 또는 소셜 스페이스에서 퍼스널 스페이스로 데려다 놓은 결과다.

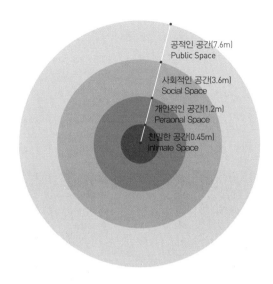

에드워드 홀이 네 가지 영역으로 구분한 퍼스널 스페이스

영화 〈레옹〉[*]을 보면 목숨의 위협을 느낀 마틸다가 레옹의 아파트 문을 두드리는 장면이 나온다. 이미 모든 상황을 알고 있는 레옹은 고민에 고민을 거듭한다. 문을 열어주지 않으면 마틸다의 생명은 불을 보듯 뻔하다. 하지만 레옹은 쉽게 결정하지 못한다. 킬러의 퍼스널 스페이스는 다른 사람에 비해 훨씬 단단한 것이기 때문이다. 그 호두와 같이 딱딱한 껍질을 스스로 깨야 하기 때문에 레옹은 그렇게도 힘든 고민을 한 것이 틀림없다. 결국 레옹은 자신의 방으로 들어온 마틸다와 점점 친밀도를 높여가면서 퍼스널 스페이스를 공유하게 된다.

———

• 〈레옹〉(Leon: The Professional), 뤽 베송 감독, 고몽 필름 컴퍼니 제작, 컬럼비아 픽처스 배급, 1994.

1	2
3	4

영화 〈레옹〉에서 이웃집 소녀 마틸다가 킬러 레옹의 퍼스널 스페이스로 들어가는 장면

1 목숨의 위협을 느낀 마틸다가 킬러 레옹의 퍼스널 스페이스로 들어가게 해달라고 애원한다.

2 마틸다의 목숨이 위태로운 것을 잘 알지만 레옹은 자신의 퍼스널 스페이스가 깨지는 것을 원치 않기 때문에 고민한다.

3 드디어 레옹의 퍼스널 스페이스에 틈(문)이 벌어진다. 마틸다의 얼굴이 빛으로 환해진다.

4 레옹의 퍼스널 스페이스로 마틸다가 들어간다.

퍼스널 스페이스를 더 노골적으로 강조한 영화도 있다. 인류 종말 이후 살아남은 사람들에 대한 영화로 〈터보 키드〉[•]가 있다. 주인공 키드가 만화책에 몰입해 걷다가 애플이라 불리는 사내와 부딪힌다. 애플은 키드의 먹살을 잡고 경고한다.

"뭐 하는 거냐, 이 녀석아? 남의 사적인 영역personal space으로 막 들어오면 안 되지! 사적인 공간, 팔 길이를 반경으로 한 공간, 내 안락한 영역. 가족만 들어올 수 있다고!"

다시 본론으로 돌아가자. 반자돌림대와 걸레받이는 퍼스널 스페이스와 어떤 상관관계가 있는 것은 아닐까? 혹시 반자돌림대와 걸레받이는 공간의 크기를 떠나 퍼스널 스페이스의 윤곽을 뚜렷하게 부각시키는 기능을 하는 것은 아닐까? 의식적 또는 무의식적으로도 자신만의 개인 영역을 확인하면서 더욱 안정적으로 공간을 점유하려 하지 않는가 말이다.

같은 논리로 로비나 홀과 같은 공용 공간에서는 오히려 반자돌림대가 잘 보이지 않는 이유(장식의 기능만 수행하기 때문에)를 충분히 이해할 수 있을 것이다.

그렇다면 우리 조상들의 주거 공간은 어떨까? 즐겨 입는 의복과 비슷한 색상으로 벽지를 붙여 놓았다. 문살 역시 같은 벽지를 붙여 놓았으며 심지어 반자돌림대가 있는 경우에도 그 위로 벽지를 덧붙여 놓았다.[••] 이런 경우 반자돌림대는 반자널을 얹기 위한 용도로만 쓰인 것으로 짐작할 수 있다. 무슨 이유에서일까? 애써 개인 점유 공간을 부정이라도 하는 것일까? 사실 우리 전통 주택의 방들은 반자돌림대로 점유 공간을 뚜렷하게 하는 것

•   〈터보 키드〉(Turbo Kid), 프랑수아 시마르 감독, EMA 필름 컴퍼니 제작, 에픽 픽처스 그룹 배급, 2015.
•• 김동욱, 《한국건축 중국건축 일본건축》, 김영사, 2015, p.226~227. "전통적으로 온돌방의 실내는 바닥이고 벽이고 천장이고 전체를 종이로 싸 바르는 것이 원칙이었다. 바닥은 두꺼운 장판지를 깔고 벽과 천장은 흰 도배지를 바르는데 창문틀이나 기둥도 모두 종이로 감싸서 실내에서는 종이 이외에 다른 것이 전혀 보이지 않도록 했다."

은 고사하고 아무리 보아도 사적인 공간을 보장받으려는 노력은 부족한 것 같다. 평범한 민가를 둘러보면 그 협소함도 그렇거니와 툇마루에 앉아 방에서 자고 있는 사람의 숨소리도 확인할 수 있을 정도로 경계 없이 바짝 붙어 있기 때문이다. 그만큼 창호지 바른 문은 아침 햇살은 물론이고 사람 말소리도 거침없이 드나들 수 있는 것이다. 사립문이나 담장은 또 어떠하며, 실내인지 실외인지도 명확하지 않은 마루나 정자와 같은 독립채도 공간이 명확하지 않은 건 매한가지다. 그 이유는 뭘까? 그건 아마도 우리 조상들은 개인보다 공동체를 더 소중하게 생각하기 때문이 아닐까 싶다. 개인보다는 가족, 가족보다는 마을, 마을보다는 국가 하는 식으로 '우리'가 더 소중했기 때문은 아닐까? 그래서 우리의 전통 주택은 개인의 공간을 최소화하는 것으로도 모자라 경계를 흐릿하게 하고 또 중첩시켜 함께 나누고 공동체 의식을 고양하려 했던 것으로 보인다. 그러니 있던 반자돌림대도 새하얀 한지로 덮어 실종시키고 있는 것이 아닐까 싶다. 불쑥 처자의 나이를 물어보는 것은 예사이고 애 하나 더 낳으라는 등의 사생활 깊숙한 참견도 개인 간의 물질적·정신적 거리가 상당 부분 중첩되어 있음을 말해 주고 있다. 소설《영원한 제국》에 우리의 주택 구조가 중첩된 인간관계를 형상화하고 있음을 엿볼 수 있는 대목이 있다.

정말이지 우리나라의 가옥 구조는 내밀한 사상과는 인연이 멀게 되어 있다. 벽이 얇고, 창이 문같이 크며, 문이란 것은 손가락을 찌르면 구멍이 뻥뻥 뚫어지는 창호지인 그런 방에서 어떻게 심각하고 웅숭깊은 대화를 나눌 수 있으랴. 아낙네들이 빨래하는 소리, 동네 꼬마들이 떠드는 소리가 마구 들려오고, 누가 언제 문을 확 열어젖히고 들어오는지 모르는 개방적이고 불안스러운 우리네 가옥에서 말이다.

– 이인화, 《영원한 제국》, p.64

그렇다면 반자돌림대가 방을 개인 점유 공간으로 특정 짓도록 심리적인 영향을 줄 수 있다면 물리적인 기준은 어떻게 되는 것일까? 어떤 물리적인 한계가 방의 크기에 영향을 줄 수 있을까?

크기와 형태

방의 크기를 결정할 때 건축가들은 어떤 기준을 가지고 있을까? 당연히 주어진 조건과 방을 사용할 사람의 필요에 따라 정할 것이다.

허용되는 최대 면적 ≥ 방의 면적 ≥ 최소 필요 면적

여건만 허락한다면 넓게 사용하고 싶은 것이 대다수 사람의 마음일 것이다. 하지만 주어진 조건 안에서 어느 정도 타협을 보아야 하는데 그 최소 기준은 무엇일까? 방을 설계할 때의 최소 기준을 살펴보자. 몇몇 국제회의에서 현대인들의 방에 대한 최소한의 규격을 명시하고 있다.

일반적으로 1인당 거주 면적*은 최소 $10m^2$이며 표준으로는 $16.5m^2$이 요구되고 있다. 각국에서 주택 기준에 관한 많은 연구는 이상적인 관점에서 행해져 왔다. 샹바르 드 로우Chombard de Lauw는 주택 건축면적의 유효 기준을 1인당 $14m^2$ 이상이면 개인적 혹은 가족적인 융통성이 보장될 수 있으며, 병리 기준病理基準은 1인당 $8m^2$ 이하일 때 거주자의 신체적 건강에 나쁜 영향을 끼치게 된다고 말하고 있다. 세계가족단체협회L'union International des Organismes Familliaux는 $16m^2$ 정도를 권장하고 있다. 노엘Ch. Noel이 2개의 형에서 6개실의 형에 대한 주택의 거주성 및 평면의 분석 연구에서 얻은 주택 면적은 평균 1인당 $15.73m^2$(거실 $4.38m^2$/1인, 침실 $6.40m^2$/1인 포함)이다. 또한 제1차세계대전 후 1929년 유럽의 부흥을 위해 세계의 건축가들이 모인 프랑크푸르트 암 마인Frankfurt Am Main의 국제주거회의에서 평균 주거 면적은 1인당 최소 $15m^2$라고 규정한 바 있다.

– 이광노 외 5인, 《건축계획》, p.26

국내에서도 최근 개정된 주거기본법**에 의하면 1인당 최소 $14m^2$ 이상으로 규정하고 있다. 이 중에 가장 최소 기준이며 병리학적 기준을 명시한 샹바르 드 로우의 '$8m^2$/1인'은 어떤 근거로 나온 것일까?

병리학적 공간 면적의 최소 기준은 소요 환기량, 즉 들이마시는 산소와 내뿜는 이산화탄소 양에 따라 정해진다. 따라서 성인의 하루 필요 호흡량을 계산하면 대략의 병리학적 최소 공간 크기를 가늠할 수 있다.

• 거주 면적은 주택 건축 총면적에서 공공 공간(public space)을 제외한 부분을 말하며, 건축면적의 50~60퍼센트를 차지하고 있다. 주거 면적은 방과 거실 등의 합이지만 최소의 기준에서 보면, 예를 들어 1인 가구 1K(방과 거실과 주방Kitchen을 포함)의 최소 면적이 12제곱미터인 경우 이는 곧 방의 면적을 의미하기도 한다.

•• 국민의 주거안정 및 주거복지 향상을 위한 「주거기본법」 (2015년 12월 23일부터 시행).

성인의 분당 평균 호흡 횟수가 20회라고 하고, 1회에 500cc를 호흡한다고 하면 1분에 대략 1만cc, 즉 10l의 체적이 필요하다. 1시간에 600l, 하루에 1만 4,400l가 필요하다. '1만 4,400l=14.4m^3'다. 이를 대략의 실내 천장 높이 1.8m^2로 나누면 8m^2의 면적이 나온다. 정리하면 다음과 같다.

- 20회(성인의 분당 호흡 횟수)×500cc(1회 호흡량)=10,000cc=10 ℓ
- 10 ℓ×60분×24시간=14,400 ℓ =14.4㎥(체적으로 환산한 하루 필요 호흡량)
- 14.4㎥÷1.8m(천장 높이)=8㎡

한 사람을 위한 방의 면적은 최소한 이 정도의 조건을 충족한 이후 사용자의 필요와 편의를 보태 산출할 수 있는 것이다. 이 규격을 산출하기 위해 우리는 '방의 가로 길이×방의 세로 길이×높이=방의 체적'이라는 공식을 대입했다. 그런데 인류의 모든 주거에 이 공식을 대입할 수 있을까? 인류가 생활했던 방의 체적은 항상 동일했던 것일까? 항상 이 공식이 유효한 것이었을까? 이러한 정의는 인류가 인공적인 주거를 영위하면서 크게 달라지지 않은 것 같지만 사실은 그렇지 않다. 육면체의 체적이 아니라 원뿔의 체적이 방(주거 공간)의 크기인 적이 있었다. 그것도 아주 오랫동안. 그때는 심지어 벽도 수직으로 서 있지 않았다. 벽이라고 하면 수직으로 반듯하게 서 있는 것이 기본 전제라고 여겼는데 말이다.

벽을 반듯하게 세울 때까지

우리가 실내의 체적을 산출할 때 '면적(가로×세로)×높이'로 계산하는 것이 너무나 당연해 보이지만, 인류 역사를 놓고 볼 때는 항상 옳았던 것만은 아니다. 상당히 긴 시간을 다른 체적의 공간에서 살아왔기 때문이다.

> 100만 년 전에 출현한 것으로 추정되는 최초의 인류는 식량 채집 및 수렵으로 살았다. 인류가 구석기시대의 경제활동 단계를 헤쳐 나오는 데는 무수한 세월이 걸렸다. 신석기시대(B.C. 8000년경)를 특징짓는 식량 경작 및 동물의 가축화로 '발달의 진행'은 점차 추진력을 얻게 되었다. 그러나 B.C. 4000년경이 되어서야 몇몇 사회만이 농업생산으로 생존을 해결하는 단계를 넘어섰다.
>
> ― 노버트 쉐나우어, 《집―6,000년 인류 주거의 역사》, p.110

언제부터 아메리카 인디언이 티피^{tepee}나 위그웜^{wigwam}을 만들었는지, 나일 강 유역의 누에르족이 언제부터 크랄^{kraal *}에서 생활했는지, 심지어 인류는 언제부터 동굴에서 나와 그들만의 주거를 만들기 시작했는지 정확한 연대를 추정하기란 매우 힘든 일이다. 현재도 여전히 원시 주거(동굴을 포함하여)에 살고 있는 사람들이 존재하며, 선조들의 원시 주거란 백 년만 지나도 먼지가 될 것이 분명하기 때문이다. 물론 문헌에 기록되어 있지도 않다. 문자가 생겨나기 이전의 문명이기 때문이다. 그나마 분명해 보이는 건 구석

---

* 아프리카의 강가와 건조한 초원 지대를 중심으로 소규모 농경과 목축에 종사하던 이들은 대개 한 씨족 단위의 마을을 이루어 살았고, 이를 크랄(kraal)이라고 불렀다.

1
2

1 아메리카 인디언의 원추형
　주거 티피(tepee). 여름 사냥
　을 위해 이동할 때 간헐적으
　로 사용했다.
2 위그웜(wigwam). 티피가 이
　동형 주거라면 위그웜은 나
　무 뼈대를 갖춘 정착형 주거
　다. 아메리카 인디언들은 여
　름에 사냥을 할 때는 티피에
　서 지냈으며, 겨울에는 위그
　웜이 있는 부락으로 돌아가
　휴식을 취했다.

기시대와는 다른 새로운 경제활동이 그들을 동굴 밖으로 이끌었을 것이라는 추정이다.

동굴 밖으로 나온 인류에게는 어떤 집이 필요했을까? 아마도 아침 이슬이나 비 또는 뙤약볕과 같은 외기를 피할 수 있는 정도의 보잘것없는 수준이었을 것이다. 기술 역시 보잘것없기는 마찬가지여서 가장 만들기 쉬운 원뿔 형태의 오두막이 최초의 원시 주거로는 당연한 것이 아닐까 생각한다. 가장 튼튼한 나뭇가지를 가운데 세우고 여기에 길고 가는 나뭇가지를 기대어 원형으로 돌려 원뿔의 뼈대를 만든 후 그 위로 나뭇잎이나 짐승 가죽과 같은 가벼운 외장 막을 두르면 그만이기 때문이다. 주거 외피가 밀폐와는 거리가 먼 것이었기 때문에 필요 공기량으로 최소 면적을 산출하는 것은 아무 의미가 없겠지만 그래도 원뿔의 원시 주거 체적은 다음과 같다.

$$원추형\ 원시\ 주거의\ 체적 = \frac{h\pi r^2}{3}$$

(h : 높이 π : 원주율 r : 반지름)

육면체와 원추의 체적은 주거 공간으로는 질적으로 큰 차이가 있었다. 원추의 중앙은 너무 쓸데없이 높았고 주변은 사람이 설 수 없는 공간이 많았다.

우선 실내에서 불을 지피고 싶었을 것이다. 유적으로 남아 있는 원추형 원시 주거의 중앙에서 상당수 화로의 흔적이 나타난다. 비 때문에 불을 꺼뜨리는 일은 없겠지만 다른 문제는 없었을까? 순식간에 실내에는 연기들로 가득했을 것이 틀림없다. 그들은 원추 꼭대기에 구멍을 만들면 연기를 빼낼 수 있다는 사실을 알게 되었을 것이다. 이것이 바로 창문의 시작이다. '창문window'은 고대 스칸디나비아어의 '빈다우가vindauga'에서 유래했는데, 이는 바람을 뜻하는 '빈드vind'와 눈을 뜻하는 '아우가auga'가 합쳐진 것이다. 원래 '바람 눈wind-eye'은 둥근 창, 즉 오큘러스oculus를 의미하는 것으로, 집 안에서 불을 피울 때 연기가 빠져나가도록 지붕 한가운데 설치한 구멍[*]을 말한다. 이처럼 처음의 창문은 환기의 필요에 의해 만들어진 것이라 할 수 있다 (창문의 3대 기능은 채광, 조망, 환기다).

어디 그뿐일까? 중앙이 높은 것에 반해 출입구에서부터 허리를 굽히고 들어가야 한다는 것 역시 공간 이용 측면에서 큰 단점이 되었을 것이다. 이는 벽과 지붕의 구별이 없는 기울어진 벽을 갖고 있기 때문이다. 공간 활용 측면에서나 허리를 곧추세우고 들어가고 싶은 욕망[**]이 벽을 세우고 벽과 지붕을 구분 짓게 했을 것이다. 나뭇가지를 엮어 세운 벽에 진흙을 바르거나 돌을 수평으로 쌓아 올려 벽을 세웠다. 그리고 그 위로는 기존의 원추형 벽체를 올려 지붕으로 삼았다. 원추형(경사) 지붕은 비나 눈을 흘려서 버리는 데 유용했다.

여기에서 주목할 점은 벽이 세워지면서 원형 또는 말굽형 평면이 직사각형 평면으로 자연스럽게 발전된다는 점이다. 원형 또는 말굽형의 오목한 유선형 평면은 어머니의 자궁을 닮았다. 이 형태는 모든 것을 그 안으로 초청하고, 품어주고, 보호해 준다는 점에서 매우 직관적이라 할 수 있다. 상대적으로 직사각형의 평면은 이성적이고 지성적으로 고안된 것이라고 할 수 있다.

- [*]   에드윈 헤스코트, 《집을 철학하다》, 아날로그, 2015, p.22~24.
- [**] 《집을 철학하다》(p.224)에서는 '인간의 직립 자세를 본뜨려는' 욕망으로 기술하고 있다.

건물 정면에 설치된 오큘러스

천장에 설치된 오큘러스

유선형 평면이 직사각형 평면으로 발전해야 할 분명한 이유가 있었다. 유선형 평면은 규모의 확장이나 연장에 대해 구조적으로 큰 제약이 있기 때문이다. 면적이 넓어지려면 그에 비례해 지름이 커져야 하고 당연히 구조물의 경간span이 벌어져야 하는데 이를 해결하기 힘들었던 것이다.

벽이 서고 평면이 사각형이 되면서 이제 공간을 보다 효과적으로 사용할 수 있게 되었다. 이 사각형 평면은 원형의 집보다 훨씬 쓸모 있었기 때문에 이후 돌이나 다른 재료로 지은 주거에도 사각형 평면 형식을 도입하는 데 영향을 미쳤다. 특별한 기술이 필요했지만 출입문을 닫아놓고도 환기를 시킬 수 있도록 벽에도 창문을 만들었고, 사람들은 아주 오랫동안 그 창문이 빛을 더 많이 받아들일 수 있게 더욱더 커졌으면 하는 바람을 갖게 되었다. 그리고 건축 기술은 바로 이 바람에 부응하는 쪽으로 발전했다.

앞서 언급한 것과 같이 개인은 자신만의 공간을 점유했다고 판단했을 때 비로소 안정감을 갖는다고 한다. 그렇다면 반듯하게 세워진 벽과 비를 막아주는 지붕, 작지만 바람을 받아들이는 창문을 가지고 있다고 해서 지금의 주거와 가까워졌다고 할 수 있을까? 여전히 집 안에 온 가족은 물론이고 염소와 돼지가 함께 살고 있다면 어떨까?

사적인, 그래서 은밀한 공간, 방房

사회사학자 미셸 페로는 《방의 역사》에서 "자신만의 공간을 갖고 싶어 하는 욕망은 상당히 보편적인 현상이다. 그러한 욕망은 문명과 시간을 관통한다"고 말한다.

가장 개인적이고도 은밀한 공간이라고 할 수 있는 침실도 오롯이 사적인 공간이 된 것은 인류 주거사로 보면 비교적 최근의 일이라고 할 수 있다. 건축학적인 개념에서 사적인 공간으로 여겨진 최초의 형태는 로마의 상류층 주택에서 보이는 '큐비쿨럼cubiculum'이다. 이곳은 잠을 자거나 조용히 쉬며 칩거하는 사적인 공간이었는데, 대저택뿐 아니라 동굴이나 오두막에도 이런 공간을 만들어놓고 개인적인 시간을 즐기곤 했다.

또한 비슷한 시기인 초기 기독교 시절, 지하 묘소이자 예배 공간으로 사용했던 '카타콤catacomb'에도 움푹 들어간 장소를 만들어 놓고 같은 이름을 붙였다. 돌아가신 분이 조용히 쉴 수 있었으면 하는 바람이 반영된 것이다. 현대에도 이어져 내려오는 곳이 있다. 사무실의 개인 칸막이 벽이나 공용화장실의 칸막이 벽인 '큐비클cubicle'이다.

사무실 칸막이 벽

화장실 칸막이 벽

하지만 이런 개인적인 공간의 역사는 로마제국 멸망 후 천 년 동안 사라졌다. 중세의 사생활은 존중할 가치가 없는 개념이었던 것이다. 하느님은 모든 것을 알고 또 보고 계시니 어쩌면 그럴 수도 없겠다고 생각했을지도 모른다. 집안의 가장과 직계가족은 바닥보다 조금 높은 연단이나 공간에서 잠을 잤지만, 이는 가축이나 일꾼보다 더 높은 곳에 잠자리를 마련하기 위한 정도였다. 가축의 배설물에 닿지 않게 하는 것 이상의 특별한 의미는 없었다.

예외로 큰 저택에는 '솔라solar'라는 공간이 만들어졌다. 이 말은 '홀로'를 뜻하는 프랑스어 '설르seule'에서 유래한 것이다. 솔라는 집의 높은 층에 위치한 작은 방으로 독서나 자수, 긴밀한 대화, 성관계 같은 사적 활동이 이뤄지는 공간이었을 가능성이 크다.* 하지만 침실처럼 이곳에서 잠을 잔 건 아니었다. 그보다는 응접실 개념에 가까웠다. 중세에는 침실이 개인의 사적인 공간이기보다 반쯤 공개적인 공간이며 손님을 맞는 응접실이기도 했다. 이를 뒷받침하는 증거는 여러 가지 있다. 일단 침대가 그렇다. 지금의 침대가 1인용 싱글 아니면 2인용 퀸이나 킹 사이즈가 전부인 반면 중세의 침대는 한 가족이 모두 누워 잘 수 있는 5~6인용 침대가 흔했다. 런던의 빅토리아&앨버트 뮤지엄이 소장하고 있는 '웨어의 거대한 침대Great Bed of Ware'는 최대 열다섯 명까지 잘 수 있다. 그나마 침대를 두른 커튼이 사생활을 보호하는 최소한의 장치였다.

왕의 침실도 예외는 아니었다. 루이 14세의 침실은 궁의 의식을 치르는 중요한 장소이기도 했다. 아침마다 시종들이 몰려와 기상과 취침 예식을 진행했고, 귀한 손님들을 침실로 불러들여 담소를 나누기도 했다.

---

* 에드윈 헤스코트, 《집을 철학하다》, 아날로그, 2015, p.78.

웨어의 거대한 침대(Great Bed of Ware)

　왕실에서도 가장 사적인 공간이어야 할 침실이 이런데, 형편이 어려운 서민들의 침실은 더 말할 것도 없었다. 온 가족이 함께 잠을 자는 것은 물론이고 심지어 손님도 같은 침대에서 잠을 자는 경우가 다반사였다. 다만 눕는 위치에 엄격한 순서가 있는 정도였다.

　이러했던 침실에 사적이고도 은밀한 개념을 추가한 대표적인 인물이 한때 루이 15세의 애첩으로 왕궁의 안주인 역할까지 한 중산층 출신의 퐁파두르 후작 부인Marquise de Pompadour이다.

1 프랑수아 부셰(François Boucher, 1756)가 그린 〈퐁파두르 후작 부인, 장 앙투아네트 푸아송 (Jeanne-Antoinette Poisson)의 초상화〉. 프랑스 루이 15세의 애첩으로, 마담 드 퐁파두르 (Madame de Pompadour)라고도 한다.

2 상트 페테르부르크(St. Petersburg) 소재 겨울궁전(Winterpalace)에 있는 황후 마리아 알렉산 드로브나(Marie Alexandrovna)의 규방

그녀는 베르사유 궁전을 개조해 곳곳에 작고 화려한 방을 끊임없이 만들었다. 이런 방들은 조개 무늬나 소용돌이무늬의 벽지, 금박을 입힌 백합과 이국적인 벽지들로 극한의 화려함을 추구했다. 로코코 양식의 중심에 퐁파두르 부인의 '규방boudoir'이 있었던 것이다. 퐁파두르 부인 이후 현재까지도 사적이고 은밀한 공간을 갖고 싶어 하는 열망은 식을 줄 모르고 계속되고 있다.

다시 누워서 천장을 올려다본다. 산소량이 부족하지도 않고, 반자돌림대로 퍼스널 스페이스도 강조되며, 혼자 쓸 수 있는 침대(침구)가 놓여 있고, 염소나 배설물과 함께 살지 않아도 되는 공간에 누워 있다면 행운이라고 생각해도 좋지 않을까?

뮤지엄이라 함은 인간 환경의 물질적인 증거를
수집, 보존, 연구하여 전시라는 행위를 통해
사회의 발전에 봉사할 수 있도록 대중에게 공개함으로써
연구와 교육, 과학에 이바지하는 비영리적이고 항구적인 시설을 말한다.
ICOM(국제뮤지엄협의회)

2

박물관이라
불리는 곳

박물관, 미술관, 뮤지엄^{museum} 그리고 갤러리^{gallery}

박물관에 대한 이해의 정도는 방문 빈도에 비례한다. 무슨 소리? 내 비록 몇 년에 한 번 갈까 말까 하지만 그래도 박물관이 뭔지는 압니다, 하며 서운한 속내를 내비치는 사람도 있을 것이다. 그렇다. 박물관에 대해 모른다고 생각하는 사람은 그리 많지 않을 것이다. 방문 빈도와는 상관없이. 그런데 정말 그럴까?

박물관은 어떤 곳일까요, 하고 물으면 보통은 '오래되고 가치 있는 물건들을 보관하고 전시하는 곳'입니다, 하고 대답할 것이다. 그러면 미술관은 어떤 곳일까요, 하고 물으면 대개는 '오래되고 가치 있는 그림과 조각 같은 미술품들을 보관하고 전시하는 곳'입니다, 하고 말할 것이다. 박물관을 영어로 뭐라고 하지요, 하면 즉답으로 뮤지엄^{museum}입니다 하고, 미술관은 영어로 뭐라고 합니까, 하면 이 역시 바로 갤러리^{gallery}라고 하죠, 하면서 으쓱해할 것이다. 딱딱 맞아떨어지는 것 같기도 하다. 하지만 정확한 답이라고 할수는 없다. 약간의 수정이 필요하다.

결론부터 말하면 박물관·미술관을 뮤지엄으로, 상업적인 화상^{畫商}의 그것을 갤러리로 정리하는 것이 보다 적확한 표현이다.

우선 미술관은 박물관의 한 종류로 보는 것이 합당하다. 다시 말해 박물^{博物}에 미술품^{fine art}도 포함된다는 것이다. 우리가 잘 알고 있는 '국립현대미술관'은 영문으로 'National Museum of Modern and Contemporary Art, Korea'라고 표기한다. 이 밖에도 현대 기술을 전시하는 과학박물관의 인공

위성이나 자연사박물관의 화석화된 공룡알 역시 고금을 막론하고 모두 '박물'에 포함된다. 따라서 박물관 하면 미술관, 과학관 및 동·식물원 등이 포함된 개념으로 통칭할 수도 있으나, 박물관은 통상적으로 미술관, 동·식물원과 병립된 — 또는 동격의, 여럿 중 하나의 — 느낌이 강하기 때문에 한데 묶어 뮤지엄으로 부르는 것*이 좋을 듯하다. 이하 뮤지엄으로 통칭하겠다.

그렇다면 갤러리는 뮤지엄과 어떻게 구분될까? 우선 뮤지엄을 어떻게 규정하고 있는가를 좀 더 살펴봐야겠다.

유네스코 산하 비정부조직의 하나인 ICOM International Council of Museums(국제뮤지엄협의회)에서는 뮤지엄을 다음과 같이 정의하고 있다.

> 뮤지엄이라 함은 인간 환경의 물질적인 증거를 수집, 보존, 연구하여 전시라는 행위를 통해 사회의 발전에 봉사할 수 있도록 대중에게 공개함으로써 연구와 교육, 과학에 이바지하는 비영리적이고 항구적인 시설을 말한다.**

여기에서 중요한 점은 뮤지엄이 바로 '비영리적인' 시설이라는 점이다. 따라서 자연스럽게 비영리적인 목적은 뮤지엄으로, 상업적인 것은 갤러리로 구분된다. 물론 입장료를 받거나 기념품 코너를 운영한다고 해서 영리시설로 보는 것은 잘못된 판단일 것이다. 뮤지엄은 그와 비교할 수 없을 정도로 훨씬 많은 돈이 들어가기 때문이다. 덧붙여 뮤지엄을 '항구적인 시설'이라고 한 점은 재산세, 상속세 등에 대한 음성적인 조치로 뮤지엄을 설립했다가 어느 시기에 폐관하는 등의 행위에 대한 제재라고 할 수 있다.***

• 　서상우 국민대학교 명예교수는 《뮤지엄 건축》에서 "뮤지엄(museum)은 박물관과 미술관을 포함하는 광의의 개념으로 사용하는 용어다. 한국어로 번역하지 않고 굳이 '뮤지엄'이라는 외래어를 사용하는 이유는 이 용어가 앞으로 보편적으로 사용될 것으로 예측되기 때문이다"라고 밝히고 있다.

•• 　이난영, 《박물관학입문》, 삼화출판사, 2001, p.10~11.

••• 　앞의 책, p.19.

앞서 서투르게 정의했던 부분을 하나씩 수정해 나감으로써 현대의 뮤지엄 개념에 한 발짝 더 다가설 수 있지 않을까? 한번 시도해 보자.

<u>'오래되고</u> <u>가치 있는</u> <u>물건들을</u> <u>보관하고</u> <u>전시하는</u> 곳'
❶ ❷ ❸ ❹ ❺

우선 '❶ 오래되고'의 조건은 맨 먼저 수정되어야 한다. 그 이유는 고려시대의 청자나 조선시대의 백자, 혹은 오원 장승업張承業의 〈귀거래도歸去來圖〉가 뮤지엄의 대표적인 소장품일 수는 있지만, 현대의 앞선 기술을 자랑하는 드론drone이나 영국의 데이비드 호크니David Hockney*처럼 생존해 있는 화가의 그림 역시 중요한 전시물이 될 수 있기 때문이다. 반드시 오래될 필요는 없다는 것이다. 그런데 뮤지엄 하면 이처럼 오래된 뭔가를 소장하고 있는 것처럼 느껴지는 데는 나름의 이유가 있다. 한국이 유독 오래된 유물을 수장·전시하는 역사박물관이 많기 때문이다. 과학관이나 심지어 동·식물원 역시 넓은 의미에서 뮤지엄에 속한다는 사실은 오래된 것만이 뮤지엄에 소장된다는 고정관념을 유연하게 할 것이다.

'❷ 가치 있는'의 조건은 그리 큰 문제 없을 것 같다. 가치 없는 것을 뮤지엄에 소장할 리 만무하다. 다만 어떤 가치를 말하는가에 대한 판단 기준은 다양할 것이다. 분명한 것은 희소성의 가치는 반드시 따라야 한다는 것이다. 아무리 정교한 기술로 만들어진 것이라도 여기저기서 흔히 볼 수 있다면 굳이 뮤지엄에 가서 볼 이유가 없기 때문이다.

---

* 데이비드 호크니(1937. 7. 9~), 영국의 화가이자 사진작가.

반대로 누군가 똥을 싸 놓고 '이건 이 아무개의 똥이다. 고로 나만의 유일한 똥이다. 희소가치가 있지 않은가'라고 할 수도 있다. 하지만 이런 경우 다른 사람들의 눈에는 자신이 키우는 반려견의 똥과 크게 다르지 않을 것이다. 따라서 희소성이 없는 것에 해당한다. 앤디 워홀의 똥*이라든가 황금이나 자수정 똥이라면 모를까.

'❸ 물건'의 조건은 앞서 살펴본 바와 같이 뮤지엄은 넓은 의미에서 동·식물원을 포함하기 때문에 무생물과 생물 모두를 지칭해야 할 것이다. 제 배를 보여주며 헤엄치는 귀여운 수달을 물건이라고 부를 수는 없으니 말이다. 설치미술가 이불 씨는 1997년 뉴욕 MOMA 초대전에서 〈화엄華嚴. Majestic Splendor〉이라는 작품으로 썩어가는 물고기를 전시한 바 있다. 물고기는 이미 살아 있지 않지만 부패하고 있다는 건 다른 생명이 깃들어 있다는 뜻이니까 어떤 의미에선 생물을 전시한 셈이기도 하다. 그것도 시시각각 변하는.

'❹ 보관하고', ❺ 전시하는'의 조건은 함께 다루도록 하자. 우선 '보관' 은 적당한 표현으로 '수장收藏'이 옳겠다. 보관保管은 잠시 맡아 두었다가 다시 돌려받는 느낌이 강하다. 물론 잠시 맡았다가 돌려주는 형식의 소장 개념이 없지는 않지만 일반적이라고 할 수는 없다. 수장은 '거두어서 깊이 간직하다'는 의미를 가지고 있다. 이 수장의 개념에 수집과 보존의 기능까지 포함하면 좀 더 정확한 의미가 될 수 있을 것이다.

그리고 뮤지엄은 수장품을 때때로 꺼내 전시하는 곳이다. 수장만 하고 대중에게 공개하지 않는다면 결코 뮤지엄이라 할 수 없다. 이는 현대의 뮤

• 앤디 워홀(Andy Warhol)은 다방면에서 활동한 미국의 예술가다. 그는 "유명해져라. 그러면 당신이 똥을 싸도 사람들은 박수를 보낼 것이다."라는 말을 남겼다고 한다. 근거 없는 얘기라는 소리도 있다. 하지만 이를 증명이나 하듯이 1961년 이탈리아의 예술가 피에로 만조니는 자신의 똥을 통조림 캔에 넣어 팔았다. 모두 90캔이며 이탈리아어, 영어, 프랑스어, 독일어로 "예술가의 똥 / 내용물 30g net / 신선하게 보존 / 1961년 5월에 생산되어 통조림 됨"이라고 적혀 있었다. 2007년 그중 하나가 소더비 경매에서 12만 4천 유로에 팔렸다(Daum brunch, Dean Kim의 글 '예술가의 똥' 중에서).

지엄 구성 요건에서 매우 중요한 부분이다.

그런데 여기까지 살펴본 바로는 뭔가 빠진 느낌이다. 다시 ICOM에서 말하는 뮤지엄의 개념으로 돌아가 보면 답이 있을 것 같다. 그렇다. '연구와 교육'이 빠져 있다. 그래야 뮤지엄이 인류 문화에 '이바지'했다고 할 수 있을 것이다. 무엇인지도 잘 모르고 공개만 한다면 이바지했다고 하기에 조금 부족하다. 퀴즈를 내는 거라면 모를까. 뮤지엄이 주체가 되어 수집·수장한 그것 (인간 환경의 물질적인 증거)을 연구하여 그 가치를 매기고 이를 대중에게 교육하는 것이 바로 진정한 의미의 뮤지엄일 것이다. 정리하면 다음과 같다.

뮤지엄은 '인간 환경의 가치 있는 물질적인 증거를 수집·보존·수장하여 연구하고, 이를 기반으로 대중에게 전시·교육하여 인류 문화에 이바지하는 비영리적이고 항구적인 시설'을 말하는 것이다. 여기에서 말하는 '항구적'이라 함은 위치가 고정된 것으로 한정하는 것은 아니다. 이동형 뮤지엄도 있을 수 있으니까. 그 주체와 시설이 계속(영속)적인 것을 의미한다.

한참을 돌아서 다르게 접근한 것 같지만 결국 ICOM에서 말하는 뮤지엄의 정의와 맞닿아 있다. 덕분에 이렇게 뮤지엄 정의에 몰두한 결과, 흔히 생각하는 뮤지엄이 수장과 전시 이외에 연구와 교육에도 큰 무게가 실려 있다는 것을 알게 되었다. 만약 귀한 물건을 소유하는 것만으로 뮤지엄이 될 수 있다면 우리는 인류의 모든 지역과 시대에 뮤지엄을 가지고 있었는지도 모른다. 왜냐하면 어느 시대, 어느 지역에도 귀한 물건들을 비밀스런 장소에 쌓아 두고 소유주 혼자 즐기는 일은 빈번했을 것이기 때문이다. 하지만 그 귀한 것을 수집·수장하여 연구·전시한 시설은 그리 많지 않을 것이다. 이는 문헌을 따라 뮤지엄의 유래를 거슬러 올라갈 수 있다는 얘기가 된다. 연구를 했다면 문자로 기록되었을 가능성이 크기 때문이다. 현대 뮤지엄의 개념 그대로 역사를 거슬러 올라간다면 어디까지 갈 수 있을까? 현대 뮤지엄은 어떻게 시작된 것일까?

유래와 역사

일단 뮤지엄^{museum}이라는 이름이 붙은 이유를 알아볼 필요가 있다. 신들이 활보하던 그리스 신화 속으로 거슬러 올라가 보자.

올림포스 산의 12신들이 태어나기 전 세상은 타이탄^{titan}이라는 거신족 巨神族이 다스렸다. 이들은 땅의 여신 가이아^{gaia}와 하늘의 신 우라누스^{uranus}가 낳은 열두 자식들로, 여섯은 딸이며 여섯은 아들이었다. 그중 크로노스 ^{cronus}라는 아들은 시간의 신이었고, 므네모시네^{mnemosyne}라는 딸은 기억의 신이었다. 크로노스에게는 제우스^{zeus}라는 아들이 있었는데, 그 제우스와 므네모시네는 9일 동안 부부로 지내면서 아홉 명의 딸들을 낳았다. 제우스에게 므네모시네는 고모인 셈이지만 어디까지나 신화이므로 따지지 말자. 이 딸들은 클레이오^{kleio}(역사의 여신), 에우테르페^{euterpe}(서정시의 여신), 탈레이아^{thalia}(희극의 여신), 멜포메네^{melpomene}(비극의 여신), 테르프시코레 ^{terpsichore}(합창·가무의 여신), 에라토^{erato}(독창의 여신), 폴리힘니아^{polyhymnia}(찬가의 여신), 우라니아^{urania}(천문의 여신), 칼리오페^{kalliope}(서사시의 여신)였는데,

이들 모두를 한꺼번에 뮤즈muse라고 불렀다. 이렇게 뮤즈는 모든 학문과 예술의 신이었다. 어찌 보면 뮤지엄이라는 이름이 붙게 된 것은 당연한 일인지 모른다. 그리고 많은 뮤지엄이 그리스 신전의 모습을 가지고 있는 것도 그렇다(그리스 신화에서 따오기는 했지만 뮤지엄이라는 이름이 붙은 것은 근대의 일이다. 혼동하지 말자).

3세기경 이집트의 왕 프톨레마이오스Ptolemaios는 아버지 소테르Soter의 뜻을 이어 알렉산드리아에 뮤즈에게 바치는 신전을 세웠는데, 이것이 바로 뮤세옹museion(뮤즈의 집)이다. 프톨레마이오스는 그리스 귀족 출신이었다. 이곳에는 강연실, 동물원, 식물원이 포함되어 있었으며 철학자의 조상彫像이나 기증품, 기타 진기한 천연물 등을 갖추고 있었다고 알려져 있다. 또한 갖가지 서적을 보관하고 있었으므로 이곳은 세계 최초의 뮤지엄이자 최초의 도서관이라 할 수 있다. 뮤세옹이 최초의 뮤지엄이라고 인정받는 특별한 이유는 자료들을 이용해 새로운 것을 창조하도록 종용하고 있다는 점에서 교육기관 또는 연구소의 성격을 가지고 있기 때문이다.* 다시 한 번 강조하면 뮤지엄은 단순히 귀중품을 수집·수장하는 것에 그치는 곳이 아니라는 것이다. 단지 그런 의미였다면 좀 더 오래전 고대 도시 우르(지금의 이라크 지역)의 벨 샤티 난나르 공주의 집이 문헌으로 남아 있는 최초의 뮤지엄일 것이다. "컬렉션 자체가 박물관이 아닌 것은 도서관이 대학이 아닌 것과 같다"** 는 말처럼 단순 컬렉션과 뮤지엄을 구분할 수 있어야 한다.

이렇게 시작된 뮤지엄은 로마 시대에 들어와서 일반에게 공개하지 않는 가족 뮤지엄 형태로 변모했다. 뮤지엄 존폐 위기가 아닐 수 없지만 다행

---

* 이난영, 《박물관학입문》, 삼화출판사, 2001, p.21~22.
** 백승길(1996년 국제박물관협의회 한국위원장), 《미술관/박물관이란 무엇인가》의 '추천의 글' 서두.

히 중세시대로 접어들면서 폭발적인 확장의 계기가 마련되었다. 바로 기독교가 그것이다. 500년에서 1500년 사이 대략 1천 년간을 중세라 하며 이때 유럽은 단연 기독교의 시대라 할 수 있다. 경제, 문화, 군사 등 사회 모든 분야가 기독교로 시작해서 기독교로 귀납되었다. 덕분에 뮤지엄은 전 유럽에 걸쳐 확장되는 운명을 맞는다. 양상은 단순했다. 사람들은 기독교와 관련된 성스러운 유물을 모으고 또 연구했다. 이 성물들이 행운을 가져온다고 굳게 믿었기 때문이다. 부유한 개인이나 교회는 성인의 신체 일부, 즉 손가락이나 무릎뼈, 발톱과 같은 것을 수집했고, 풍족하지 않은 사람들은 성인이 만졌던 지팡이의 나뭇조각과 같은 것들을 사서 부적처럼 몸에 지니고 다녔다. 물론 진품은 거의 없었다.

영국의 시인 제프리 초서는 1387년부터 1400년까지 무려 14년 동안《캔터베리 이야기》라는 글을 썼어. 이 글은 성인의 시신이 있는 곳으로 순례를 떠나는 사람들이 주고받는 이야기야. 그 사람들 중에 한 명이 사기꾼인데 돼지 뼈를 성스러운 유물이라고 속여서 파는가 하면 예수의 제자 베드로의 고깃배에 달렸던 돛 조각을 갖고 있다고 우기지. 그때는 그런 사기꾼이 실제로 제법 있었대. 작은 병에 담긴 흰색 액체를 성모 마리아의 젖이라고 속이지를 않나, 보통 나뭇조각을 예수가 못 박힌 십자가 조각이라고 속여 팔지를 않나. 물론 제프리 초서같이 의심 많은 사람들은 예수의 십자가 조각이라는 것들을 모두 모으면 노아의 방주도 지을 수 있을 거라고 생각했지.

– 진 마크,《안녕, 난 박물관이야》, p.14~15

마녀가 큰 단지에 여러 가지 진기한 재료들을 넣고 주술을 외우는 장면을 떠올려 보자. 유니콘의 뿔이라든가 용의 이빨, 짝사랑으로 목숨을 잃은 두꺼비의 혓바닥, 거세되는 순간의 돼지 눈물 같은 것들 말이다. 어쩌면 그때의 그 진기한 물건들은 — 진품·가품에 상관없이 — 마녀가 직접 채집한 것이 아닌 쇼핑(또는 절도나 갈취)에 의한 것일 수도 있다.

어렵게 수집한 유물들은 많은 방문객들이 보고 감탄할 수 있도록 특별한 장소에서 공개된다. 소유주(혹은 대리인)는 밤마다 방문객들에게 들려 줄 이야기를 위해 많은 책들을 탐독하며 연구에 연구를 거듭했을 것이다. 그중 특히 연구에 몰입했던 사람들은 이 신기한 유물들에 특별한 힘이 있다고 굳게 믿었다. 바로 연금술사와 약사들이다. 그들은 과학적인 근거보다는 어떤 믿음에 의지해 유물들의 힘을 증명하려 했다. 목적한 바는 이루지 못했지만 그 과정에서 인류는 유용한 여러 가지들을 얻었던 것이 확실하다.

연금술사와 약사를 포함한 많은 사람들은 이 희귀하고 흥미로운 물건들을 수집하는 데 열을 올렸는데, 그들은 이 물건들을 아름답게 장식된 상자나 벽장에 진열해 놓았다. 사람들은 이것을 '호기심 상자cabinet of curiosities'라고 불렀고, 때로는 유물이 너무 많아 방 전체가 필요했는데 독일어로 이런 방을 '신비의 방', 즉 '분더캄머wunderkammer'라고 불렀다. 이들 공간과 같은 의미로 르네상스 시대 이탈리아에는 스튜디올로studiolo라는 곳이 있었다. 우리가 흔히 스튜디오studio라고 부르는 공간의 어원이기도 하다. 베키오 궁Palazzo Vecchio에 있는 프란체스코 1세의 스튜디올로가 특히 유명하다.

여기서 잠깐. 뮤지엄이란 이름은 근대에 들어와서 명명된 것이다. 그 전

1 비교적 작은 규모인 요한 게오르그 하인즈(Johann Georg Hainz)의 〈호기심 상
   자(Cabinet of Curiosities)〉(1666)
2 호기심 상자로 충분하지 않을 때는 방 전체를 수장고로 사용하는 '신비의 방',
   즉 분더캄머가 필요했다(Musei Wormiani Historia).
3 베키오 궁에 있는 프란체스코 1세의 스투디올로 상부

에는 같은 기능으로 다른 이름, 즉 '호기심 상자'나 '신비의 방', '분더캄머'나 '스투디올로'와 같은 이름으로 불렸던 것이다. 심지어 갤러리(또는 갤러리아)라고 부른 것도 있었다. 갤러리(갤러리아)의 경우 지금까지도 이름이 유지되고 있는 곳도 있는데, 이는 앞서 언급했던 ICOM에서 정의한 ― 상업적인 목적의 ― 갤러리와는 구분해야 한다.

르네상스 시대에는 종교적이고 주술적인 수집품에서 시작해 예술 작품처럼 인간이 만들어 낸 것까지 관심을 가질 정도로 사람들의 수집욕은 결코 줄어들지 않았다. 게다가 경쟁까지 덧붙여지면 수집이란 멈출 수 없는 것이 되어 버린다. 1677년 엘리아스 애슈몰Elias Ashmole이라는 사람이 그랬다. 처음에는 그가 모은 것이 아니라 존 트레이즈캔트라는 친구에게 받은 것으로 시작되었다. 식물학자였던 트레이즈캔트와 그의 아버지는 새로운 식물을 찾아 세계를 두루 여행했다. 그러면서 갖가지 수집품들을 모았고, 그것을 모두 애슈몰에게 주었다. 수집품이 늘어나자 보관이 힘들어지면서 애슈몰은 수집품들을 안전하게 보관할 건물을 새로 짓는다는 조건으로 옥스퍼드 대학교에 기증했다. 건물은 1683년 완성(개관)되었고, 이것이 역사상 최초의 공공 뮤지엄이며 오늘날 세계에서 가장 오랜 역사를 가진 뮤지엄 중 하나인 애슈몰린 뮤지엄이다. 이곳에 뮤지엄이란 명칭이 처음 사용되었다. 그리고 이때의 '뮤지엄'이라는 명칭은 기관이 아니라 그 안에 있는 소장품들의 모음, 즉 '컬렉션'collection을 의미했다. 뮤지엄의 이러한 의미는 19세기까지 지속되었다.˙

하지만 지금의 뮤지엄과는 여전히 약간의 차이가 있었다. 바로 관람객이

˙   전진성,《박물관의 탄생》, 살림출판사, 2004. 재인용.

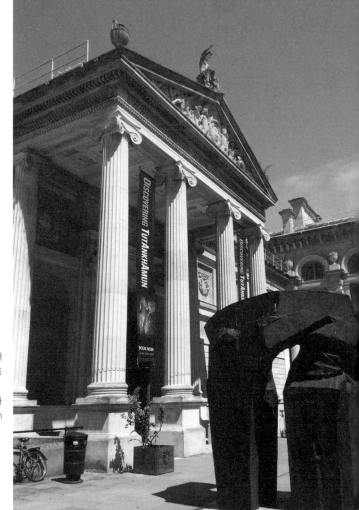

1 ┌─┐
  │1│
  ├─┤
  │2│
  └─┘

1 구 애슈몰린 뮤지엄. 현재
  는 과학사 뮤지엄으로 사용
  되고 있다.
2 현재의 애슈몰린 뮤지엄과
  정면 조형물(Taichi Arch
  by Ju Ming)

었다. 뮤지엄을 관람객에게 완전히 개방한 것은 1700년대 중반쯤이었다. 그 전에는 소수의 특권층만이 뮤지엄을 이용할 수 있었다. 1759년 개관한 대영박물관 역시 처음에는 30명 정도만 하루에 두 시간가량 관람하는 것이 전부였다. 대영박물관은 애슈몰린 뮤지엄을 모델로 삼아 복권을 판 돈으로 슬론 경Sir Hans Sloane의 수집품을 매입해서 시작한 국영 뮤지엄이다. 18세기 후반부터는 관람객들에게 완전히 개방한 것은 물론이고, 역사 유물 이외에도 다양한 전시품들을 중심으로 전문적인 뮤지엄들이 생겨나기 시작했다.

갤러리gallery

앞서 설명했듯이 뮤지엄과 갤러리는 겉으로 드러나는 큰 차이가 없다. 다만 뮤지엄은 비영리를, 갤러리는 상업적 이득을 도모한다는 차이가 있을 뿐이다. 물론 현대 박물관의 구분이 그렇다는 것이다. 이미 예전에 갤러리(또는 갤러리아)라고 이름 붙인 것은 비록 뮤지엄의 성격, 즉 비영리적인 것이라도 여전히 갤러리라는 이름을 사용한다고 설명한 바 있다. 그런데도 갤러리라는 별도의 장을 둔 이유가 있다. 그것은 바로 오래전에 갤러리라고 이름 붙은 공간이 영리를 목적으로 했든 그렇지 않았든 간에 어떤 특별한 공간의 형태를 가지고 있기 때문이다. 지금부터 그 남은 얘기를 하도록 하겠다.

앞서 베키오 궁에 있는 프란체스코 1세의 스투디올로를 언급했다. 프란체스코 1세는 메디치 가家의 사람이고, 메디치 가의 유물을 모아 놓은 곳이 우피치 미술관galleria degli uffizi이다. 원래 메디치 가의 궁전으로 사용되었던 곳인데 기증 후 우피치 미술관(상업적인 목적의 갤러리가 아닌 미술품을 전시하는 뮤지엄의 개념이다. 그러나 갤러리아인 만큼 미술관이라고 부르겠다)이 되었고, 이탈리아 통일 후 국립미술관이 되었다. 우피치 미술관 복도에 붙여진 이름이 갤러리아galleria이고, 이것이 갤러리gallery의 어원이 되었다는 주장에 설득력이 있어 보인다.

갤러리라는 이름이 붙은 공간의 공통점은 일반적으로 대단히 폭이 좁고 기다란 공간으로, 그 측면에 미술품들이 위치해 있다. 우선 로마 시대 지중해 연안에 널리 퍼져 있던 지하 묘소catacomb를 예로 들 수 있다. 묘실cubicula과 묘실을 연결하는 통로를 갤러리안galerien이라고 불렀다. 갤러리안에는 벽감壁龕, niche *이 있고, 그 속에 죽은 사람의 유골이나 기독교 문화를 표현한 그림 또는 조각이 놓여 있었다. 지하 묘소의 갤러리안은 우피치 미술관의 갤러리아보다 앞선 것이지만, 이는 그 이후 연구를 통해 시대를 거슬러 이름 붙여졌을 가능성이 커 보인다. 더 거슬러 올라가면 이집트의 피라미드가 있다. 왕의 묘실로 가는 좁고 긴 오르막 통로가 바로 갤러리다. 이곳 역시 복도 양옆으로 보물이 있던 방들이 있었기 때문에 후대의 연구자들이 갤러리라고 이름을 붙인 것이 아닐까 싶다.

그리고 대저택에 있는 길쭉한 방이나 복도 혹은 현관부터 거실로 이어지는 긴 복도를 갤러리라고 한다. 보통 집주인은 이곳에 그림이나 조각들을 진열해 놓는다. 서양의 공포 영화(또는 공포 영화를 패러디한 코미디 영화)에 자주 나오는, 대저택에 옛 조상의 초상화가 걸려 있는 곳이 바로 갤러리다.

---

* 　장식을 위해 벽면을 오목하게 파서 만든 공간. 등잔이나 조각품 따위를 세워두기도 했다.

1 　1　우피치 미술관 양 날개 건물과 정면의 베키오 궁
2 　2　우피치의 복도(hallway)를 일컫는 갤러리아

지하 광산의 갱도 역시 갤러리라고 부르는 것도 같은 맥락이라고 할 수 있다. 찾아보면 이런 공간은 무궁무진하다. 하지만 갤러리라는 이름이 붙은 것 중에 이런 공간과 쉽게 연관시키지 못하는 것이 하나 있다. 바로 골프 경기에서 골퍼를 따라다니며 경기를 관람하는 관중을 뜻하는 갤러리다. 처음에는 연결점을 찾기 힘들지 모른다. 골프는 야외에서 하는 경기이고, 게다가 갤러리는 관람객들을 지칭하니 말이다. 하지만 골프 경기장을 생각하면 이 역시 같은 맥락에서 이름이 붙여졌음을 알 수 있다. 18홀에 이르는 긴 경기장. 물론 공간상으로는 반드시 길다고 할 수는 없다. 한정된 영역 내에 코스들이 이어진 것이다. 18개의 홀들을 일직선으로 나열하면 매우 긴 코스가 나올 뿐이다. 야외지만 그 18개 홀을 공간의 볼륨으로 본다면 이 역시 좁고 긴 모양이 된다. 그 안에서 갤러리가 선수의 경기에 감동받고, 선수가 갤러리에게 격려받는 것이다.

영화 〈캐스퍼(casper)〉(1995)의 한 장면. 긴 복도 옆으로 그림과 조각품들이 진열되어 있다.

보여 주지 않는 곳

서두에서 언급한, '뮤지엄에 대한 이해의 정도는 방문 빈도에 비례한다'는 전제를 기억하는가? 뮤지엄을 자주 방문했던 사람이라면 전시장을 샅샅이 누비며 돌아다니다가 건물 전체에서 자신이 다닐 수 없는 곳이 있다는 사실을 눈치챌 수 있을 것이다. 햄버거 매장에도 '스태프만 출입 가능staff only'이라고 붙은 사무실이 있으니 어쩌면 당연한 것인지도 모른다. 하지만 전체 박물관에서 차지하는 그 공간의 비중이 상당하다는 사실은 다소 생소할 수 있다. 전시장에 나와 있지 않고 수장고에 보관되어 있는 유물의 수가 전시품의 4~5배를 훌쩍 넘으니 말이다. 게다가 뮤지엄으로 유입된 유물들을 처리하는 보존과학실의 존재에 대해서는 모르는 사람들이 많다. 기존 유물들을 보수하거나 수리하는 것은 물론이고, 외부에서 유입되는 유물들을 이곳에서 매우 꼼꼼히 체크하는 것이다. 어디 공간뿐일까? 예리한 눈을 가지고 지켜본 사람이라면 점심시간에 경비원도, 시설 안내원도, 기념품점 점원도, 시설 관리인도 아닌 사람들이 식사를 하러(어쩌면 볕을 쬐러) 어딘가에서 나타나는 것을 목격할 수 있을 것이다. 이들은 유물을 연구하고 보존하는 학예사 또는 큐레이터일 확률이 크다. 물론 그들 이외에도 뮤지엄을 돌아가게 하는 많은 스태프들이 존재한다.

뮤지엄은 인류 문화에 이바지하는 장소임에 틀림없다. 그 '이바지'의 완성은 우리가 그곳에 관심을 가지고 함께 숨 쉬는 것이 아닐까 생각해 본다.

한국인의 방은 인류가 발명한 최고의 난방 방식이다.
발을 따뜻하게 해주는 것이야말로 가장 이상적인 난방이다.
《프랭크 로이드 라이트의 자서전》 중에서

3

불과 바람을 깔고 앉은 민족
: 온돌과 마루

온돌, 그 탁월한 온기

절대 권력의 상징인 태양왕 루이 14세는 침대**에서 일곱 마리의 애완견을 데리고 잤다는 기록이 있다. 반려견을 사랑했다기보다는 극심한 추위 때문이었다. 침실의 와인 잔도 얼었다고 하니 그 추위를 짐작할 만하다. 하지만 이해할 수 없는 것은 루이 14세가 살았던 곳이 바로 엄청난 규모와 화려함을 자랑하는 베르사유 궁전이라는 점이다. 16세기 말 영국 귀족들을 중심으로 수세식 화장실이 이미 널리 사용되고 있었고, 루이 14세 역시 엄청나게 화려한 욕실을 가지고 있었다는 점에서 — 수세식 화장실을 만들 수 있는 물과 기술이 있었는데도 — 베르사유 궁전 내에 화장실이 없었다는 것은 나름의 문화 때문이라고 할 수 있다. 그런데 겨우 추위를 해결하지 못해 개를 끌어안고 잤다니? 그 재산과 권력으로도 추위를 피하기 힘들었다니? 하지만 사실로 보인다.

루이 14세의 침실에는 물론 커다랗고 화려한 벽난로가 있었다. 게다가 끊임없이 장작을 지피고 이를 위해 24시간 대기하는 시종들도 있었다. 하지만 그것만으로는 그 넓은 방에 온기를 채울 수 없었던 것 같다. 그것은 벽난로에 의한 대류난방의 근본적인 한계를 말하는 것이기도 하다.

18세기경 난로가 발명되기 전까지 실내에서 신발을 신고 생활하는 민족들은 — 서양은 물론이고 중국을 포함한 대부분의 동양에서도 — 벽난로 또는 실내 중앙에 모닥불을 피워서 추위를 이겨냈다. 이런 방식의 난방은 뜨거운 열기는 위로 올라가고 차가운 공기는 아래로 내려오는 순환이 일어

- 온돌(溫突)이란 이름은 한글 창제 이전 '구들'을 한자로 표현하는 과정에서 생겨난 것이다. '구들'이 '온돌'이라는 명칭보다 오래된 순우리말이다. 하지만 온돌이 더 널리 알려져 있으므로 이 글에서는 온돌이라고 명기하겠다.
- ** 루이 14세(1638~1715)의 침대를 상상하려면 '1. 방에 관한 '결코' 짧은 이야기' 참조.

나는데, 이를 대류난방이라고 한다.

당시의 대류난방은 근본적인 한계를 가지고 있었다. 열원 근처는 너무 뜨겁고, 그 경계를 조금만 벗어나면 춥다는 것이다. 게다가 연기를 빼내자니 춥고, 놔두자니 연기로 인해 호흡기에 지장을 초래했다. 게다가 굴뚝이 발명된 것도 한참 뒤의 일이니 집 안에 연기가 자욱했다는 것은 불을 보듯 뻔하다. 굴뚝 이전에는 오큘러스와 같은 창문에 의한 자연 배기에 의존했다.

정리해 보자. 인류가 동굴에 살 때부터 중앙에 화로가 있었다. 동굴을 벗어났을 때도 화로는 중앙을 굳건히 지켰다. 고기를 굽기도 하고 난방으로도 사용했을 것이다. 연기는 공간 상부의 오큘러스를 통해 빠져나가거나 그 자리를 맴돌아도 온기를 가지고 있었으니 그럭저럭 만족했을 것이다. 그러다 공간 활용 측면에서 화로가 벽으로 물러났다. 중앙은 아무래도 화재의 위험이 컸을 것이다.

화재의 위험은 크게 줄어들었으나 열효율은 오히려 떨어지지 않았을까 싶다. 계속해서 불을 지펴도 방 전체를 데우기에는 턱없이 부족했고, 늘어나는 것은 연기뿐이었을 것이다. 굴뚝이 고안된 것은 한참 뒤의 일이다. 굴뚝이 발명된 이후 연기는 바깥으로 빠져나가니 생활 공간은 모처럼 사람 사는 곳 같았겠지만 연기와 함께 온기도 달아났으니 여전히 방은 추웠을 것이다. 대류난방이라고는 하지만 방 안을 덥히는 열기는 벽난로 근처와 먼 구석이 큰 차이를 보였다. 바닥의 찬 기운을 멀리하려고 침대를 고안하고 발전시킨 것은 나름의 이유가 있었던 것이다. 얼었던 몸을 녹이기 위해 담요를 두르고 벽난로 근처로 다가가는 수밖에 없었을 것이다. 화재의 위험은

1 캐서린 궁에 있는 '녹색의 식당(green dining room)' 대리석 벽난로. 찰스 캐머런(Charles Cameron)에 의해 신고전주의(Neoclassical)로 장식되었다.

2 프랭클린의 부탁으로 친구 로버트 그레이스가 처음 제작한 펜실베이니아 난로

3 주철로 만들어진 난로. 진열된 것이어서 연통은 보이지 않는다.

중앙 화로 때처럼 다시 피할 수 없게 되었다. 그러다 18세기에 난로가 발명되었다. 그깟 난로가 뭐라고 18세기나 되어서야 발명되었을까 싶지만 벽난로에서 난로로의 전환은 획기적인 것이었다. 최초의 난로는 미국의 정치가이자 발명가 프랭클린*이 1742년 고안한 것이다. 그래서 프랭클린 난로 또는 펜실베이니아 난로라고 부르기도 한다.

덕분에 여전히 벽에 붙어 있지만 난로의 열효율을 높이고 화재의 위험에서 벗어날 수 있었다. 뜨거운 열이 거꾸로 돌아서 빠져나가는 동안 쇠로 된 난로를 달구고, 달궈진 난로는 지속적으로 복사열을 내뿜는다. 이전의 벽난로가 뜨거운 열이 바로 빠져나가는 동안 난로 주변의 열전도율이 낮은 돌이나 벽돌을 데우지 못했던 것에 비하면 효율에 있어서 비약적인 개선이라고 할 수 있다. 또한 열원이 쇠로 된 함 내에 봉해져 불씨가 날리는 등의 화재 위험에서 벗어났다. 하지만 연기에는 여전히 취약해 훗날 개선된 굴뚝이 추가로 사용되고 있다. 거기에서 한 걸음 더 나아간 것이 우리가 잘 알고 있는 주철 난로다.

이는 난로와 연통을 달궈서 더욱 오랫동안 복사열을 발산하고 연기로부터 자유롭게 해주었다. 주철 난로 안의 불을 직접 사용할 수도 있고, 난로 위의 간접 열원도 이용할 수 있었다. 이것이 생겨난 것이 겨우 18세기 중후반이었다.

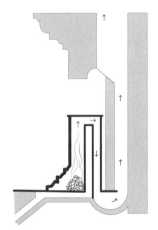

격막(baffle)에 의해 열기를 빙 돌려 굴뚝으로 보낸다. 온돌의 바닥 단면을 짧게 압축한 느낌이다.

---

* 벤저민 프랭클린(Benjamin Franklin, 1706~1790)은 미국 건국의 아버지 중 한 명이자 미국 초대 정치인 중 한 사람으로 미국 독립에 중추적인 역할을 했다. 계몽사상가이며, 피뢰침, 다초점 렌즈, 난로 등을 고안한 발명가이기도 하다.

어쨌든 중세 유럽의 주택들은 이 연기로 인해 항상 뿌옇고 더러웠다고 한다. 심지어 어떤 날씨에는 마을 전체가 안개가 낀 것처럼 연기가 자욱했다. 호흡기 질병으로 늘 고생하면서도 여전히 추위에 떨었다고 하니 좀 억울할 만도 하겠다. 그러니 당연히 실내에서도 신발을 벗을 수 없었을 것이다. 난로가 발명된 이후에도 약간 열효율을 높이고 연기에서 해방된 것일 뿐이라고 하니, 그렇게 만족스러운 난방이 되지 못했던 것 같다. 여전히 실내에서 신발을 신고 생활했으니 말이다.

이에 반해 우리 민족의 독창적인 난방 시스템인 온돌은 바닥 난방이다. 아궁이에 불을 지피면 데워진 공기가 바닥을 뜨겁게 달구고 굴뚝을 통해 바깥으로 빠져나간다. 구들을 달구는 방식이라 방 전체가 오랫동안 훈훈하게 유지되는 것이다.

열원과 떨어져 있으며, 연기에서 완전히 자유롭고, 열기를 깔고 앉으니, 불을 자유자재로 다룬다고 해도 과언이 아니다. 대부분의 열기가 연기와 함

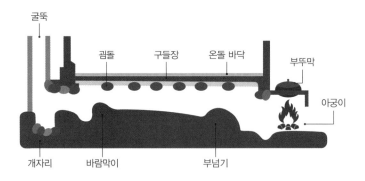

께 빠져나가는 대류난방의 효율과는 비교할 수 없다. 게다가 아랫목에 앉으면 온돌과 체온이 등온^{等溫}을 유지하며, 온돌의 온기로 만든 따뜻한 음식을 먹음으로써 몸을 훈훈하게 했던 것이 한국인 특유의 따스한 정서를 형성하는 데 중요한 요인이 되었을 것이다.[•] 그리고 우리의 양반 앉음새는 하체의 많은 부분이 방바닥에 닿는 자세다. 곧 육체가 바닥에 닿는 표면적을 극대화한 것이다.

《동의보감》의 양자십법^{養子十法}에는 '요족난^{要足煖}'이라는 말이 있다. 즉, 건강하게 자녀를 기르기 위해서는 손발을 따뜻하게 해주라는 뜻이다. 손과 발은 '12경락'이 모두 거쳐 가는 곳이기 때문에 손발을 따뜻하게 해주어야 12경락의 '기혈^{氣血}'이 잘 순환되어 건강하다. '요두량^{要頭凉}'은 머리를 서늘하게 해주라는 말이다. 머리를 차고 서늘하게 하면 정신이 맑아져 총명해진다는 뜻이다.

덤으로 아궁이 위에서 취사도 할 수 있다. 신라의 구들도사로 일컬어지던 단공선사는 한번 불을 지피면 1백 일 동안 나무를 더 때지 않아도 되었다는 기록이 남아 있다. 경복궁 교태전은 아궁이와 굴뚝이 가장 가까운 것이 28미터에 달한다. 유익한 열기는 깔고 앉고, 유해한 연기는 멀리 내쫓았다.

•　　이규태,《한국인의 의식주 - 재미있는 우리의 집 이야기》, 기린원, 1991, p.72.

1 왕비의 침전인 교태전의 온돌방과 연결된 아미산 굴뚝(보물 811호)

2 우리의 바닥 난방과 비슷한 시스템은 서양에서 로마 시대의 대중목욕탕인 하이포코스트
   (hypocaust)가 유일하다. 서양의 온돌로 불릴 만하다.

3 아궁이

온돌의 전도사, 프랭크 로이드 라이트

르 코르뷔지에Le Corbusier, 미스 반 데어 로에Ludwig Mies van der Rohe와 더불어 근현대 건축에 지대한 영향을 끼친 건축가 프랭크 로이드 라이트Frank Lloyd Wright를 모르는 사람은 많지 않다. 아마도 구겐하임 미술관이나 낙수장 사진은 한 번쯤 봤을 것이다. 하지만 라이트가 온수 파이프를 이용한 바닥 난방 시스템을 최초로 발명했다는 사실은 잘 모를 것이다. 라이트가 발명한 이 바닥 난방 시스템은 바로 우리의 온돌을 받아들여 적극적으로 연구한 것이다.

라이트와 온돌의 첫 만남은 제국호텔을 설계하기 위해 도쿄를 방문한 1914년의 일이다. 라이트는 우연한 기회에 자선당資善堂*에 하룻밤 머물렀다. 일본식 집에서 추위에 떨던 터라 온돌방의 온기는 라이트를 놀라게 하기에 충분했다. 실내 어느 곳에도 불이 피워져 있지 않은데도 따뜻한 방바닥이 신기했던 것이다. 라이트는 자서전에 "한국인의 방은 인류가 발명한 최고의 난방 방식이다. 발을 따뜻하게 해주는 것이야말로 가장 이상적인 난방이다"라고 극찬했다.

라이트의 이러한 온돌 체험은《프랭크 로이드 라이트 자서전》과 잡지 《내추럴 하우스The Natural House》에 '중력 난방Gravity Heat'이라는 제목으로 소개되었다. 당시 라이트의 온돌 예찬을 생생하게 느끼기 위해 그의 자서전에 기술된 '중력 난방'의 일부를 소개한다.

---

* 자선당은 세자와 세자빈의 거처였다. 입구를 바라봤을 때 오른쪽 방에 세자가, 맞은편 왼쪽 방에 세자빈이 살았다. 일제강점기 때 호시탐탐 수탈의 기회를 노리던 일본이 건물 전체를 그 나라로 옮겨 갔다. 일본에서 이왕가박물관으로 쓰이다가 1923년 관동대지진으로 터만 남아 버려져 있던 것을 1995년에 반환받아 현재 건청궁 옆으로 옮겨 재건했다(1999).

1
2

1 낙수장(落水莊, fallingwater)이
란 별칭이 붙은 카우프만 주택
(Kaufmann House)

2 구겐하임 미술관(The Solomon
R. Guggenheim Museum)

바닥 난방에 대하여 : 데워진 공기는 자연적으로 상승한다. 그러므로 우리는 이를 중력 난방이라 부르는데, 이는 콘크리트 상판 아래의 자갈층에 놓인 파이프에 증기나 뜨거운 물이 흐르면서 공기를 데우고, 이 공기가 상승해 콘크리트 바닥에 열기를 전하기 때문이다. 자갈층과 콘크리트 상판을 합쳐서 바닥 매트^{floor mat}라 한다. 바닥이 지면에서 떠 있는 경우에는, 가로와 세로가 약 2인치(5cm)인 긴 나무 장선을 3.8피트(1.1m) 정도 간격으로 배치하고 장선 사이사이에 난방 파이프를 깐다.

이 난방법이 내게 오게 된 경위는 다음과 같다. 1914년 겨울 일본 제국 호텔의 신축 건을 협의하면서 나의 후원자의 한 사람인 오쿠라 남작^{大倉男爵}이 우리를 만찬에 초대했다. 도쿄의 겨울은 지독하게 춥다. 음습한 추위여서 결코 얼거나 서리가 내리는 일은 거의 없지만, 도쿄는 그때까지 내가 가본 곳 중에서 이탈리아를 제외하고는 가장 추운 곳 같았다. 일본에서 보편적으로 사용되는 난방 도구는 방바닥에 놓인 히바치^{hibachi}라는 원형의 용기인데, 그 속에는 흰 재가 채워져 있고 몇 센티미터에 불과한 작은 숯 몇 토막을 박아 놓은 것이 전부였다. 이 삐져나온 숯덩이는 빛을 내면서 이글거린다. 사람들은 모두 히바치 주위에 둘러앉아 그 위로 손을 뻗어 불을 쬐기도 하는데, 손을 맞잡은 모습이 마치 무엇인가를 잡고 있는 듯했다. 하지만 결과는 매우 만족스럽지 못했다. 나는 그러한 추위를 견뎌내는 일본인들의 참을성이 — 그들이 자신의 몸을 첩첩이 감싼 기모노 속에 두꺼운 모직으로 된 일본 고유의 내의^{內衣}를 입고 있는 것을 엿보기 전까지는 — 그저 경이로울 뿐이었다. 그러나 그들은 자국의 그러한 기후 조건에 적응이 되고 단련이 되어 있어서 우리보다 추위에 훨씬 고통을 덜 받았다.

어쨌든 우리는 추위에 오들오들 떨게 될 것을 알았지만 오쿠라 남작의 도쿄 저택(그는 일본 제국 전역에 여러 채의 집을 소유하고 있었다)에서의 만찬 초대를 받아들였다. 아니나 다를까 식당은 식사를 할 수 없을 정도로 추웠다. 나는 19코스는 족히 되는 음식이 제공되는 동안 내내 먹는 척만 하고 있을 수밖에 없었다. 식사가 끝난 후에 남작은 아래층의 '한국방'이라 불리는 곳으로 우리를 안내했다. 방은 크기가 가로 11피트(3.35m), 세로 15피트(4.57m)에 천장 높이가 7피트(2.13m) 정도 되었다. 바닥에는 붉은 융단이 깔려 있었으며, 연한 노란색 벽은 밋밋하기 그지없었다. 우리는 터키식 커피를 마시면서 이야기를 나누기 위해 그곳에 무릎을 꿇고 앉았다. 그런데 기온이 갑자기 바뀐 것 같았다. 결코 커피 때문이 아니었다. 마치 봄이 온 듯했다. 우리는 곧 몸이 따뜻해지고 다시 즐거워졌다. 바닥에 무릎을 꿇고 앉았는데 정말 말로 표현할 수 없는 그런 훈훈함이 감돌았다. 눈에 보이는 난방시설도 없었고, 이것으로 난방이 되는구나 하고 바로 알 수 있을 만한 그 어떤 것도 없었다. 그건 정말이지 난방 여부의 문제가 아니라 하나의 기후적 사건이었다.

하버드 대학교 출신의 남작 통역관이 '한국방'은 방바닥 아래에서 난방을 하는 방을 의미한다고 설명해 주었다. 방 밖의 한쪽 구석에서 불을 지펴 그 열이 방바닥 밑에 있는 관을 통해 들어오도록 한다는 것이다. 방바닥은 구획된 연도煙道(또는 덕트)의 상층부를 형성하는데, 연기와 열기는 아궁이의 반대편 코너에 있는 높은 굴뚝으로 올라가 집 밖으로 빠져나간다고 통역관이 설명해 주었다. 아래로부터 따뜻해지는 이 형언할 수 없는 편안함은 정말 대단한 발견이었다.

나는 그 즉시 제국 호텔의 욕실들 바닥 밑에 전기 난방장치를 넣도록 조치하였는데, 욕실들의 천장을 낮추는 방법으로 욕실들 밑에 열을 생산할 수 있는 공간을 확보했다. 이렇게 해서 타일 바닥과 붙박이 타일 욕조가 항상 따뜻할 수 있도록 해서 맨발로 욕실에 들어가는 사람들을 즐겁게 했다. 실험은 성공적이었다. 보기 흉하고 목욕탕에서는 위험하기도 한 모든 난방장치들이 사라지게 되었다. 나는 여러 장치들, 특히 라디에이터들이 널려 있는 것을 늘 싫어했는데 건물에서 이들 잡동사니들을 줄이고 없앨 수 있는 완벽한 기회가 바로 이 난방법에 있었다. 또 그것은 그냥 방을 따뜻하게 하는 것이 아니라, 먼지도 날리지 않고 조용하며 건강에도 이로운 하나의 기후를 창조하는 것이었다. 그리고 또 그러한 방 아래에서 올라와 전체에까지 열기가 퍼지는 경우에는 온도가 높지 않아도 된다. 화씨 65도(섭씨 18.3도) 정도면 보통 사람이 생활하기에는 적당할 것이다. 물론 이웃에서 늘 과도하게 난방을 하고 사는 사람이 놀러 오면 처음에는 춥게 느낄 수도 있다. 그러나 이는 인공적으로 강제로 만드는 조건 대신에 자연적인 기후가 생성되는 것이며, 자연적인 기후 환경이 건강에 더 좋다는 것은 더 말할 필요도 없다.

나는 미국에서도 기회가 되는 대로 즉시 이 난방법을 시도해 보려고 마음먹었다. 나코마 컨트리 클럽Nakoma Country Club이 그 첫 기회가 되는 듯했으나, 인디언풍의 이 일거리는 그저 아름다운 계획안 형태에 머물고 말았다.

그다음 맞은 기회가 존슨 빌딩Johnson Administration Building이었다. 바닥 난

방이 거기에 딱 맞는다고 생각하고 설비 문제를 추진해 갔으나, 단 한 곳 웨스트 앤드 캠벨Westerlin & Campbell만 제외하고 모든 난방 설비업체들이 우리의 아이디어를 비웃으면서 어떤 시도도 해보려 하지 않았다. 그러던 참에 마침 자그마한 제이콥 하우스Jacobs House 설계를 맡게 되었고, 더 거대한 모험이 가동에 들어가기 전에 완공되었다.

이리하여 제이콥 하우스는 새로운 난방 시스템을 갖춘 첫 번째 건물이 되었다. 이는 '관련 업체' 전체에 커다란 반향과 관심을 불러일으켰다. 크레인 컴퍼니Crane Company의 관계자들이 왔는데 바로 융단 밑으로 엎어져dove beneath the rugs, 보일러에서 먼 콘크리트 바닥 이곳저곳에 손을 대어보고는 마치 유령이라도 본 것처럼 서로를 쳐다보며 탄성을 질렀다.

"세상에, 작동하네. 라디에이터는 대체 어디에 있는 거지?"

혁신적인 사항이 늘 그렇듯이 '복사 난방radiant heat'에 대한 글들이 여러 저널에 실리기 시작했다. 그러나 내가 관심을 가지는 이 난방 방식의 핵심은 '복사 난방'도, '패널 난방panel heat'도 아니었으며, 그들이 부르는 그 어느 것도 아니었다. 그것은 그저 '중력 난방'이었다. 우리는 다양한 기후와 조건에 맞게 열을 정확히 조절하는 방법을 연구해야 했고 유익한 정보를 축적하였다.

세상에 이것보다 '이상적인' 난방법은 없다. 태양열조차도 이상적인 것은 아니었다.

— 김남응 · 장재원 · 임진택, 〈프랭크 로이드 라이트의 온돌 체험과

그의 건축 작품에의 적용 과정 및 의미에 대한 고찰〉,

《대한건축학회논문집》 계획계 21권 9호(통권203호), 2005. 9, p.157

인상적인 대목은 또 있다. 라이트가 최초로 중력 난방을 적용했던 제이콥 하우스의 의뢰인 제이콥 부부에게 중력 난방에 대해 설명하는 대목이다.

> "한국인들의 주거 난방법에 대하여 들어 본 적이 있나요?Have you ever heard of Korean way of heating houses?"라고 물었고, "경제적인 한국인들은 방바닥을 굴뚝의 일부로 이용하며, 그냥 밖으로 사라져 버리게 되는 연도煙道(고래를 말함)를 바깥벽으로 유도하기 전에 바로 방바닥 면 밑에서 관channel을 뱀과 같이 꼬불꼬불 구부러지게 한다"고 설명했다. 또 라이트는 계속하여 "무엇보다도 인체에서 추위를 먼저 느끼는 곳은 발이며, 대부분의 집은 방바닥 높이에서 춥고 한기寒氣가 감도는데, 따뜻하게 데워진 한국인들의 방바닥은 '거대한 보온병'과 같다. 이 난방법은 발은 따뜻하게 유지해 주면서도 머리 주변과 몸 상체 부분의 공기는 시원하게 유지해 주며, 또 외풍을 없애 주고 벽면 공간에 라디에이터나 통기구들을 설치할 장소를 남겨둘 필요도 없다"고 설명했다. 그러니 "당신들께서 미국에서 이런 난방을 집에 시도해 보는 최초의 사람들이 되고 싶지 않은가요?Would you like to be the first people in America to try this kind of heating in a home?"라고 물었다.
>
> - 앞의 논문, p.161

라이트는 이렇게 혁신적인 한국의 바닥 난방인 온돌과의 만남을 해프닝에서 그치지 않고 적극적으로 연구하고 적용해 중력 난방에 이르게 하였다. 게다가 그의 자서전과 저서를 통해 한국 온돌의 우수성을 전파하는 전도사

역할도 하였다. 정작 '불을 깔고 앉은' 대단한 민족이 그저 오래되고 촌스럽
다고 온돌로 대표되는 바닥 난방을 '해프닝'으로 만들고 있지는 않은가 생각
해 볼 대목이다.

마루, 바람과의 친교 공간

온돌이 불을 깔고 앉은 것이라면 마루는 바람을 깔고 앉은 것이라고 할
수 있다. 온돌에 비하면 구조는 단순하기 그지없다. 하지만 겨울철의 온기
못지않게 여름의 바람은 습기를 몰아내는 더없는 환경임에는 틀림없는 것
이다.

'마루'의 어원적 뿌리를 들여다보면 북방 민족들 사이에 널리 쓰이는
'가택 속의 신성 장소神聖場所'를 뜻한다. '마루' 또는 '마로'로 불린 이 장소는
그 종족이 믿는 신령의 근원이나 조상의 신주를 모시는 제단이며, 가장이나
신분이 높은 손님이 앉는 고귀한 자리였다고 한다. 이는 옛 문헌에 귀인이
나 귀인의 아내에게 '마루하抹樓下'라는 존칭을 붙이는 것과 같은 맥락이다.
황제의 존칭인 '폐하陛下'의 '폐陛'가 '돌섬 층계'를 뜻하고, '전하殿下'의 '전殿'
이나 '각하閣下'의 '각閣'이 거처하는 건물을 뜻하듯이, 마루는 귀한 사람이 앉
는 장소라는 것이다.゛

마루의 어원이 '성聖'스러운 것이라면 구조적이고 형태적인 것은 '상床'
스럽다고 할 수 있다. 고상高床의 형태는 신발을 벗고 올라가는 상하족분리

゛   이규태, 《한국인의 의식주 – 재미있는 우리의 집 이야기》, 기린원, 1991, p.88.

문화上下足分離文化의 압축판인 데다 틈이 숭숭 비어 있는 구조는 바람과의 특별한 관계를 말해 준다. 그러고 보면 우리 한국인들의 문화 중에 지나가는 바람을 막아서지 않는 구조는 마루뿐만이 아니다. 모자인 '갓笠'이 그렇고 창호지가 그렇다. 부엌 벽이 그렇고 여름에 입는 모시 적삼이 그렇다. 직접적인 햇빛이나 시선을 피하는 발도 빼놓을 수 없다. 우리 기후에 맞는 인공지능 주택 구조이며 의복인 것이다. 특히 겨울과 여름의 습도 차가 큰 우리나라 기후 환경에 맞게 수축과 팽창을 고려해 적당한 틈을 둔 부엌의 나무 벽은 무릎을 탁 칠 만큼 경이로운 안목이 아닐 수 없다.

막연히 서양의 벽난로가 멋있다는 생각에 우리 온돌을 구시대의 유물쯤으로 치부했던 것은 아닌지 되돌아볼 일이다. 마루 역시 대충 얼기설기 짜서 값싸고 속성으로 만든 바닥으로 여겼던 건 아니었을까?

상상해 본다. 솜옷을 입고 아랫목에 이불 덮고 누우면 묻어둔 밥그릇이 허리춤에서 찰그랑거린다. 그 소리에 몸과 마음이 따뜻해진다. 그리고 최면의 촉매처럼 금방 잠에 빠져든다. 마찬가지로 빳빳하게 풀 먹인 삼베옷을 입고 마루에 대자大字로 누워 바닥에서 올라오는 바람을 느끼면 한여름 은행 영업장이 부럽지 않다. 우리의 자랑스러운 문화가 그저 해프닝처럼 치부되지 않았으면 하는 바람이다.

여상주女像柱, 즉 카리아티드caryatid는
개인적으로는 형벌의 의미를, 공개적으로는 일벌백계의 경고성 메시지를 담고 있다.
여상주가 정면에 떡하니 버티고 서 있는 웨딩홀은 그래서 섬뜩하다.

4

끄라시꾸
웨딩홀

끄라시꾸

끄라시꾸는 클래식^{classic}을 빈정거린 표현이다. 특정 언어도 아니고 그냥 해보는 필자의 표현이니 사전을 찾을 필요는 없다. 그냥 말을 자빠트리고 질질 끄는 느낌으로 삐딱 선을 타 은어나 속어로 둔갑시킨 것이다. 권장할 수도, 내가 옳다고 고집할 마음도 없지만 이제부터 전하려고 하는 속내를 표현한 것이다. 하여간 어째서 웨딩홀 앞에 심사 꼬인 '끄라시꾸'를 붙였는가 하면 이유는 이렇다.

도심을 거닐다 보면 서양 고전 양식을 엉성하게 모방한 건물들을 심심찮게 볼 수 있다. 엉성하게 모방했다고 하는 이유는 이런 경우 대개 건물 외관에만 무대 배경처럼 간단한 외피를 둘러 느낌만을 내려고 한 것들이 대다수이기 때문이다. 건물 안은 우리 주변에서 흔히 볼 수 있는 평범하기 그지없는 공간일 뿐이다.

물론 클래식한 느낌을 주기 위해 실제로 그리스·로마의 신전을 지어야 한다는 얘기는 아니다. 하지만 입구부터 극명하게 달라지는 — 지극히 업무적이며 무심한 대량생산의 냄새가 풍기는 — 분위기는 다소 속았다는 느낌이 들기에 지적한 것이다.

사실 여기까지도 그런 대로 귀엽게 넘어갈 수 있다. 평범한 건물에 약간의 개성을 부여하려고 고명을 얹은 것으로 이해하면 오히려 도시에 활력을 불어넣는 것이라고 볼 수도 있다. 하지만 다음의 경우라면 매우 좋지 않은 조합이 되어버린다. 여상주^{女像柱}, 즉 카리아티드^{caryatid}로 장식된 끄라시꾸한

도심 속 웨딩홀에 표현된 카리아티드(caryatid)

건물이 웨딩홀인 경우다.

　서양 고전, 그러니까 그리스 · 로마의 건축 양식을 모방한 웨딩홀을 주변에서 어렵지 않게 찾아볼 수 있다. 그래서 그다지 낯설지 않게 느끼는 것도 사실이다. 뭐, 크게 잘못된 건 아니지만 가만히 생각해 보면 좀 어색한 점도 없지는 않다. 글로벌 시대니까, 하고 그냥 넘어갈 수도 있겠지만 그래도 석연치 않다. 분명 한국인의 결혼식장과 그리스 · 로마 신전과는 정서적 거리가 한참 멀다고 여겨지기 때문이다. 우선 한국인의 결혼과 결혼식장, 그 틈에 그리스 · 로마 신전이 비집고 들어온 이유는 뭘까? 우리 한국인들의 결혼관을 짚어볼 필요가 있겠다.

우리의 결혼

　결혼에 큰 의미를 두는 민족이 어디 우리뿐일까? 결혼반지와 동사무소에 신고하는 것이 전부인 단출한 예식도 그 의미는 깊고, 반평생을 염소 모으기에 전념해야 하는 결혼 역시 가벼이 넘길 수 없는 무게가 있다. 살아가는 모든 것에 의미를 부여하는 우리 한국인들이 '혼례'에는 오죽하겠는가. 어릴 적 기억에는 결혼이라고 하면 원앙이나 기러기 한 쌍이 자주 등장한다. 어느 집에 가도 텔레비전이나 서랍장 위에는 '암수 서로 정다운' 이놈들이 떡 버티고 있었다. 이 녀석들은 결혼 생활의 무탈無頃을 비는 상징이었다. 행여 동생이랑 뛰놀다 그중 하나라도 깼다고 하면 세상에 없는 경을 치곤 했던 이유가 여기에 있었다. 나중에 알게 된 사실이지만 당시의 어른들은 이 녀석들에 빗대 서로 은밀한 신호를 주고받았다고 하니, 그때 조금 어른스러운 시각을 가지고 있었다면 주의 깊게 관찰했을 법도 하다. 용돈 타는 길일을 알려주는 미시경제의 나침반이 되거나 동생이 갖고 싶다면 이 역시 어느 정도 컨트롤할 수도 있을 법한 얘기가 아닌가 말이다.

어쨌든 여타 사물에도 인간의 감정을 이입하는 우리에게 웨딩홀이라고 이러한 법칙을 비켜갈 리 만무하다. 작금의 웨딩홀도 혼수로 보아 무방하다는 생각에서 이규태의 다음 글은 내포하는 바가 크다.

> 우리 한국인의 겉과 속이 다르다는 표리表裏 구조는 알려진 상식이다. 곧 남이 보는 겉과 나의 실實과의 사이에 거리가 있으며 실제자기實際自己로부터 환상자기幻想自己가 떠 있다는 것이 된다.
>
> 분에 넘게 외래의 고급품을 몸에 지니려는 성향도 그 고급품으로 환상자기를 지탱하려는 안간힘인 것이다.
>
> 혼수 사치도 환상자기를 과시하려는 참새의 황새걸음이다. 평생 시집에 가 살면서 괄시받지 않게 하기 위해서, 또 시집살이에서 우위를 지탱시키기 위해서는 이 환상자기의 환상도를 보다 높일 필요가 있으며, 그 환상도를 높이기 위해 혼수가 사치화한다.
>
> – 이규태, 〈조선일보〉 칼럼, 혼수신고제婚需申告制(1984. 4. 1) 중에서

벌써 30년도 더 된 글이지만 공감할 부분이 있다. 환상도를 높이기 위

해 그리스·로마 형식의 웨딩홀을 선택했을 수도 있다는 추측이 가능하기 때문이다. 그래서 조금 과하다는 지적을 받더라도 더 좋은 곳에서 더 좋은 음식과 옷을 갖춰 출발하고 싶은 것이다. 게다가 아쉽게도 우리에게는 예식장이라고 할 만한 전형prototype, 典型이 없다고 할 수 있다. 전통 혼례 의식을 하지 않게 되면서 그 축제의 마당도 자연스럽게 우리의 머릿속에서 비켜나게 된 까닭이다. 현대식 건물에서 — 지금 생각해 보면 기껏해야 콘크리트 건물에 페인트칠을 한 것이지만 — 하얀 웨딩드레스를 입고 예식을 올리면 인생도 '모던 화이트'가 될 수 있으리라는 믿음은 우리 머릿속에서 예전의 결혼식 풍광을 빠르게 지워버렸다. 물론 그런 이유보다 우리를 둘러싼 모든 문화가 기존의 혼례 의식을 유지할 수 없게 한 것은 물론이다. 도시, 아파트, 바쁜 일상 등등.

어쨌든 그 빈자리를 그리스·로마 신전이나 현대적인 건물로 대신하고 있는 것이다. 이 점은 예식장을 경영하고자 하는 사람에게는 구미가 당기는 일임과 동시에 고민스러운 대목이기도 할 것이다. 자신이 예식장의 전형을 만들어 낸다면 빅 히트를 치겠지만, 역시 어떤 형태의 공간 또는 건물이 현재 한국 웨딩홀의 프로토타입이 될 수 있느냐는 생각해 봐야 하기 때문이다.

종교적 신념을 가진 연인들이 성당이나 교회, 사찰에서 그들의 믿음에 맹서盟誓하며 결연한 의지를 다지는 것은 이해할 수 있다. 또는 동화 속 궁전 같은 장소에서 '당신을 왕비처럼 모시겠어요', '당신을 왕과 같이 떠받들겠나이다' 하는 의미도 알고도 남음이 있다. 이도 저도 아니면 예식과 폐백 그리고 식사 대접이 원스톱으로 이루어지는 전문 웨딩홀을 이용하기도 한다.

주차장 완비는 더 이상 자랑도 아니다. 우리네 혼례 문화가 널찍한 마당에서 친지들을 모시고 함께 하는 것에 의미를 두고 있으니 야외 공원이나 마당 넓은 식당에서 혼례를 갖는 것도 어렵지 않게 목격할 수 있다. 이런 것을 보면 '어디' 있는가 하는 위치나 장소보다는 '어떤 곳'이냐 하는 용도나 스타일을 더욱 선호하는 것이 아닌가 싶기도 하다. ○○ 호텔이나 공항터미널과 같은 상징성 말이다.

그런데 왜 하필 그리스 · 로마 신전인가? 곰곰이 생각해 보면 크게 두 가지 이유를 예측해 볼 수 있다. 우선 제우스와 헤라 및 기타 여러 신들 앞에서 결혼 서약을 하면 하늘은 물론이고 수륙水陸 모두에서 오랫동안 번영할 수 있으리라는 것. 게다가 그들은 그리스 시대는 물론이고 로마 시대에도 생존하고 있으니 재위 기간도 길다. 어쨌든 니체Friedrich Nietzsche* 이전까지는 생존하고 있지 않았는가?

또 다른 이유로는 웨딩홀의 디자인이다. 고딕gothic이니 이오닉ionic이니 코린티안corinthian**이니 하는 고풍스런 기둥이 지탱해 주는 스타일이 폼 나게 보이는 것도 사실이다. 앞선 이유보다는 디자인 취향으로 그리스 · 로마 스타일의 웨딩홀을 선택하는 것이 더욱 일반적이지 않았을까 생각한다. 어느 쪽이든 그리 거부감을 가질 이유도 없다. 그러나 그냥 넘어갈 수 없는 것이 하나 있다. 앞서 지적한 바와 같이 끄라시꾸 웨딩홀에서 간간이 목격되는 지붕을 받치는 여상주caryatid, 女像柱가 바로 그것이다.

---

* 니체(1844~1900)는 독일의 철학가로, "신은 죽었다"는 그의 주장은 20세기 유럽 지식인들의 주요한 구호가 되었다.
** 도릭, 이오닉, 코린티안과 같은 그리스 규범(Order)에 대해서는 149쪽 참고.

여상주

그렇다면 여상주란 무엇일까? 그리스 아테네의 아크로폴리스에는 에렉테이온Erechtheion(B.C. 421~406)이라는 신전이 있다. 총책임자 페리클레스Pericles(건축가는 므네시클레스Mnesicles, 조각가는 피디아스Phidias)가 세운 공사 계획의 마지막 신전으로, 이오닉식이며, 아테네의 신화적 영웅 에렉테우스Erichthonius의 이름을 따서 명명된 것이다. 바로 이 건물의 현관에 카리아티드라고 하는 여인상女人像 돌기둥이 있다. 비트루비우스Vitruvius(B.C. 1세기 로마의 건축가이자 행정가)에 따르면 이 명칭은 페르시아전쟁이 끝난 뒤 그리스의 노예가 되었다고 하는 '카리아의 처녀들'에서 비롯되었다고 한다. 속죄, 즉 감히 우리에게 대든 너희의 죄를 씻어내라는 뜻으로 처녀 입상立像을 세워 공공 건축물의 보를 떠받치게 했다는 것이다.

예전에 펠로폰네소스 반도의 도시국가였던 카리아Caryae는 그리스와 적대 관계인 페르시아와 은밀히 내통하고 있었다. 페르시아와의 전쟁에서 그리스가 대승리를 거둔 즉시 도시연맹은 시민집회를 열어 카리아 시민에게 전쟁을 선포하였다. 도시연맹은 카리아의 남자를 모두 죽이고 국가를 황폐화시켰다. 또한 여자들을 노예로 끌고 와서 예복이나 장식을 벗지 못하도록 하였는데, 이는 개선 행렬에서 끌려오는 모욕뿐만 아니라 영원한 노예 상태의 본보기로서 치욕을 머리에 이고 그들의 모국을 대신하여 죗값을 치르는 모습이었다. 이에 따라 당대의 건축가들은 카리아 사람의 죄과에 대한 징벌을 널리 알리고 후세에 전하기 위해 짐을 지고 있는 여인상을 기둥으로 만들어 공공건물에 세우게 된 것이다.

– 비트루비우스, 《건축십서》[*], p.17~18

이 여상주를 결코 아름다운 조각물로만 볼 수 없는 대목이 바로 지붕을 받들고 있는 형태 때문인데, 당시의 사회 전반에 있어서 이 여상주 이외에도 체벌의 의미로 뭔가를 들게 하는 형태를 종종 찾아볼 수 있었다.

지구를 들고 있는 거인신^{트人神} 아틀라스는 티탄^{titan} 신의 일족으로, 제우스와의 싸움에서 패한 벌로 대지^{gaia}의 서쪽 끝에 서서 하늘^{uranus}을 떠받들고 있는 형벌을 받게 되었다.

어디 서양뿐이랴. 전등사^{傳燈寺}^{**} 대웅전 네 귀퉁이 기둥 위에는 여인의 형상을 한 나녀상^{裸女像}^{***}이 추녀의 하중을 받치고 있는데, 이도 일맥상통하는 것이다. 이에 관한 설화는 다음과 같다. 광해군 때 대웅전의 공사를 맡았던 도편수는 사찰을 지으면서 아랫마을 주막집의 주모를 흠모해 함께 밥을 먹고 잠을 자면서 공사를 하였다. 사랑에 눈이 멀어서일까? 도편수는 공사비와 함께 갖고 있던 돈과 집물을 모두 주모에게 맡겨 두었는데, 공사가 끝날 무렵 주모는 돈과 패물을 가지고 새 서방과 행방을 감추고 말았다. 이에 분개한 도편수는 울분을 참을 길이 없어 주모를 본뜬 나체 형상을 만들어 추녀를 들고 있게 하는 소심한 형벌을 단행했다. 불경 소리에 개과천선하도록 하고, 무거운 추녀를 받들어 죗값을 치르라는 뜻과 함께 모든 사람으로 하여금 그녀를 본보기로 삼게 하기 위함이었다고 전해진다.

- 《Vitruvius 建築十書》, 비트루비우스 지음, M. H. Morgan 편역, 오덕성 옮김, 기문당, 1989.
- 인천광역시 강화군 길상면(吉祥面) 정족산성(鼎足山城)에 있는 사찰.
- 괴상(怪像)이라고도 하고, 하얀 원숭이상(白猿像)이라고도 하고, 왜인상(矮人像, 《韓國의 美》, '⑬ 寺院建築', 책임감수 신영훈, 중앙일보사, 1983)이라고 하는 견해도 있다.

1   1   에렉테이온 신전
2   3   2   아틀라스(Atlas) 조각
         3   전등사 나녀상

고은의 시 〈전등사〉에도 나녀상이 등장한다.

강화 전등사는

거기 잘 있사옵니다

옛날 도편수께서

딴 사내와 달아난

온수리 술집 여인을 새겨

냅다 대웅전 추녀 끝에 끼워두고

네 이년 세세생생

이렇게 벌 받으라고 한

그 저주가

어느덧 하이얀 사랑으로 바뀌어

흐드러진 갈대꽃 바람 가운데

까르르

까르르

서로 다시 만나

까르르 웃어 대는 기쁨으로 바뀌어

거기 잘 있사옵니다

– 고은, 《독도》(창비시선 126), 107p

이렇듯 동서양의 여상주女像柱, 즉 카리아티드는 개인적으로는 형벌의 의미를, 공개적으로는 일벌백계의 경고성 메시지를 담고 있는 것이다. 물론 로댕Auguste Rodin(1840~1917)이나 모딜리아니Amedeo Modigliani(1884~1920) 같은 예술가들은 카리아티드를 하나의 예술 작품으로 승화시키고 있는 것도 주지의 사실이다.

아메데오 모딜리아니의 〈카리아티드〉

그래도

여상주가 정면에 떡하니 버티고 서 있는 웨딩홀은 그래서 섬뜩하다. 과연 이 여상주에 숨겨진 의미를 신랑 신부는 알고 있을까? 하지만 이를 알고도 디자인 수려한 웨딩홀로서 '실용적으로' 받아들인다면 그건 충분히 이해가 된다. 초기 기독교인들 역시 자신들을 박해하는 판결을 수없이 만들어냈던 로마의 법정 바실리카^{basilica}를 자신들 교회의 전형으로 받아들인 위대한 선택이 있었으니까.

그러나 우리는 화려함에 감추어진 또 다른 의미들을 찾는 노력을 게을리해서는 안 된다. 그 위대한 건축물들의 영광은 그 중량을 고스란히 받치고 있는 수많은 영혼들의 몫이기도 하기 때문이다.

기독교의 바실리카는 이전에 비해 크고 작은 변화를 거쳤다.
그중 가장 두드러진 특징은 바로 바실리카의 배치 방향일 것이다.
법정이나 상업거래소 용도의 건물은 방향성을 가질 이유가 없었다.
하지만 초기 기독교의 바실리카는 건물 자체가 종교적인 색채를 띠게 되었다.
다시 말해 경배할 대상이 생긴 것이다.

5

기독교 인정되는 날,
고민은 시작되었다

예견된 고민

313년 로마의 콘스탄티누스 황제는 밀라노 칙령勅令으로 기독교를 공인했다. 예수 탄생 300여 년 만에 기독교가 인정받게 된 것이다.

그렇다면 그 오랜 기간 동안 기독교인들은 가만히 앉아 기독교가 인정받기를 기다렸을까? 절대 그렇지 않다. 아니, 그러지 못했다. 네로 황제Lucius Domitius Ahenobar(재위 54~68년)를 시작으로 디오클레티아누스 황제 Dioclectianus(재위 284~305년)에 이르기까지 엄청난 박해를 인내하며 자신의 신앙을 지켜내려 사투를 벌였던 것이다. 심지어 303~304년 4개의 칙령으로 기독교인들의 묘지와 재산, 교회, 서적들을 몰수하고 불태웠던 디오클레티아누스 황제의 재위 기간이 305년까지였던 점으로 보아 기독교 공인 10년 전까지도 기독교인들은 박해를 받았다고 볼 수 있다.

기독교인들은 어떻게 죽음의 고통과 같은 박해를 버텨냈을까? 아마도 그들은 기도의 힘이었다고 말할 것이다. 그렇다면 로마 병사의 눈을 피해 기도할 수 있었던 곳은 어디였을까? 개개인들은 방문을 걸어 잠그고 침대 앞에 무릎 꿇고 기도함으로써 감시를 피할 수 있었을 것이다. 실제로 기독교 초기 박해가 심하지 않았을 때는 집을 소유한 사람이 미사*를 위해 장소를 제공한 가정 교회house church가 있었다. 처음에는 일반 주택의 모습을 가지다가 점차 신도가 늘어나고 전례의 형식이 갖춰지면서 주택의 형태도 미사에 적합한 교회의 형태로 발전했다. 하지만 감시와 박해가 심해지면서 신도들이 삼삼오오 모이기가 쉽지 않았을 것이다. 로마 병사의 감시를 피해

---

*   미사와 예배는 기독교 신자들이 공적으로 하느님을 경배하는 행위라는 점에서는 같다고 할 수 있다. 미사(Missa)는 예수님께서 인류 구원을 위해 당신 자신을 십자가의 희생 제물로 바치신 것을 기념하고 현재화하는 제사이고, 프로테스탄트 교회의 예배는 축제로서의 예배다. 이미 그리스도께서 죄 사함과 구원의 부활을 이루셨기에, 신자는 이 은혜로 말미암아 하느님의 자녀가 되었기에, 그 감사함으로 축제에 참여하는 것이라 할 수 있겠다. 이 글에서는 전체 의미를 거스르지 않는 선에서 참고 자료의 표현에 의거, 미사와 예배를 혼용했다.

마음 편하게 기도를 올릴 장소가 절실히 필요했던 것이다.

　박해가 극심해지자 기독교인들은 카타콤^{catacomb}(이탈리아어로는 카타콤 베^{catacombe})에 모여 미사를 지냈다. 카타콤은 2세기부터 5세기까지 오랜 기간에 걸쳐 만들어진 초기 기독교인들의 지하 묘소('지하地下'를 뜻하는 'cata'와 '묘墓'를 뜻하는 'comb'이 합쳐진 것이다)다. 원래는 '움푹 팬 곳'이라는 뜻으로 사회 전반에 폭넓게 사용되다가, 나중에 기독교인들의 지하 묘소를 가리키는 의미로 고착되었다. 순교자의 유해를 안치하는 지하 비밀 공동 묘소로 사용되었고, 종종 집회소나 피난 장소가 되기도 했다. 하지만 카타콤이 상설 지하 교회로 사용되었다는 견해에는 회의적인 의견이 많다. 박해를 피해 미사를 드릴 수 있는 지하 교회의 전용으로 만들어지지는 않았다는 것이다. 오히려 불가피한 상황에서 미사가 이루어졌을 수 있다는 쪽이 지배적이다. 지하에 묘소를 만드는 습속은 기독교인들에게서 시작된 것이 아니라 지중해 지역의 고대 문화에서 비롯된 것이기 때문이다. 다시 말해 기독교 이전에도 지중해 지역 사람들은 지하에 묘소를 만들었고, 그 안에서 고인에 대한 제사를 올려왔다. 조금 거슬러 올라가면 로마인들도 1세기 무렵부터 지하에 무덤을 만들기 시작했는데, 이들은 이 지하 묘소를 '죽은 자들의 장소'라는 뜻에서 네크로폴리스^{necropolis}라고 불렀다. 초기 기독교인들도 이러한 문화를 받아들여 지하에 묘소를 만들고 부활을 믿는 신앙에 근거하여 '안식의 장소'나 '공동 침실'이라는 의미로 '코에메테리움^{coemeterium}'이라고 불렀다. 그러다 기독교가 로마제국의 국교로 선언되면서 교황 다마소 1세^{Damasus I} (재위 366~384년)가 성 세바스티아누스를 비롯한 순교자들의 무덤을 찾아내 박해를 피해 숨어 있던 지하 묘소들을 복원한 것이다. 그리고 그 지하 묘소를 카타콤베라고 불렀다.

지하 묘소들 중에도 묘실cubicula들을 광범위한 통로galerien로 연결한 것을 카타콤이라고 하고, 소규모 묘실만 있는 것은 히포게움hypogeum이라고 구분한다. 지하의 이 묘실들은 미사를 드리기에 아주 적합한 장소였을 것이다. 카타콤의 일반적인 묘소 형태는 통로의 양쪽 벽을 따라 평행으로 굴을 파서 만든 로쿨루스 무덤loculusgrab인데, 대리석이나 벽돌로 그 입구를 막고 거기에다 간단한 비문을 새겼다. 그중에는 기독교의 상징을 새긴 것들이 자주 눈에 띄었다.

이와는 대조적으로 묘실이 아주 화려하게 단장된 아코솔 무덤arkosolgrab(벽감형 무덤)이나 발다힌 무덤baldachingrab(천개형 무덤)이라고 부르는 특수한 무덤을 발견할 수 있다. 부유한 기독교인들은 대리석 관에 안치되기도 했다. 로마 인근에만 약 60여 개의 카타콤이 발견되었고, 그 길이를 모두 합하면 900킬로미터에 이른다.

이렇게 초기 기독교인들은 순교자의 시신을 목숨 걸고 구해 와서 카타콤에 안치했으며, 로마 병사들의 눈을 피해 그 안에서 미사를 올렸다. 일반 사람들을 위한 성체성사가 치러졌으며, 기일에는 죽은 자를 위한 제사도 지냈다. 카타콤은 성인과 순교자들을 위해 기도를 올리는 성소聖所로서의 기능도 수행했다.

그런데 313년 기독교가 공인된 것이다. 어느 날 갑자기 기독교 공인이 선포된 것은 아니겠지만, 그렇다고 지상에 미리 마련된 미사 공간이 있는

1　성 칼리스투스(San Callistus) 카타콤의 행렬을 묘사
2　성 칼리스투스 카타콤에서의 미사를 묘사
3　벽감형 성 도미틸라(San Domitilla) 카타콤(로마)

것도 아니었다. 분명 행복한 고민이었을 테지만 고민은 고민인 것이다. 기존 유대 교회와는 구분되는 새로운 성전이 필요했다.

로마의 바실리카

초기 기독교인들은 처음에는 예배 공간의 필요성을 느끼지 못했다. 예루살렘 성전과 무관하게 어디서나 예배를 드렸기 때문이다. 교회를 가리키는 말인 에클레시아ecclesia는 초기에 건물을 지칭하는 것이 아닌 '성도의 공동체'를 의미할 뿐이었다. 미사나 예배가 필요하면 가정 교회에 모이거나 예루살렘 성전 또는 유대교 회당을 이용했다. 당시 기독교는 유대교의 분파적 성격을 가졌기 때문이다. 그러던 중 예루살렘 성전이 파괴되는 것을 계기로 기독교와 유대교가 분리되었다(70~136년). 그 결과 초기 기독교인들은 정체성을 분명히 하고 교세를 넓히기 위해 독자적인 예배 공간이 필요하게 된 것이다. 작은 규모의 가정 교회가 교회 공동체로 발전된 2세기에서 3세기로의 전환기 즈음에 교회를 가리키는 말인 에클레시아가 교회 건물을 지칭하는 말로 변하게 되었다. 지금의 시리아 지역에 있는 두라-오이로포스 Dura-Europos에서 발굴된 도무스 에클레시아Domus Ecclesiae, 즉 '교회를 위한 집 The house of the church'은 가정 교회와 바실리카 교회의 중간 단계에 있는 것이다. 3세기부터 4세기 초까지 기독교인들은 심한 박해를 피해 카타콤으로 몸을 숨겼고, 다시 기독교 공인을 맞이해 세상 밖으로 나오게 된 것이다.

초기 기독교인들은 유대교와 분리되는 계기로 새로운 성전이 필요했기 때문에 유대교 성전이나 회랑과는 구분되는 형태를 원했을 것이다. 뿐만 아니라 교세의 확장이나 하느님의 위대하심을 상징할 대형 공간이 필요했다. 게다가 기독교의 전례 행위를 담을 수 있는 기능적인 면을 충족하는 것이어야 했다. 이런 이유로 기독교인들은 새로운 형태의 건축에 눈을 돌리게 되는데, 그것이 바로 로마의 바실리카basilica다.

바실리카라는 명칭은 그리스어로 '왕의 집'이라는 뜻을 가진다. 이 말은 아시아에서 온 것일 수 있으며, 알렉산더의 후손들, 즉 동방에 자리 잡은 마케도니아 왕들과 더불어 이 건물 형식 자체가 기원했을 수 있다. 그것은 필경 그들의 디반divan, 즉 법을 집행하는 장소였을 것이다.

(중략)

바실리카에서 장사를 하는 상인들이 치안 판사와 일을 보는 탄원자들을 방해하지 않도록 하기 위해 이러한 위치에 놓인 것이다.

– 외젠 비올레르뒤크, 《건축 강의 1》, p. 256~258

로마의 바실리카는 법정이나 상업거래소로 사용되었던 건물이다. 옳고 그름을 따지고 죄를 물어 형량의 경중을 판결하는 법정이 어떻게 물건의 가격을 흥정하며 거래하는 상업거래소와 한 공간을 공유하게 되었는가 하는 의문보다 앞선 의문이 하나 있다. 어떻게 기독교인을 무시무시한 처형대로 몰아간 억울한 판결이 있었던 법정이라는 공간을 교회의 전형으로 삼을 수

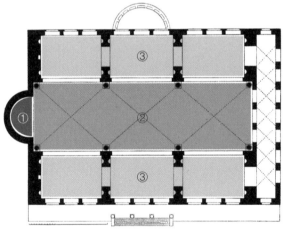

1 보존된 막센티우스−콘스탄티누스 바실리카(Maxentinus&Constantinus Basilica). 막센티우스 황제 때 공사
   가 시작되어 콘스탄티누스 황제 때 완공되었다(308~312).
2 막센티우스−콘스탄티누스 바실리카의 평면도. ① 트리뷴(tribune) ② 네이브(nave) ③ 아일(aisle)

있는가이다. 엄청난 역사적 아이러니가 아닐 수 없다. 하지만 바실리카의 건축적 특징을 살펴보면 당시 기독교인들의 마음을 조금은 이해할 수 있다.

중앙의 공간은 열주列柱(줄지어 늘어선 기둥)로 인해 네이브nave *(회중석會衆席 또는 신랑身廊)와 아일aisle(측랑側廊)로 구분된다. 네이브와 아일 앞의 북서 측 반원형 평면은 트리뷴tribune **이라 하여 법관의 자리가 되었다. 이 공간을 기독교에서 받아들이면서 앱스apse라는 공간으로 변모되었다. 네이브 상부는 아일의 상부보다 더 높여 측면에서 빛을 받아들이도록 했는데, 이를 측창clerestory 또는 clearstory이라고 했다.

일상에서 만나기 힘든 위압적인 공간(실내 80.8m×59.4m), 저 멀리 높은 연단 위에 앉은 재판관과 늘어선 행정가들과 병사들. 둥근 벽을 배경으로 마치 하늘에서 선택한 사람인 것처럼 빛이 재판관 머리 위로 떨어졌을지도 모른다. 그리고 그 넓은 공간을 가로질러 측창에서 내리쬐는 강렬한 빛. 거짓을 말하기 힘든 분위기였을 것이다. 기독교인들은 기독교 공인 이후 이곳에 서서 생각했으리라. '이것보다 더 적합한 건축 양식은 없어!'라고. 비록 많은 순교자를 만들어 낸 바실리카라고 해도 기독교의 성전으로 사용한다면 영원히 기독교 박해의 역사를 잊지 않을 수 있다고 생각했을 것이다.

· 네이브는 성당에서 신도들의 자리(회중석)이고, 아일은 네이브 사이 또는 네이브와 벽 사이의 복도(측랑)를 말한다. 앱스(로마의 바실리카에서는 트리뷴)는 사제가 앉는 반원 평면의 제례 공간(altar)이며, 뒤쪽에 나오는 트랜셉트(transept)는 앱스의 좌우 측면으로 뻗어 나가는 날개 부분을 의미한다. 네이브에서 앱스를 잇는 긴 수직선과 앱스와 좌우의 트랜셉트를 잇는 짧은 수평선이 교회의 라틴 크로스(Latin Cross) 평면을 이룬다. 네이브는 '배(선박)'라는 의미의 라틴어 '나비스(navis)'에서 유래했다.
·· 트리뷴은 로마의 호민관(護民官)을 의미한다.

초기 기독교의 바실리카 교회

초기 기독교인들은 로마 바실리카를 전형으로 그들만의 바실리카를 건축하기 시작했다. 기독교의 바실리카는 이전에 비해 크고 작은 변화를 거쳤다. 그중 가장 두드러진 특징은 바로 바실리카의 배치 방향이다. 법정이나 상업거래소 용도의 건물은 방향성이 필요 없었다. 심지어 콘스탄티누스 황제가 지은 바실리카는 모두 출입구가 동쪽에 있고, 서쪽에 앱스를 두는 일반적인 경향을 따랐다. 하지만 초기 기독교의 바실리카는 건물 자체가 종교적인 색채를 띠게 되었다. 다시 말해 경배할 대상이 생긴 것이다.

그 대상으로 인해 바실리카에 방향성을 두게 되었다. 유대인들은 예루살렘의 성전을 향해 기도했는데 이는 예루살렘에 하느님이 계신다고 믿었기 때문이다. 이에 반해 기독교인들은 동쪽을 향해 기도했다. 부활한 예수 그리스도를 돋는 해로 상징화한 까닭이었다. 이 의식이 반영되어 초기 기독교의 바실리카는 동쪽에 제단, 즉 앱스를 두고,* 동서 방향으로 장축을 갖는 장방형 건물로 발전하게 되었다.

눈에 띄는 또 다른 변화로는 트랜셉트transept(수랑袖廊 또는 익랑翼廊)가 추가되었다는 점이다. 로마 바실리카에는 없고 기독교 바실리카에만 있는 것이다. 이 트랜셉트가 추가되면서 기독교 바실리카 평면의 기본이 되는 라틴크로스Latin Cross라는 상징적인 교회 건축 평면 형태가 형성되었다. 이곳은 외부에 안치되어 있던 순교자 기념 시설을 교회 안으로 들여오면서 만들어진 공간이다.

---

* 앱스를 동쪽에 두는 것은 4세기 말 혹은 5세기 초에 시작되었다.

이 밖에도 아일 등 회랑 수가 증가(열주의 열이 늘어났다는 의미)했다거나 층고가 크게 높아졌다는 특징들이 있다. 기독교에서 '길(=아일aisle)'의 의미는 예수의 일생은 물론이고 교리와도 크게 맞닿아 있다. 그리고 층고 역시 더욱 거룩하고 엄숙한 공간을 추구하고자 했다는 점에서 공간을 종교적 상징성으로 채색하려고 했다는 것을 알 수 있다. 이런 특징들이 잘 보이는 사례가 바로 콘스탄티누스 황제가 건축한 구舊 성 베드로 바실리카(326~333)다.

바실리카의 위치는 로마 시내의 버려진 곳에 네로가 원형경기장을 건축하면서 개발되었던 곳이다. 그 후 64년 로마 대화재가 발생했고, 네로는 이를 기독교인들의 탓으로 돌렸다. 그로 인해 많은 기독교인들이 이곳에서 처형되면서 순교자들의 공동묘지가 되었다. 그중 예수 그리스도의 수제자 베드로의 묘소가 네크로폴리스necropolis* 지역 서쪽 끝에 위치**하고 있다는 것을 알게 되었는데, 그 위에 기독교의 바실리카를 건축한 것이 성 베드로 대성당의 출발점이다. 현재의 성 베드로 대성당은 1506년부터 1626년까지 재건축된 건물이다.

이 사항들을 종합해 로마의 바실리카에서 발전된 초기 기독교의 바실리카를 정리해 보면 다음과 같다.

- 동쪽으로 기도를 올릴 수 있도록 동쪽에 앱스를 둔 동서축의 장축형 평면이 되었다.
- 순교자 안치 공간인 트랜셉트가 추가되면서 라틴 크로스의 평면 형태를 가지게 되었다.

- 1세기경 로마인들이 지하에 만든 묘소도 네크로폴리스로 불렸지만, 여기에서 말하는 네크로폴리스는 도심 외곽에 죽은 자를 장사 지냈던 구역을 말한다. 이집트 알렉산드리아 교외의 묘지들도 네크로폴리스로 불렸다.
- 네로 황제가 건축한 원형경기장의 중앙 분리대 중간 지점에 오벨리스크가 서 있다. 사도 베드로가 바로 그곳에서 십자가에 거꾸로 못 박혀 순교한 후 그 원형경기장 바로 외곽에 묻힌 것으로 전해진다.

1

2 3

1 성 길리아(Santa Giulia) 바실리카의 트리플 앱스 외관
2 전형적인 초기 기독교 시대 비잔티움 양식의 앱스 공간. 반구형 돔으로 덮여 있다. 클라세의 성 아폴리
  네(Sant'Apollinare) 바실리카
3 킬쿨리 애비(Kilcooly Abbey)의 남측 트랜셉트

- 향상된 기술력으로 네이브가 넓어지고 높아졌으며, 아일은 1열의 콜로네이드(열주랑)로 내부 공간을 3등분하는 것에서 2열로 5등분(규모가 큰 바실리카)하는 구성도 생겨났다.

- 공간의 위계가 분명해졌다. 속세와 신을 만날 수 있는 내부 공간은 출입구 앞 열주 공간인 나르텍스narthex에서 구분된다. 그다음에는 신도들의 공간인 네이브와 아일이 나타난다. 네이브 맨 앞에는 때에 따라 성가대석choir과 설교대가 보이기도 한다. 그다음이 영적인 공간으로 프레스비테리움presbyterium이다. 트랜셉트와 앱스로 구성되어 있다. 이렇게 속세에서 신들의 영적 공간으로 점진적인 구성을 가지게 되었다.

- 천장은 목조 트러스가 주를 이루었으며, 내부 장식을 모자이크로 묘사했다. 인물과 성사의 발자취 등을 모자이크로 표현했으며, 바닥도 기하학적인 문양의 모자이크로 처리했다. 이는 로마의 바실리카와 구분 짓기 위한 노력으로 보인다.

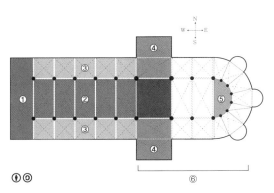

초기 기독교의 바실리카. ①나르텍스(narthex) ②네이브(nave, 회중석會衆席 또는 신랑身廊) ③아일(aisle, 측랑側廊) ④트랜셉트(transept, 수랑袖廊 또는 익랑翼廊) ⑤앱스(apse) ⑥프레스비테리움(Presbyterium)

313년 기독교가 공인받기 이전까지 기독교인들이 얼마나 많은 핍박과 박해를 받았는지는 말로 다 표현할 수 없으리라. 그런 박해를 인내하지 못했다면 '사랑'의 기독교 정신도, 우리 대다수가 교회 하면 떠올리는 전형도 만나지 못했을 것이다. 기독교의 바실리카가 로마의 바실리카에 근거를 뒀다고는 하지만 그 의미에는 엄청난 차이가 있다. 기독교인들의 인고의 세월이 회중석의 나무 의자에도, 측창을 통해 내리쬐는 햇살에도 꼼꼼히 묻어 있기 때문이다.

비트루비우스와 건축십서 1
– 비트루비우스 인간

> 나는 유용하다고 보았던 것들을 모아 그것을 하나의 몸으로 묶었다.
> – 비트루비우스, 《건축십서》

이탈리아 피렌체의 인문학자 브라치올리니^{Poggio Bracciolini}(1380~1459)는 1414년 스위스의 성 갈^{St. Gall} 수도원 도서관에서 로마 시대의 건축서 완결본을 발견했다. B.C. 30~20년경에 비트루비우스^{Marcus Vitruvius Pollio, B.C. 80~15년경 추측}가 쓴 《건축십서^{建築十書}》다. 라틴어 원제목은 '건축에 관하여^{De Architectura}'다.

이 책은 2천 년 전 전쟁터에서 잔뼈가 굵은 건축가이자 행정가였던 사람이 은퇴 후 건축에 관한 지식과 경험을 집약해 올바른 행정에 도움이 될 수 있도록 황제[•]를 위해 쓴 글이다. 이런 종류의 글은 흔하지 않다. 알베르티(르네상스 초기 이탈리아의 건축가, 1404~1472)를 비롯한 몇몇 사람의 저작 정도에 그칠 뿐이다. 숙련된 길드^{••}의 장인들은 자신의 기술을 아들이나 제자에게 구두로만 전수했기 때문이다. 기록으로 남기면 가문의 생계수단이 다른 이에게 빼앗길 거라고 판단했을 것이다. 조선시대에 상감청자를 빚었던 도공들도 같은 이유로 기록을 남기지 않았다. 그런 이유로 《건축십서》는 아주 오랫동안 많은 건축인들에게 건축 전체를 바라보는 데 필요한 지침이 되었다. 로마 제국의 황제를 위한 지침서이기

• 황제 카이사르는 율리우스 카이사르의 양자 옥타비아누스^{J. C. Octavianus}를 말한다. 재임기에는 아우구스투스로 불렸다.

•• 길드(Guild)는 10세기 말부터 중세 유럽 상공업자들이 만든 상호 부조적이며 독점적 · 배타적인 동업 조합이다. 서로 도움을 주고 공동의 이익을 위해 지나친 경쟁은 금지했다. 기술의 전수는 오직 도제^{徒弟} 방식, 즉 스승이 제자 또는 선배가 후배에게만 단독으로 전수하는 방식으로 유지되었다.

때문에 제국주의적 시각이 상당 부분 포함되어 있으나, 그럼에도《건축십서》는 여전히 읽어 볼 가치가 있다. 건축가의 소양이라든지 건축을 익히기 위해 어떤 분야, 어떤 지혜가 필요한지 윤곽을 세워 놓았기 때문이다.

그중 3서 제1장에는 신전 건축과 인체에서의 심메트리On symmetry in temple and in the human body에 관한 내용이 담겨 있는데, 특히 인체의 비례에 대한 내용이 인상 깊다. 요약하면 다음과 같다.

인간의 신체는 조물주에 의해 다음과 같이 구성되었다. 안면은 턱에서 이마 위 머리카락이 있는 부분까지로 키의 1/10, 또한 손바닥은 손목에서 장지의 끝까지로 팔 길이의 1/10, 머리는 턱에서 머리끝까지로 키의 1/8*, 가슴 맨 위부터 이마 위 머리카락이 있는 부분까지는 키의 1/6, 가슴 중앙부터 머리끝까지는 1/4이다. 얼굴 그 자체에서는 턱 밑에서부터 1/3 지점이 콧구멍 밑이고, 양미간부터 머리카락이 있는 부분까지의 이마가 같은 1/3이다. 발 길이는 키의 1/6이며 팔 길이는 1/4, 가슴 폭도 같은 1/4이다. 기타 구성 요소도 각기 자신의 조화로운 비례를 갖는데 예전부터 유명한 화가나 조각가들은 이를 이용해서 많은 칭송을 받았다.

이처럼 인간의 신체적 비율이 전체적으로 조화롭게 구성된 것에 근거하여 옛날 사람들은 건물을 건립하는 데 있어서도 개개의 구성 요소가 전체의 외관에서 균형을 유지하도록 배려하였다. 그들은 모든 건물에 질서를 고루 미치게 하는 동시에 그 구조물이 오래 지속되는 신전 건축에서 균제와 비례에 특히 많은 주의를 기울였다.

이를 기초로 그려진 그림이 바로 레오나르도 다빈치의 '비트루비우스 인간

---

* '팔등신八等身(또는 팔두신八頭身)'이라는 표현은 여기에서 기인되었다. 그리스어로 카논cannon이라고 하는데, 일본에서 팔등신으로 번역되어 우리나라에 들어왔다.

Vitruvian Man'이다. 이만 보더라도 르네상스의 인본주의는 신에 대한 관심을 접고 인간에게로 그 시선을 돌린 것을 의미하는 것이 아님을 알 수 있다. 신이 자신의 형상을 본떠 인간을 만든 만큼 그 안에서 신의 모습을 발견하려 했던 것이다. 따라서 '비트루비우스 인간'은 인간 본연에 대한 고찰이라기보다 인간의 몸에 깃든 신의 형상을 발견해 모든 척도와 비례에 대입하고자 하는 바람을 담고 있는 것이다.˙ 비트루비우스에게 비트루비우스 인간은 그가《건축십서》를 헌정한 상대, 다름 아닌 카이사르 아우구스투스였다. 그리고 '소름 끼칠 만큼'(《다 빈치, 비트루비우스 인간을 그리다》의 저자 토비 레스터의 표현) 그리스도와 유사했다.

옛날 사람들은 '10'이라는 수를 손가락과 발가락에서 찾아냈다고 하여 완전수로 정했다. 이와 다른 견해를 갖는 수학자들은 '6'이라는 숫자가 계산하면 정확하게 '6'의 수가 되는 통합성을 지니고 있다는 이유로 완전수라고 주장했다.˙˙ 그들은 인간의 발이 신장의 1/6로서 전체 신장이 발 길이의 6배가 되는 것을 '6'이 완전수가 되는 근거로 여겼으며, 또한 팔 길이가 손바닥 길이의 6배이며 손가락 길이의 24배임을 알고 있었다.

비트루비우스 인간

˙   토비 레스터,《다 빈치, 비트루비우스 인간을 그리다》, p.61, 68, 69, 72.
˙˙   완전수 '6'. 자기 자신을 제외한 양의 약수, 즉 진약수를 더한 합이 자기 자신이 되는 양의 정수를 말한다. '6=1+2+3'. 같은 이유로 '28'도 완전수이며, 완전수라는 명칭은 유클리드가 명명했다.

우리 눈의 명령에 따라 손이 하는 일은 무한하다

레오나르도 다 빈치

6

대성당에서
배운다

신의 옥좌

초기 기독교의 교회 원형은 로마의 바실리카^{basilica}에서 가져왔다. 상업 거래소나 법정으로 사용되었던 바실리카가 많은 교인들이 예배를 올리는 대공간으로 선택된 이후 예배라는 전례 행위에 더욱 적합한 곳으로 만들기 위해 많은 시도와 적응 기간을 가졌다. 다행히 바실리카는 예배를 드리기에 더없는 공간이 되었다. 바실리카가 교회의 전형이 되면서부터 그 변화의 양상은 실로 놀랍고 위대한 것이었다. 그것이 신앙의 힘이며 이 문턱이 바로 중세로 접어드는 지점이다. 그 전이 대부호나 절대 권력자를 위한(서민들은 수동적인 입장) 대규모 공사의 시대였다면, 중세는 신앙이라는 용광로로 서민까지 주도적으로 합세하도록 이끌어 변화의 폭이 더욱 크고 웅대했다고 할 수 있다.

중세의 건축은 교회 건축의 발전 과정 그 자체이며 또한 중세의 건축 역사로 봐도 크게 틀리지 않을 것이다. 그럴 만도 한 것이 당시의 모든 기술과 돈이 몰려들었으며, 개개인의 능력을 신앙의 힘으로 최대한 끌어올렸기 때문이다. 일반 서민들이나 심지어 종교 지도자가 아닌 일반 권력자들의 건축 발전은 미미한 것이었다.

대성당^{Cathedral}은 '신의 옥좌'를 뜻하는 그리스어 카테드라^{cathedra*}에서 유래했다. '신의 집'을 뜻하는 것으로, '돌로 바치는 기도'라고도 했다. 기독교인들이 신을 찬양하기 위해 지은 대성당은 고대 그리스 로마의 신전과 크게 다르지 않다.

---

* 카테드라는 주교좌(主敎座, bishop's seat)를 일컫는 말이기도 하므로 대성당은 주교가 관장하는 주교좌 성당이라고 한다. 프랑스에서는 카테드랄(cathédrale), 이탈리아는 두오모(duomo), 독일은 돔(dom) 또는 뮌스터(münster)라고 한다(《종교학대사전》, 한국사전연구사, 1998. 8. 20).

대성당은 '신의 집'인 만큼 일관된 변모 과정을 거쳤다. 우선 큰 공간을 확보하는 데 돈과 기술이 집약되었다. 많은 사람들이 예배를 드린다는 기능을 넘어서는 것이었다. 왕의 궁궐이나 신의 대성당이 점점 더 큰 규모를 가지게 되는 것은 기능적 용량의 차원이 아니라 심리적 경외의 차원이다. 큰 규모의 공간에 들어가면 사람들은 스스로를 낮추게 된다. 왕은 높은 왕좌에 앉아 있고 신은 더 높은 옥좌에서 빛으로 군림하는 것이다. 대성당에서 머리를 조아리는 신도信徒 역시 신이 더 높은 곳에서 군림하기를 바랄 것이다. 내가 믿는, 그래서 모시는 그분이 더 위대한 무언가이기를 바라는 마음에서. 특히 대성당은 하늘에 가까이 다가선다는 의미에서 더 높이 짓는 방향으로 발전했다. 더 높은 건축물을 만들기 위해 모든 기술과 방법이 동원되었고, 그 발달의 역사가 곧 건축 기술의 역사이자 중세의 역사였다.

더 높은 건물이란 벽이 두꺼워지는 것을 의미했으며, 창문은 개수와 면적 모두 최소한의 것이어야 했다. 더 좋은 기술이란 높은 건물에도 밝은 빛을 끌어들일 수 있는 큰 창을 내는 것을 의미했다. 어두운 공간에 쏟아져 들어오는 빛은 그 자체로 신의 목소리와 같은 의미로 다가왔을 것이기 때문이다.

누가 결정하고, 누가 만들었나?

대성당은 주교bishop가 최고 수장으로 있는 주교좌성당을 말한다. 하지만 교회의 재산은 참사회The chapter라는 성직자 단체가 관리했다. 대성당을 건립하는 데는 여러 가지 이유가 있었다. 하느님의 은총에 대한 순수한 감사에서부터 성해(성인의 유해)의 안치 장소가 필요하다거나, 혹은 번개와 같은 자연재해로 성당이 큰 손실을 입었거나 또는 옆 도시의 성당보다 더 큰 성당을 가지고 싶은 경쟁심 등이었다. 결정은 주교가 하지만, 시행 권한은 참사회에 있었다. 참사회는 책임 건축가를 선임하고 성당 건립의 세세한 부분까지 관여했다. 특히 자금이 바닥나 공사가 중단되었을 때 재정을 메우는 것도 참사회의 몫이었다. 이럴 때는 종종 지하 묘소에 안치할 예정인 성해를 시민들에게 공개해 헌금을 걷기도 했다. 성해의 진본이 없을 경우 가짜가 등장하기도 했으며 다른 성당에서 빌려 오기도 했을 것이다. 어쨌든 성당 건립이 성해의 수를 불어나게 하는 기적(?)을 행한 것은 분명해 보인다.

대성당의 건축은 큰 자금이 들어가는 엄청난 규모와 장구한 기간이 필요한 대역사임에 틀림없다. 1백 년을 넘기는 일은 큰 문제가 되지 않았다. 참사회에서 임명한 책임 건축가는 다시 각 분야의 책임 기능공들을 임명했다. 채석공, 석공, 조각공, 회반죽공, 벽돌공, 목수, 대장장이, 지붕공, 유리공 등은 모두 개별적으로 움직이는 것이 아니라 길드를 이끌고 있거나 그에 속한 사람들이었다.

이들은 작은 상공회이기도 했고 때로는 작은 부락을 이루고 있기도 했다. 중세의 상인이나 기능공들은 이런 길드를 통해 더욱 안정적인 일거리를 얻을 수 있었고, 고용주 입장에서도 인력을 안정적으로 공급받을 수 있었다. 특히 대성당의 건축처럼 1백 년 이상의 기간이 필요한 경우 길드는 더욱 절실했다. 건립을 결정한 주교가 노환으로 사망할 경우 성당의 지하 묘소에 바로 안치되기도 했고, 빗물 홈통에 가고일gargoyles을 조각하던 아버지가 노환으로 사망하면 아들이나 제자가 그 일을 이어받았다. 이때 길드의 구성원들 간의 기술 전수는 철저히 대외비로 했다. 이는 기능공들이 글을 몰랐기 때문일 수도 있지만, 그들에게 가장 큰 위협이 바로 기술을 문자로 남기는 것이라고 생각했기 때문이었을 것이다. 기록을 남기면 유출될 가능성도 커지기 때문이다. 지금까지도 대성당의 건립 방식이 상당 부분 추측에 의존해 해설되고 있는 것은 그 때문이다.*

간추린 대성당의 역사

기독교인들에게 있어서 기독교 공인(313년) 이전의 가장 큰 관심사는 밝은 대낮에 떳떳이 예배를 보는 것이었으리라. 예수님을 따랐다는 이유로 너무나 가혹한 박해를 받아왔기 때문이다. 그리고 공인된 직후에는 기독교 전례를 위한 맞춤 공간이 절실히 필요했을 것이다. 어느 정도 예배를 위한 공간이 마련된 이후에는 어디에 관심을 두었을까? 아마도 포교가 아니었을까? 기독교인들의 신앙심을 고취하고 기독교인이 아닌 사람들에게 하느님의 사랑을 전파하는 것, 그것이 가장 큰 관심사가 아니었을까? 신앙심의 고취와 포교. 중세 시대 대성당의 발전 방향은 이 마음 위에 있었다는 것을 이해해야 한다. 포교에 동참하면 천사와 천국이, 신앙심이 흐려지면 어김없이 악마와 지옥이 나선다. 신의 공간이 더욱 넓어지면서 하늘로 치솟을 때, 상

---

* 서현,《건축을 묻다》, 효형출판, 2009, p.51.

1

2

1　노틀담 대성당의 가고일
2　노틀담 대성당의 가고일(확대)

대적으로 그 안에서 한 개인은 스스로 보잘것없는 존재임을 확인할 뿐이다. 스테인드글라스를 통해 들어오는 따뜻하고 오묘한 빛이 있는가 하면, 괴물 형상의 가고일이 빗물을 쏟아 내고 있다. 서로 다른 표정, 이 양면성은 중세 시대와 기독교가 앞으로 나가는 원동력이 되었다. 그리고 이것은 건축의 안과 밖에서 끊임없이 표현되었다. 대성당의 장식에 마리아를 상징하는 장미와 함께 가고일 같은 괴물의 모습도 조각되어 있는 것은 신도들을 압도하려는 의도가 숨어 있는 것이다.

대성당이라 함은 주교좌성당을 의미하지만, 각 시기를 대표하는 건물에는 대성당 이외에도 수도원이나 사원과 같은 건축물들도 포함되어 있다.

초기 기독교 early Christianity 건축

콘스탄티누스 황제가 기독교를 공인한 313년부터 그레고리우스 왕이 사망한 604년까지, 고대에서 중세로 넘어가는 과도기 건축 양식을 보인다. 고전의 형식미에서 중세의 정신미로의 이행을 의미하며, 수많은 신들을 섬기던 비교적 자유분방한 시대에서 유일신을 믿는 엄격한 기독교로 맹렬한 전이 과정을 거치는 때이기도 하다. 건축적으로는 로마의 바실리카가 기독교의 전례 공간으로 변모하는 동시에 전례 행위 역시 바실리카라는 공간에서 영향을 받는 상호 간섭의 시기였다.

건축 기술은 비록 로마의 기법이 연장되는 선에서 그쳤지만, 고취된 기독교 정신 위에 건설되는 공간들은 그 성격을 달리하기 시작했다. 그중 교회 밖에 위치하는 세례당baptistery*의 등장은 눈에 띄는 변화일 것이다. 이는

---

* 기독교 입교 의식인 세례를 거행하기 위한 건물. 일반적으로 성당 밖에 별도로 만들었으며, 중앙에는 (침례浸禮를 위한) 수조가 위치한다(윤장섭, 《서양건축문화의 이해》, p.109).

1 성 로렌초 성당(밀라노) 외관

2 성 스테파노 로톤도 성당 실내

3 성 사비나 성당(로마)의 중앙 제단 방향을 바라본 실내

신도들이 빠르게 증가(혹은 이에 대비)하고 있다는 사실과 로마의 바실리카가 기능적으로나 상징적으로 종교 시설로 변모되어 가고 있다는 증거이기도 하다.

또한 초기 기독교는 경제적으로 부유하지 못했기 때문에 로마 신전들의 일부와 기존의 바실리카를 이용했지만(물론 새로 건축할 여건이 되는 경우에는 바실리카를 원형으로 하는 교회를 건축하기도 했다), 기독교 정신을 표현하기 위해 바닥은 물론이고 벽면과 천장 등에 모자이크를 사용했다는 점은 눈여겨볼 만하다. 로마 시대에는 바닥에만 모자이크를 사용했다.

대표적인 교회로는 성 로렌초 성당Basilica of San Lorenzo(Milan), 성 클레멘트 성당Basilica of San Clemente이 있으며, 성 스테파노 로톤도 성당Santo Stefano Rotondo 은 원형 평면으로 유명하다. 이는 현존하는 원형 성당 중 최대 규모를 자랑한다.

비잔틴Byzantine 건축

324년 콘스탄티누스 황제가 수도를 콘스탄티노플(비잔티움, 이스탄불)로 옮기면서 동로마제국을 창건한 때부터 1453년 오스만 투르크(터키)에 의해 멸망할 때까지 동로마제국 주변에 형성된 건축 양식이다. 동서양이 만나는 지리적 특성상 동서양 문화가 혼합된 형태로 발전했다. 로마의 돔dome이 원형 평면이라면 비잔틴의 펜던티브 돔pendentive dome은 사각형 평면 위에 벽돌을 주재료로 축조되었다. 이는 공간 활용 측면에서 가히 혁명적인 것이었다.

펜던티브 돔의 축조 과정

❶ 사각형 평면 벽체 위에 외접하는 돔을 건설한다.

❷ 사각형 벽체가 돔에 역투영되는 부분을 잘라 낸다.

❸ 호의 정점을 잇도록 평면으로 위쪽 돔을 잘라 낸다.

❹ 원형 평면 위에 돔을 건설한다.

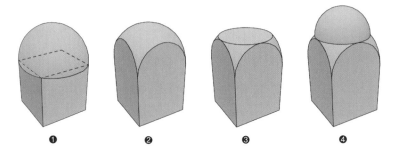

평면 형식도 로마 가톨릭의 라틴 십자형Latin Cross보다는 정방형의 그리스 십자형Greek Cross을 더 많이 채용한다. 외부는 거의 장식하지 않는 반면 실내에는 유리 모자이크와 색 대리석으로 화려하게 장식했다.

대표 건축물로는 성 소피아 대성당Hagia Sophia*과 성 이레네 성당Hagia Eirene, 성 비탈레 성당Basilica of San Vitale을 들 수 있다.

사라센Saracen** 건축

7세기에서 17세기에 이르기까지 서남아시아, 북아프리카, 스페인 남부에 걸쳐 알라를 유일신으로 믿는 이슬람교 문화권에 나타난 건축 양식이다. 이슬람 사원인 모스크mosque와 궁전 건축이 주종을 이루며, 철저한 우상숭배 금

---

* 하기아 소피아(Hagia Sophia)는 그리스어에서 유래한 말로, '신성한 지혜(Holy Wisdom)'를 의미한다. 1204년부터 1261년까지를 제외하고, 360년부터 1453년까지 콘스탄티노플 대성당(Cathedral of Constantinople)이었다. 오스만 투르크 제국의 지배하에 있었던 1453년 5월 29일부터 1931년까지는 이슬람 사원으로 사용되었으며, 1945년 2월 1일 미술관으로 다시 문을 열었다.[네이버 지식백과, 성 소피아 성당]

** 그리스·로마에 살았던 라틴 문화권 사람들이 시리아 초원의 유목민을 사라세니(Saraceni)라고 부른 데서 연유했다.

1

2

1 성 소피아 대성당 펜던티브 돔의 실내
2 펜던티브 돔의 추상 구조(schema). 색칠
   한 부분의 오목한 삼각형이 펜던티브

지의 교의에 의해 우상 성향의 모든 장식을 배제한 것이 특징이다. 유일하게 장식이 허락되는 곳은 메카* 방향의 벽인 미라브mihrab 뿐이다. 보통 미라브에는 벽감이 있다. 모스크는 메카를 향하는 축인 키브라kibrah를 중심으로 장방형 평면을 갖는다. 펜던티브 돔으로 종유형鐘乳型, stalactite 돔을 사용하고, 돔을 받치는 방법으로 스퀸치squinch 구법을 창안하고 적용했다. 펜던티브 돔은 사각형 평면 위에 돔을 올리는데 이때 사각형 평면의 모서리에 석재인 스퀸치를 걸어 모서리를 접는다. 이렇게 팔각형 평면을 만들어 그 위에 돔을 얹는 방식이 스퀸치 구법이다. 필요에 따라 스퀸치를 반복 사용하여 원형에 가까운 평면을 얻기도 한다. 방은 사각형 형태지만 돔을 지탱하는 벽체 상부에서는 원형 평면이 되는 것이다.

하루 다섯 번 기도 시간을 알리는 종탑인 미나레트minaret(광탑光塔) ** 역시 모스크를 특징 짓는 요소다. 북아프리카의 경우 부피가 큰 사각 기둥 형태이며, 지중해 지역은 가늘고 긴 원통이나 뿔 형태를 띤다. 그리고 현관 부분의 전실을 이완iwan이라고 하는데, 미라브가 직접 들여다보이는 것을 막기도 하고 장식의 기능도 수행하고 있다. 실내장식에서는 그림이나 조각이 거의 사용되지 않았으며, 아라베스크arabesque와 같은 이슬람 교의에 부합되는 문양만으로 벽면을 장식했다.

대표 건축물로는 인도의 샤 제한Shah Jehan 황제가 그의 왕비 뭄타즈 마할Mumtaz Mahal을 기리며 건립한 분묘 건축인 타지마할Taj Mahal과 사자의 정원The Court of the Lions, 분수의 중정Court of the Fountain and Long Pond(Palacio de Generalife), 사신의 대청으로 유명한 알함브라Alhambra 궁전이 있다.

• 사우디아라비아 헤자즈(Hejaz) 지방으로 이슬람의 창시자인 예언자 무함마드의 출생지로 알려져 있다.
•• 아랍어로 '빛을 두는 곳'을 의미하는 '마나라(光塔, manara)'. 이곳에서 하루 다섯 차례 예배 시각에 예배당을 지키는 무아진이 올라가 아잔을 낭송한다. 예언자 무함마드가 직접 해방시킨 흑인 노예 빌랄(Bilal)에게 높은 곳에 올라가 예배 시간을 알리는 아잔을 하게 했던 일화에서 비롯되었다.

요르단 사막의 동쪽에 위치한 '유목민의 모스크'에서 한 유목민이 메카를 향해 기도하고 있다. 비록 작은 돌을 모아 경계를 두른 것에 지나지 않지만 모스크 밖에 신발을 벗고 맨발로 들어갔다.

1 2
3 4

1 바드샤히(Badshahi) 왕립 모스크(Lahore-Pakistan). 뿔 형태의 종탑 미나레트(minaret)와 모스크
  정면의 전실 이완(iwan)과 종유형 돔이 보인다.
2 알함브라 궁전에 사용된 아라베스크 패턴
3 샤(Shah) 모스크의 미라브(mihrab, Istahan-Iran)
4 위대한 모스크(Kairouan-Tunisia)의 사각기둥형 미나레트. 가장 오래된 것이다.

로마네스크^{Romanesque} 건축

8세기 말에서 13세기 고딕 양식이 발현되기 전까지의 건축 양식이다. 비잔틴 건축이 로마의 기술에 사라센(이슬람) 문화가 더해진 것이라면, 로마네스크 건축은 로마의 기술에 게르만 요소와 기독교 정신이 반영된 건축 양식이라 할 수 있다. 초기 기독교 건축이 로마의 바실리카를 신앙을 담는 그릇으로 만들려는 노력의 과도기(발단)라면, 로마네스크 시대는 각 요소와 공간에 신앙심이 깃들도록 재해석하는 노력을 아끼지 않은 시대로 볼 수 있다. 로마네스크 시대에 신앙심을 상징하는 결정체인 탑이 창안된 것은 어찌 보면 당연한 일이었다. 바야흐로 본격적인 중세 시대로 접어든 것이다.

로마네스크 시대는 교회 건축의 전형이 완성된 시기다. 바실리카 평면은 라틴 크로스로 완성되었고, 성직자 전용의 기도소 트랜셉트^{transept}(수랑袖廊)를 아일^{aisle}(측랑側廊) 끝에 배치했으며, 콰이어^{choir}(성가대석)와 성자의 조상이나 순교자들의 유해를 안치하는 분묘^{crypt}가 추가되었다. 로마네스크 시기 내내 반원의 아치가 주로 쓰이다가 고딕 시대로 연결되기 직전에 첨두아치^{pointed arch}가 사용되기 시작했다.

로마의 기술을 계승한 시기답게 아치 구조법이 발달하여 교차 볼트^{cross 또는 groin vault}를 적극 사용했다.

아케이드 상부의 교차 볼트. 볼트와 볼트가 교차될 때 생기는 접선을 아리스(arris)라고 한다.

평보가 아치가 되고 볼트가 되는 과정

❶ 평보. 기둥 위에 보가 올려져 있다. 기둥 사이의 간격을 넓히면 보의 두께가 두꺼워져야 안정적인데, 그만큼 자중이 늘어나므로 한계가 있다.

❷ 보를 꺾어 맞대어 세우면 그 위로 하중이 덜 걸려 기둥 간격을 더 넓힐 수 있다. 보 옆 공간(빗금)에는 코벨corbel식의 내민 벽돌로 하중을 줄인다.

❸ 코벨 아치. 기둥 위에서부터 안쪽으로 벽돌을 조금씩 내밀어 보를 구성한다.

❹ 아치. 보에 걸리는 하중을 곡선 부재를 따라 기둥으로 전달한다. 이는 아치 정점에 있는 아치 돌arch stone또는 key stone(홍예석虹蜺石)이 쐐기 역할을 하여 부재끼리 밀착·압축시켜 가능한 것이다. 여기에서 더 진화한 것이 정점이 뾰족한 첨두 아치pointed arch다.

❺ 볼트vault(또는 배럴barrel). 아치가 열린 방향에 수직으로 연속되어 터널을 만든 구조. 아치가 평면에서 180도 회전하면 돔dome이 된다.

❻ 교차 볼트. 두 개의 볼트가 직교한 구조다.

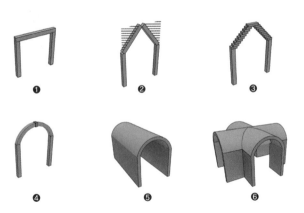

교차 볼트는 벽돌이나 콘크리트로 리브rib(뼈대)를 먼저 만들고 나중에 경량의 재료로 그 사이를 메우는 방법이다. 리브에 모인 하중은 다시 피어 pier로 전달된다. 피어는 돌조각石片이나 기와 조각煉瓦과 같은 단위 부재를 쌓아 올린 것으로, 단일 부재인 기둥column과는 구분되는 것이다. 11세기부터는 몇 개의 피어를 다발로 묶은 클러스터 피어cluster pier를 사용하기도 했다. 이는 구조적 기능의 향상은 물론 미적인 효과도 거두는 발전이었다. 리브 시스템을 채용한 교차 볼트 덕분에 기둥 거리span가 다른 볼트를 구성하는 데 유리했으며, 신도들의 자리인 네이브nave의 폭이 두 배로 넓어지고 높이는 폭의 두 배가 되는 대공간을 구축할 수 있게 되었다.

이 시기에 스테인드글라스가 창안되었고(10세기경), 실내장식으로 벽화 mural가 많이 사용되었다. 특히 게르만 민족의 장식에서 영향을 받은 독창적인 요소도 적지 않았다. 게르만인은 장식 대상에 환희를 느꼈으며, 그들이 즐겨 사용하던 기하학 · 동식물 · 인물 문양 등은 로마네스크 특유의 양식으로 발전했다.*

탑이 창안되고 종탑은 본당과 분리되기 시작했다. 피사의 사탑은 로마네스크의 대표적 건축으로 피사 대성당에서 분리된 탑이다. 그 앞에는 세례 당이 위치한다.

이 시기의 대표적인 성당으로는 피사 대성당Pisa Cathedral, 성 미켈레 대성당Basilica of San Michele Maggiore, 아비뇽 대성당Avignon Cathedral(Cathedrale Notre—Dame des Doms d'Avignon), 오베이 오 좀Abbaya—aux—Homme 대사원, 템플 교회Temple Church, 더럼 대성당Durham Cathedral, 보름스 대성당Wormser Dom 등이 있다.

---

* 　윤장섭,《서양 건축문화의 이해》, 서울대학교출판문화원, 2014, p.143~144.

1 입구 위 사자 조각 양옆으로 내민 벽돌 쌓기가 보인다.

2 성인들이 조각된 포티코(portico) 뒤로 단위 부재를 쌓아 올린 피어(pier)가 다발로 묶여 천장
   의 리브를 받치고 있다. 산티아고 대성당(The Cathedral of Santiago de Compostela)은 1060년
   착공해서 1211년 완공되었으며 로마네스크, 고딕, 바로크 스타일이 혼재되어 있다.

3 링컨 대성당(Lincoln Cathedral)의 현관(portal) 주변에 있는 게르만 스타일의 장식

4 아우구스부르그 대성당(Augsburg Cathedral)의 스테인드글라스(11세기 말)

1 피사 대성당 뒤로 기울어진 피사의 사탑(leaning tower)이 보인다.

2 오베이 오 좀 대사원으로 널리 알려진 성 에티앙 대사원(The Abbey of Saint-Etienne)

3 성 미켈레 성당 정면에 풍부한 블라인드 아케이드 장식(blind arcade)이 보인다.

고딕^{Gothic} 건축

12세기 말 프랑스 북부에서 시작되어 이탈리아에서 르네상스 운동이 일어난 15세기까지 서 · 북유럽에 영향을 미쳤던 건축 양식이다. 프랑스 북부 지방에서 나타난 프렌치 노르만^{French Norman} 건축이 고딕 양식 발생의 도화선이 되었다.

로마네스크 건축이 교회 건축의 전형을 형식적으로 완성한 것이라면, 고딕 건축은 수직선을 의장의 주요소로 하여 하늘을 지향하는 종교적 신념과 사상을 합리적으로 반영한 정신적 완성의 시기라고 볼 수 있다.

이 시기의 건축적 특징은 크게 세 가지로 함축할 수 있다. 첨두 아치^{pointed arch}, 첨탑^{spire}, 그리고 플라잉 버트레스^{flying buttress}다.

첨두 아치는 아치의 정점이 하늘을 향해 뾰족한 것인데, 장식적 요소 외에도 로마네스크 교차 볼트의 구조적 결점을 보완할 수 있었다. 아치의 반경 길이를 자유로이 조절할 수 있었고, 정점의 높이 조절과 횡력 작용을 수직으로 변화시킬 수 있었다.

첨탑은 신앙심의 상징으로, 높고 육중한 첨탑을 정면의 좌우, 트랜셉트와 네이브의 교차부, 양 아일의 단부斷部에 배치했는데, 이는 바람이나 지진과 같은 수평 하중을 지탱하기 위한 것이었다. 당시 대성당들은 어떤 건물보다 높았기 때문에 그 어떤 조건보다도 바람의 영향에 대비해야 했다.

플라잉 버트레스는 첨탑의 횡력과 풍압으로부터 안전하기 위해 신랑의 피어 상부에서 측랑의 주벽周壁 버트레스까지, 측랑의 주벽 버트레스에서 독립 피어까지 2연連 2중重 석조 버팀대를 공중 육교처럼 설치한 것이다.

1 2
3 4

1 스트라스버그 노틀담 성당의 플라잉 버트레스. 벽을 밀고 있는 사람을 연상하면 힘의 작용 원리를 이해할 수 있다.

2 성 프란체스코 성당의 수직 분할(mullioned) 창

3 엘리 성당 창 상부의 장식(tracery)과 수평의 분할대(transom)

4 랭스 대성당의 장미창(rose window)

이 세 가지 건축적 특징 덕분에 고딕의 대성당은 창호窓戶가 증대되는 결실을 얻을 수 있었다. 수직 하중은 (클러스터) 피어가, 수평 하중은 플라잉 버트레스가 부담하게 되므로 벽체가 자유롭게 개방될 수 있었던 것이다. 창에는 멀리온mullion(수직 분할), 트란솜transom*(수평 분할), 트레이서리tracery(상부 장식)를 하고 스테인드글라스를 끼웠다. 대형 첨두 아치에는 대형 장미창rose window, 차륜창wheel window을, 작은 첨두 아치에는 소형 장미창을 대었다. 고딕 대성당은 성당의 정면을 서쪽으로 향하게 하고 서쪽 정면에는 쌍탑을 만들었다. 평면 형태는 주로 라틴 크로스가 많았으며, 동측 예루살렘 방향으로는 성소sanctuary**를 두었다.

이 시기의 대표적인 성당으로는 파리의 노틀담 대성당Notre—Dame de Paris Cathedral, 사르트르 대성당Chartres Cathedral, 랭스 대성당Reims Cathedral, 아미앵 대성당Amiens Cathedral, 솔즈베리 대성당Salisbury Cathedral, 쾰른 대성당Cologne Cathedral, 울름 대성당Ulm Cathedral, 밀라노 대성당Milan Cathedral(Duomo di Milano), 피렌체 대성당Florence Cathedral, 도제 궁전Doge's Palace 등이 있다.

---

* 창의 수평 분할 가로대를 트란솜이라고 하며, 주택 현관문 등의 상부에 채광을 위해 유리로 만든 가로로 긴 창을 트란솜 윈도(transom window)라고 한다.
** 제례 공간(altar), 즉 앱스 부분을 말한다.

서쪽에서 바라본 노틀담 대성당 정면

르네상스^{Renaissance} 건축

15세기 이탈리아 피렌체에서 고전 부흥 형식으로 발생했다. 르네상스는 신에 대한 예속, 봉건사회의 중세적 예속으로부터 인간의 본성을 다시 찾아보고자 했던 인본주의 운동이다. 하지만 신을 향한 사랑이 인간으로 옮겨 가는 일련의 과정으로 볼 것이 아니라 인간에서 신의 형상을 찾았던 '앙모심仰慕心'이 새로운 결실을 맺었다고 보는 것이 옳을 것이다. 신이 자신의 형상을 본떠 만든 인간은 항상 가까운 곳에 있었기 때문이다. 레오나르도 다 빈치의 '비트루비우스 인간'은 르네상스 시대 사람들이 인간을 통해 신의 완벽함을 칭송했음을 증명하는 것이다. 그리고 인간의 비례와 균형 및 조화가 반영되어 있는 그리스·로마, 즉 고전classic을 부흥하려는 움직임도 이와 일맥상통하는 것이었다. 결과적으로 인간에 대한 많은 결과물들이 쏟아졌으며, 만능인으로서의 건축가가 요구되었던, 그 어느 때보다 건축가의 이름이 부각되는 시기였다.

인간의 사회성과 세속적 수평성을 강조한다는 점에서 고딕과 대조적이었다. 우주적 질서를 상징하는 비례, 조화, 균형의 법칙을 추구했으며, 힘의 균형에 의한 정적logos인 미를 표현하고자 했다. 고전의 오더 및 볼트, 돔 등을 재활용하면서 새로운 구조 기술을 도입하고자 했다.

벽체는 루스티카rustica(rustication) 기법으로 재질감을 강조했고, 2층 이상인 경우는 코니스cornice(처마돌림띠)를 두어서 수평선을 강조했다. 창은 빛을 받아들이는 기능적인 면 외에도 벽체와 창과의 시각적인 비중을 중요하게 생각했다. 루첼라이 궁Palazzo Rucellai의 경우처럼 1층에는 도릭, 2층에는 이오닉, 3층에는 코린티안의 각기 다른 주범Order을 사용하기도 했다.

르네상스 시대의 대표적인 건축가와 건물들을 각 시기별로 간추리면 다음과 같다. 초기 르네상스Quattrocento(15세기)는 피렌체를 중심으로 필리포 브루넬레스키Filippo Brunelleschi(1377~1446)가 열었다고 해도 과언이 아니다. 그는 2중 큐폴라cupola*를 창안해 피렌체 대성당의 돔 현상설계**에 당선되었다. 이는 최초의 르네상스식 돔이며 최초의 현상설계 당선안인 셈이다. 이 외에도 브루넬레스키는 성 스피리토 대성당Basilica di Santo Spirito, 파치 가家 예배당Cappella Pazzi과 피티 궁Palazzo Pitti을 건설했다.

그리고《건축론De Re Aedificatoria》을 저술한 레온 바티스타 알베르티Leon Battista Alberti(1404~1472)도 이 시기의 건축가다. 피렌체의 루첼라이 궁, 만투아의 성 안드레아 대성당Santo Andrea Cathedral과 피렌체의 성 마리아 노벨라 Santa Maria Novella가 알베르티의 작품이다. 그리고 미켈로초 디 바르톨로메오 Michelozzo di Bartolommeo(1396~1472)는 피렌체의 메디치-리카르디 궁Palazzo Medici-Riccardi을 남겼다.

성기 르네상스Cinquecento(16세기 초)는 로마를 중심으로 번성했다. 도나토 브라만테Donato Bramante(1444~1514)는 '라파엘의 저택Raphael's House'이라고 알려져 있는 로마의 카르리니 궁전Palazzo Caprini, 밀라노의 성 마리아 델라 그라치에Santa Maria delle Grazie, 베드로 순교지에 건축된 기념 예배당인 템피에토Tempietto를 남겼다. 그리고 무엇보다도 성 베드로 대성당Basilica Papale di San Pietro in Vaticano의 재건 공사를 개시한(1506) 건축가다.

미켈란젤로 부오나로티Michelangelo Buonarroti(1475~1564) 역시 이 시기의

• 무쇠를 녹이는 용선로를 말하기도 하는데, 지붕의 큐폴라는 곧 돔(dome)을 의미한다.
•• 현상설계는 일종의 아이디어 경합으로 진행하는 설계를 말한다. 피렌체 성당을 건설하려는 주체는 아르놀포 디 캄비오라는 건축가를 위임했다. 캄비오는 낡은 교회를 개축해 최고의 성당으로 만들기를 바랐지만 그에 맞는 돔을 지을 아이디어가 없었다. 이에 대성당 감독관들은 절박한 심정으로 해법을 찾기 위해 공모를 내건 것이다. 당시 피렌체 대성당의 큐폴라를 공모하는 현상설계의 과정이나 브루넬레스키의 당선안이 얼마나 혁신적이었는가를 엿보려면 이 책의 '11. 기술은 단지 거들 뿐' 참조.

1 2
3

1 루첼라이 궁의 외벽에 부조된 붙임기둥(pilaster)의 주범(Order)이 각층마다 다르다.

2 피렌체의 메디치−리카르디 궁은 상부의 매끄러운 마름돌과 하부의 거친돌쌓기로 서로 상이한
   재질감을 부각했다(루스티카 기법)

3 최상부의 과장되게 튀어나온 코니스와 그 아래의 평면적인 코니스

대표적인 건축가다. 피렌체의 메디치 가家 예배당Cappella Medicea과 그의 가장 두드러진 공공 건축이자 도시계획적 요소가 더해진 로마의 카피톨Capitol 광장을 계획했으며, 성 베드로 대성당˙ 재건축에도 참여했다. 성 베드로 대성당은 150년 넘는 기간 동안 11명의 건축가가 동원된 교회 건축의 정수라고 할 수 있는데, 평면의 형태를 두고 그리스 십자형Greek Cross(+)과 라틴 십자형Latin Cross(†) 사이에서 갈등을 겪었다. 최종적으로는 미켈란젤로의 그리스 십자형으로 건축되었다. 성 베드로 대성당은 이 시기에 건축되기 시작해 겉으로 드러나는 대부분이 바로크 시대에 완성되었다.

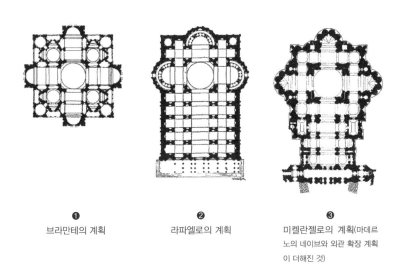

❶
브라만테의 계획

❷
라파엘로의 계획

❸
미켈란젤로의 계획(마데르노의 네이브와 외관 확장 계획이 더해진 것)

•   성 베드로 대성당(1506~1625, 본관 앞 콜로네이드 : 1655~1667)은 르네상스 시기에 시작되어 대부분의 공사를 바로크 양식으로 건설했다. 150년 넘는 기간 동안 참여한 건축가만 11명이었다.(괄호 안은 건축가가 추구한 평면 형태) 브라만테(+)→줄리아노 상갈로→지오콘도 베로나→라파엘로(†)→발다사레 페루치(+)→안토니오 상갈로(†)→미켈란젤로(+)→비뇰라→카를로 마데르노→로렌초 베르니니.

1
2

1 성 마리아 노벨라

2 성 베드로 대성당 앞으로 베르니니의 콜로네이드(열주랑)와 마네르노의 분수가 보인다.
성 베드로 대성당의 돔은 미켈란젤로의 디자인을 자코모 델라 포르타(Giacomo della Porta,
1540~1602)와 도메니코 폰타나(Domenico Fontana, 1543~1607)가 건설했다. 돔 위의 정탑(頂
塔, Lantern)은 르네상스 건축의 특징이다.

이 밖에도 안토니오 상갈로^{Antonio da Sangallo}(1483~1546)는 로마의 파르네제 궁^{Palazzo Farnese}을, 라파엘로 산치오^{Raffaello Sanzio}(1483~1520)는 마다마 별장^{Villa Madama}을, 줄리오 로마노^{Giulio Romano}(1499~1546)는 만투아의 델테 궁^{Palazzo del Tè}을, 《다섯 개의 주범》(1562)의 저자 자코모 비뇰라^{Giacomo Vignola}(1507~1573)는 일 제수 성당^{Church of the Gesù}을 남겼다.

후기 르네상스^{Mannerism}(16세기 말)는 베니스를 중심으로 전개되었다. 영국과 미국의 신고전주의에 영향을 준 안드레아 팔라디오^{Andrea Palladio}(1508~1580)는 비첸차의 카프라 별장^{Villa Capra}(일명 빌라 로톤다^{Villa Rotonda})과 같은 작품으로 빌라 건축 양식을 확립했으며, 반 타원형 평면의 올림피코 극장^{Teatro Olimpico}을 남겼다.

르네상스 시대를 통틀어 프랑스에서는 파리의 루브르 궁과 베르사유 궁, 독일에서는 하이델베르크 성, 브룬스위크의 게반트하우스와 알텐부르크의 라스하우스(시청사), 영국에서는 궁정 건축가이자 팔라디오를 연구한 이니고 존스^{Inigo Jones}(1573~1652)가 그리니치의 여왕전^{Queen's House}을 남겼다.

바로크^{Baroque} 건축

르네상스 말기 이탈리아에서 시작되어 17~18세기 유럽에 확산되었던 건축 양식이다. 바로크는 '비뚤어진 진주'를 일컫는 '바로코^{barroco}'에서 유래한 말로, '그로테스크^{grotesque}', '이상한', '기괴한' 등의 뜻을 내포하고 있다.

회화, 조각, 공예 등이 건축과 결합하여 종합 예술적 효과를 도모하고 있으며, 건축의 구조, 표현, 장식이 하나로 응축되어 건축적 표현 효과를 극대화하고 있다. 르네상스에 비해 규모가 크고 조각적인 면이 강렬한 인상을 주며, 고전적 이상(비례, 균형, 조화)을 버리고 동적이며 극적^{pathos}인 효과를 추구했다. 그리고 르네상스는 대상에서 법칙을 구했으나, 바로크는 대상을 관찰하는 사람의 주관에서 법칙을 구하려 했다.

바로크가 극적 효과를 추구하게 되었던 배경으로는 반종교개혁의 정신을 구현하는 종교적 열정과 절대왕정의 권위를 표출하고자 하는 분위기가 있었기 때문이다. 인간적·세속적인 흐름에서 다시 절대성을 향한 반등을 표현하고자 정적이고 이성적인 방식보다는 동적이며 극적인 효과를 추구했다고 볼 수 있다.

주된 특징으로는 주범^{Order}과 박공^{pediment} 같은 고전적 모티프를 변용하기도 하고, 곡선을 적극 도입하여 파동 치는 벽이나 타원 평면을 선호하며 격한 요철과 현란한 장식을 사용했다. 또한 회화적 기법을 도입하여 환상적인 공간을 만들려고 했고, 투시화법적인 착시를 적극 활용했다. 이처럼 건축 공간에 기술, 회화, 조각, 광선 등 모든 방면의 기교를 동원했다.

바로크 건축의 대가로는 성 베드로 대성당의 광장과 제단의 천개^{天蓋}*,

---

* 신상, 불상, 왕좌, 귀인의 자리(座) 등의 윗부분을 덮는 장식물.

그리고 스칼라 레지아^{Scala Regia}를 설계한 잔 로렌초 베르니니^{Gian Lorenzo} Bernini(1598~1680)와 성 카를로 대성당^{San Carlo alle Quattro Fontane}을 설계한 프란체스코 보로미니^{Francesco Borromini}(1599~1667)가 있다. 보로미니는 바로크의 독특한 수법인 활처럼 굽어진(만곡彎曲) 정면, 완만히 물결치는(완곡緩曲) 코니스, 그리고 소용돌이(와형渦形) 장식 등을 완벽히 구사한 최초의 건축가로, 비정형적인 자유 형태와 곡면이 갖는 조형적 표현을 추구했다. 그리고 성 로렌초 성당^{Church of San Lorenzo(Turin)}을 남긴 구아리노 구아리니^{Guarino} Guarini(1624~1683)도 바로크의 대표적인 건축가다.

이 시기 프랑스에서도 루이 14세의 절대왕정에 힘입어 더욱 세속적이고 고전적인 성격이 강한 바로크 건축이 성행했다. 특히 군주의 위풍을 과시하는 방향으로 발전했으니 더욱 섬세하고 귀족적이며 감상적으로 변질되어 사치의 정도가 심했다.

베르니니와 같은 궁정 건축가인 쥘 아르두앵 망사르^{Jules Hardouin} Mansart(1646~1708)는 앵발리드[*] 교회당^{Cathédrale Saint Louis des Invalides(Hôtel des} Invalides)에 투시도 기법으로 공간적 깊이를 표현했으며 베르사유 궁전 확장 계획에도 참여했다.

영국에서는 바로크 양식과 고딕 양식의 절충 형태인 성 폴 대성당^{St.} Paul's Cathedral과 웨스트민스터 사원을 개축한 크리스토퍼 렌 경^{Sir Christopher} Wren(1632~1723)이 이 시기의 대표적인 건축가였다.

---

* 1670년 루이 14세의 명으로 파리 교외에 퇴역 군인 주거지(The Hôtel National des Invalides)를 짓기 시작해 1676년 완공했다. 현재도 군사 박물관, 군사업체 모형 박물관, 현대사 박물관, 전쟁 영웅 안장지인 생 루리 데 앵발리드 교회 등이 모여 있는 복합 건물로 이용되고 있다. 금빛으로 빛나는 돔 예배당(Église Saint-Louis des Invalides) 지하에는 나폴레옹의 유해가 안치되어 있다. 본래 세인트 헬레나(Saint Helena) 섬에 있던 나폴레옹의 유해가 1840년 루이 필리프 국왕에 의해 이곳으로 옮겨지는 과정은 '재의 귀환(retour des cendres)'으로 유명하다.

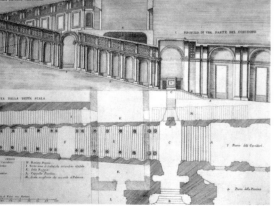

<table>
<tr><td>1</td><td>3</td></tr>
<tr><td>2</td><td>4</td></tr>
</table>

1 성 베드로 광장(Piazza San Pietro). 베르니니에 의해 설계된 광장은 성당에서 광장을 향해 좁아지는 역투시도 기법을 적용해 착시를 일으키도록 설계했다. 사제는 세속이 멀게만 느껴지도록 하여 더 다가서도록, 신자들은 하느님이 가까운 곳에 계시다고 느낄 수 있도록 한 것이다. 광장을 두르는 회랑은 인류를 향해 팔을 벌린 예수 그리스도를 형상화한 것이다.

2 마르쿠스 아우렐리우스(Marcus Aurelius Antoninus)의 기마상이 있는 타원형의 캄피돌리오 광장(Piazza del Campidoglio)은 미켈란젤로의 구상으로 1547년 건설되었다. 안쪽 정면의 건물에서 광장 바깥쪽으로 향할수록 넓어지는 투시 효과를 얻었다. 바로크 건축의 시작을 알리는 계획이 되었다.

3 스칼라 레지아(Scala Reggia). 성 베드로 대성당 북쪽 벽과 바티칸 궁정 사이에 투시도 기법을 응용한 계단. 계단을 오르는 방향으로 좁아지도록 만들어 더 멀게 느끼도록 한 것이다.

4 스칼라 레지아의 평면과 단면

<table>
<tr><td>1</td><td>2</td></tr>
<tr><td>3</td><td>4</td></tr>
</table>

1 베르니니의 성 베드로 대성당 제단과 발다키노(baldacchino, 천개)
2 성 카를로 대성당의 굽어진 활 같은 정면과 완만한 곡선을 이루는 코니스(cornice, 수평돌림띠)
3 성 사피엔자 교회(Church of Saint Yves at La Sapienza)의 정탑에 적용된 소용돌이 장식
4 앵발리드 교회당

로코코Rococo **건축**

바로크 건축에 이어 18세기에 발전된 건축 양식으로, 프랑스에서 시작하여 전 유럽에 확산되었다. '로카이유rocaille'라는 조개 같은 특이한 장식을 사용한 데서 따온 명칭이다. 바로크가 종교나 권력 배경의 공적 생활 위주로 발전되었다면, 로코코는 귀족 중심의 실내장식을 위주로 발전되면서 이후 주택과 별장 건축에 영향을 미쳤다.

로코코 건축은 개인의 사생활을 중요시하는 실내 공간 양식이며, 직선특히 수평 직선이나 직각을 피하고 경쾌한 장식을 사용했다. 말하자면 바로크보다 더 우미하고 더 많은 곡선과 곡면을 사용한 것이다. 백색 패널 위에금은 조각 등으로 화려하게 장식했으며 가구에까지 표현이 미쳤다. 대표적인 건축으로는 가브리엘 제르멩 보프랭Gabriel—Germain Boffrand(1667~1754)이실내를 설계한 파리의 호텔 드 수비즈Hotel de Soubise와 호텔 담로Hotel d'Amelot가 있고, 장 쿠르톤Jean Courtonne(1671~1739)이 설계한 호텔 드 마티뇽Hotel de Matingnon이 있다.

1 전형적인 로코코 디자인의 거울. 로코코 디자인
   의 특징 중 하나는 좌우대칭의 요소를 많이 가
   지고 있는 비대칭이라는 점이다.

2 가구에 풍부하게 적용된 로코코 장식은 지금까
   지 널리 사용되고 있다. 왕립 가구 장인 장 피에
   르 라츠(Jean-Pierre Latz)의 작품(1750년경).

1 건축가 피에르 알렉시스 들라메르(Pierre Alexis
  Delamair)가 설계한 호텔 드 수비즈
2 호텔 드 마티뇽의 실내장식

유럽에 가서 웅장한 대성당을 보고 그 큰 규모와 정교한 장식들에 감탄하는 것은 여행의 즐거움 중 하나일 것이다. 하지만 대성당들을 그저 중세의 교회 정도로만 알고 지나간다면 깊은 맛을 놓치게 된다. 대성당은 만들어진 시기에 따라 각기 다른 특징들을 가지고 있다. 그 특징들로 대성당들 간의 선후를 가늠할 수도 있고, 때로는 시대상을 짐작할 수도 있다. 예를 들어 어떤 성당의 돔 위에 정탑頂塔, Lantern이 있다면 르네상스 이후로 예측할 수 있고, 외벽에 장식된 아케이드가 있다면 로마네스크 시대에 만들어진 것으로 짐작할 수 있다. 피렌체 근방에서 외벽에 거친 돌과 매끄러운 돌로 쌓은 궁이나 대성당을 보면 르네상스 시대에 만들어진 것이라고 생각하면 된다. 사실 피렌체에 있는 고건축들은 르네상스 시대라고 보면 대부분 들어맞는다. 사실 대성당이 건축된 시대를 맞추기는 쉽지 않다. 성 베드로 대성당의 경우 르네상스 시기에 시작해 바로크와 로코코 시대를 모두 거쳤으니 말이다(그래서 쉽다고 해야 할까?). 로마네스크 시대에 건설되기 시작한 성당이 고딕 시대에 완성된 것들도 수두룩하다. 따라서 시대를 맞추는 것은 단순한 재미에 지나지 않는다. 시대에 따라 신앙심이 건축에 어떻게 적용되었으며, 또 예술가들과 일반 신도들의 관심이 어디를 향하고 있었는지를 더듬어 보면 더욱 의미 있는 여행이 될 수 있다. 어쨌든 분명한 것은 건축은 시대를 반영하는 거울이라는 점이다.

비트루비우스와 건축십서 2
– 오더Order

비트루비우스는 "건축은 질서 체계order, 공간 배치, 미적 구성, 심메트리, 형식과 내용의 적정화 및 경제성에 따라 좌우된다. 질서 체계란 건물의 각 부분이 적합한 치수를 가지되, 전체적인 비례 관계도 심메트리*의 원칙에 맞추는 것이다."라고 말했다. 이를 상징하는 것이 바로 기둥의 세 가지 스타일, 즉 도릭Doric, 이오닉Ionic, 코린티안Corintian 양식이다. 기둥의 질서 체계, 즉 오더는 단지 기둥의 독창적인 장식을 의미하는 것이 아니라 건물 전체와의 균형과 비례를 상징한다. 각 오더의 디자인 특징을 살펴보면, 도릭 오더는 남성 신체의 비례와 강건함을 보이고 이오닉 오더는 가늘고 우아한 여성적 특징을 가지고 있다. 코린티안은 화분 밖으로 뻗친 아칸서스 잎을 연상케 한다.**

《건축십서》는 건축 분야의 십계명이라고 할 수 있다. 모세의 십계명에 비할 바는 아니지만 오랫동안 건축인들의 지침서로 자리매김해 왔기 때문이다. 비트루비우스는 거의 알려지지 않은 인물인데도 후대의 여러 저명한 인물들에게 막대한 영향을 끼쳤다. 오로지 그 내용의 합리성과 유용함 때문이 아닐까 싶다.

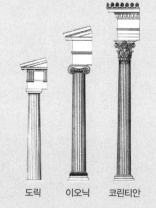

도릭   이오닉   코린티안

- 여기에서 말하는 심메트리symmetry는 '대칭'이라는 좁은 의미보다는 비례, 균형, 질서 등의 의미를 함축하는 '조화·균제의 아름다움'이라는 넓은 개념으로 사용되었다.
- 루이스 헬만, 《헬만의 건축 이야기》, p.29

현대 공학의 거대한 기념비적 표본을 만든
용감한 기술자 에펠에게, 가장 위대한 기술자인 '선한 신'을 포함한
모든 기술자들을 더할 나위 없이 존경하고 찬양하는
한 사람으로부터, 토머스 에디슨.

에펠 탑을 방문한 토머스 에디슨이 방명록에 남긴 글

7

에펠 탑,
그 뿌리까지 그려라!

프랑스 파리에는 에펠 탑이 있다

사람들에게 전 세계에 걸쳐 인상적이고도 기념비적인 건축물 10개만 꼽으라고 하면 어떤 결과가 나올까? 분명 몇 개는 자신의 나라에서 선별하고, 나머지 몇 개는 타국에서 찾을 것이다. 그중에 반드시 포함되는 것이 있다면 에펠 탑이 아닐까? 직접 가서 봤든 그렇지 않든 결과는 같을 듯싶다. 오히려 에펠 탑을 꼽지 않은 사람이 특이해 보일 것이다. 에펠 탑을 아예 모르는 사람은 거의 없을 것이다. 프랑스 파리에 에펠 탑이 있는 것인가, 에펠 탑이 있는 곳이 프랑스 파리인가 싶을 정도다. 사람마다 다르겠지만 프랑스 파리라고 했을 때 에펠 탑을 제외하고 다른 것을 생각하기는 힘들 것이다. 에펠 탑은 파리를 파리답게 만들었고, 파리는 에펠 탑에 가장 이상적인 머물 곳을 마련했다.

그렇다. 프랑스 파리에는 에펠 탑이 있다. 너무나 자연스럽고 확연하기까지 하다. 하지만 그런 만큼 오해의 골도 깊다. 에펠 탑이 처음부터 대단했으며 누구에게나 사랑받았을 것이라는 그런 오해. 그렇다면 우리가 알고 있다고 확신하는 것들을 이야기해 보자. 에펠 탑은 에펠Eiffel이라는 사람의 이름을 딴 것이라는 점, 쇠로 만들었다는 것, 엘리베이터가 있다는 것, 직접 다녀온 사람들은 에펠 탑 근처에는 맛있고 비싼 아이스크림 가게가 있다는 정도를 덧붙일 수 있겠다.

하지만 과연 이것들이 전 세계 사람들에게 널리 사랑받는 이유가 될 수 있을까? 파리를 넘어서 프랑스 전체 관광 수입의 상당 부분을 차지하는 이유가 고작 이런 것 때문일까? 에펠 탑에 대해 좀 더 알아봐야겠다.

알렉상드르 구스타브 에펠

에펠은 독일계 이민자 가정에서 태어났다. 고조할아버지 장 르네 베닉하우젠이 콜로뉴 남쪽 지역에서 태어나 파리에 정착한 이후 고향 이름인 에펠을 성으로 사용하면서 에펠 가문이 시작되었다. 장 르네는 유명한 태피스트리tapestry* 공장의 주인이 되었지만, 아들 알렉상드르는 다른 길을 걸었다. 군복무 도중 책을 집필할 정도로 지적인 알렉상드르와는 달리 아내 카트린은 적극적이고 사업 수완이 좋은 여성이었다. 둘은 카트린의 고향 부르고뉴의 고대 수도 디종에서 만나 결혼했고, 1832년 12월 15일 장남 알렉상드르 구스타브 에펠Alexandre Gustave Eiffel이 태어났다. 그 후 2년 터울로 여동생 마리와 로르가 각각 태어났다. 에펠은 평생 동안 대체로 화목한 가정 속에서 살았다.

소년 에펠은 그리 특별하지 않았다. 그는 쓸데없는 공부를 해야 했던 고등학교 시절에 불평이 많았다. 하지만 마지막 두 해 동안 역사, 문학 선생님들의 설득으로 대학 입학 자격을 얻을 수 있었고, 에콜 폴리테크니크ecole polytechnique**(약칭 EP 또는 X)에 진학하기 위해 파리에 있는 콜레주 상트 바르브college sainte Barbe***에 입학할 자격을 얻었다. 에펠은 이 두 고등학교 선생님 외에도 학교 밖에 선생이 있었다. 삼촌 장 바티스트 모렐라 에펠과 그의 친구 미셸 페레였다. 에펠은 이 두 사람을 통해 화학과 수학의 실용적 가치

---

* 손 또는 기계로 짠 직물로, 벽걸이나 장식용 덮개로 사용된다.
** 1794년 세워진 프랑스의 가장 명성 높은 공학 계열 학교다. 역사적으로 에콜 폴리테크니크는 기술 관료를 양성하기 위한 군사학교로 분류되었다. 지금도 여전히 프랑스인은 학사 과정을 이수하기 전에 일정 기간 군사 교육을 거쳐야 하고, 행사 때는 학생 전원이 군복을 입어야 하는 경우도 있다.
*** 광부들의 수호성자인 상트 바르브(Sainte Barbe)를 기리는 콜레주. 콜레주는 원래 신학생들을 위한 학교 기숙사를 의미했으나, 점차 일반 학생을 수용하고 나아가 강의도 하게 되면서 학교의 의미가 되었다. 16세기 이후 중등교육기관 대부분이 콜레주라는 명칭을 사용했다.

를 배웠다. 1850년 에펠은 18세의 나이로 콜레주 상트 바르브에서 공부를 시작했다. 파리 생활이 시작된 것이다. 에펠은 여전히 눈에 띄지 않는 학생이었다. 2학년이 된 에펠은 에콜 폴리테크니크 입학에 필요한 시험을 치렀지만 중앙공예학교ecole centrale des arts et manufactures 입학에 필요한 허가증을 얻는 데 만족해야 했다.

에펠은 부르주아 자제들과 함께 최고 수준의 수학과 과학을 배우는 대신 좀 더 자유로운 분위기에서 공부하기로 결정했다. 오래전 목표를 이루기보다는 공부를 하면서 느꼈던 실용주의 성향에 인생을 맡기는 것이 더 낫다고 판단했다. 하지만 중앙공예학교에서도 에펠은 두각을 나타내지 못했다. 오히려 가장 중요하다고 여겨지는 기술 도안 부분에서는 낙제에 가까운 점수를 받기도 했다. 게다가 후에 '철의 대가'로 여겨지는 에펠이 선택한 2학년 전공이 화학이라는 점에서는 아직 그가 자기 인생의 향방에 대해 아무것도 결정하지 못했다는 사실을 알려 준다.

1855년 22세의 나이로 학교를 졸업한 에펠은 파리의 만국박람회에서 인상적인 건물을 만나게 되었다. 엔지니어 알렉시스 바로Alexis Barrault가 철로 만든 '산업의 궁전Palace of Industry'이 그것이다. 철로 건물을 짓는다는 것은 당시로서는 기괴하게 보였을 뿐 아니라 상상하기도 힘든 일이었다. 이때부터 에펠은 철이야말로 새로운 시대에 가장 중요한 재료임을 깨달았다. 에펠의 '철의 인생'이 시작된 것이다. 그 후 그는 주철 공장을 경영하는 처남 조세프의 도제가 되었고, 이듬해 샤를 누보를 만났다. 샤를 누보는 에펠을 철의 세계로 인도한 스승이자 안내자였다. 에펠은 누보와 함께 보르도 근교의 갈론

강을 가로지르는 5백 미터 길이의 철교를 설계했고, 누보가 1년 만에 사임하면서 사실상 최종 책임자가 되었다.

에펠은 첫 번째 다리를 시작으로 이후 수많은 다리를 놓게 되면서 명성을 쌓아갔다. 1867년에는 파리 만국박람회에서 기계관의 중앙 아치 대들보를 설계했고, 1877년에는 포르투갈 도루 강에 강철 아치교인 마리아 피아 다리를 만들었으며, 남부 프랑스 트뤼에르를 가로지르는 162미터의 아치교 가라비 고가교를 만들었다. 이후 에펠의 명성은 더욱 높아갔다.

에펠은 독특한 경력을 가지고 있기도 했는데, 미국과 우정의 상징인 '자유의 여신상' 작업에 참여한 것이다. 조각가 오귀스트 바르톨디^Auguste Bartholdi가 전체 프로젝트를 진행했고, 에펠은 여신상의 철골 구조물을 만들었다. 이때가 1886년의 일이다. 이로부터 3년 후 에펠은 일생의 역작을 만들게 되었는데, 바로 에펠 탑이다.

에펠의 탑

프랑스 제3공화국 정부는 프랑스대혁명 1백 주년을 기념하기 위한 1889년 파리 만국박람회에 맞춰 뭔가 상징적인 건축물이 필요했다. 단 16일이라는 말도 안 되는 공모 기간이었지만, 백 개가 넘는 지원서가 접수되었다. 정부의 요구에 가장 근접한 계획은 알렉상드르 구스타브 에펠의 안이었다.

마르스 광장에 만국박람회장 입구로 세워질 타워는 높이 3백 미터(이

1　1855년 건설된 파리 만국박람회의 '산업의 궁전'은 건축가 장 마리 빅토르 비엘(Jean-marie-Victor viel)과 엔지니어 알렉시스 바로(Alexis Barrault)의 디자인이다. '산업의 궁전'은 1900년 국제박람회 '위대한 궁전(Grand Palais)'을 짓기 위해 1897년에 해체되었다.

2　왼손 뼈대를 제작 중인 '자유의 여신상'

3　포르투갈의 마리아 피아 다리(Maria Pia Bridge)

후 첨탑과 통신용 안테나가 추가되어 총 높이는 320미터가 되었다), 7,300톤(비금속까지 포함하면 1만 톤에 이른다)에 이르는 1만8,038개의 철재 부재로 이루어진 실로 엄청난 것이었다. 1887년 1월 8일 프랑스 정부와 에펠은 18개 항목에 걸쳐 계약을 체결했다. 그중 가장 중요한 것은 총 650만 프랑*의 공사 금액을 에펠이 조달해야 한다는 것이었다. 정부는 150만 프랑의 보조금만 지불했다. 에펠이 자신의 주식회사를 통해 모아야 했던 5백만 프랑에 대한 대가는 향후 20년 동안의 단독 사용권이었다.** 1887년 공사가 진행되었지만 인류 최초의 시도는 기술적으로나 행정적으로 순탄하지 않았다. 기술적인 장애물은 차라리 의욕을 불태웠다.

골조를 이루는 주요 부재는 주철(시멘즈 마르탕 평로강)로 만들었는데 강도는 높지만 열을 가해 붙이는 용접이 어려워 50여만 개의 리벳rivet으로 조립해야 했다. 이는 250만여 개의 리벳 구멍이 정확하게 일치해야 하는 작업이었다. 이를 위해 에펠의 동료*** 엔지니어 누기에Nougier와 쾨슐랭Koechlin은 1밀리미터의 오차도 없이 20년 동안만 설치될 예정인 탑을 위해 약 5,300여 장의 도안을 작성해야만 했다. 그 결과 57미터 높이에 이르렀을 때 리벳 구멍 하나가 처음으로 달라졌을 정도였다고 한다.

---

* 최종 공사비는 779만 9,401프랑 31상팀, 공사 기간은 2년 2개월 5일이었다.
** 1889년 파리 만국박람회 당시에만 2백만 명의 방문객이 찾았고 완공 1년 만에 흑자로 돌아섰다. 1909년에 소유권이 파리 시에 넘겨진 뒤 탑을 무너뜨릴 계획이었으나 탑을 통신 용도로 사용할 수 있음이 증명되면서 그 자리에 남아 있게 되었다.
*** 에펠 탑 공모를 위해 에펠과 두 동료 공학자 누기에와 쾨슐랭, 그리고 건축가 스테팡 소베스트르(Stephen Sauvestre)가 팀을 만들었다.

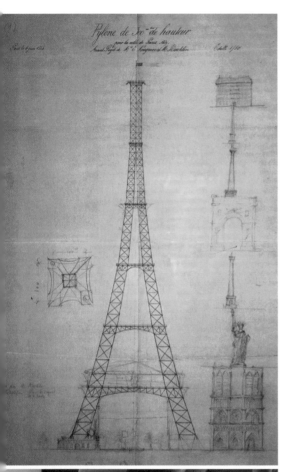

1 쾨슐랭의 초기 도면. 크기를 비교하기 위해
   그 옆에 노틀담 사원과 자유의 여신상, 개선
   문 등의 건물들을 쌓아 두었다.
2 리벳 작업

1	2
3	4
5	6

1 1887. 7. 18.   **2** 1887. 12. 7.

3 1888. 3. 20.   **4** 1888. 5. 15.

5 1888. 8. 21.   **6** 1888. 12. 26.

1889. 3.

철제 사다리로 만든 비쩍 마른 피라미드

그러나 에펠 탑은 계획 초기 단계부터 많은 반대에 부딪혔다. 일단 3백 미터라는 높이를 처음 접하는 많은 기술자들이 건물이 뒤틀려 무너질 거라고 예상했다. 그 지역 주민들은 매일 들려오는 그와 같은 소식으로 공포에 휩싸였고, 결국 국가와 도시를 상대로 소송을 제기하기에 이르렀다. 이에 에펠은 직접 비용을 대고 위험을 감수한다는 조건을 걸고서야 공사를 진행할 수 있었다.

한 고비를 넘기니 또 다른 위기가 기다리고 있었다. 프랑스의 많은 지성인들과 예술가들이 탑 건설에 반대하고 나선 것이다. 파리 중심에 자리 잡은 추하고 야만스러운 철 덩어리가 파리를 수치스럽게 만들 것이라는게 그 이유였다. 1887년 2월 14일《르 탕Le Temps》에 실린 '예술가의 항의'를 통해 전시 주관 위원이었던 알팡Alphand에게 다음과 같은 내용을 전했다.

우리 저술가, 화가, 조각가, 건축가 그리고 지금까지 침범받지 않은 파리의 아름다움을 열정적으로 사랑해 온 사람들은, 인정받지 못한 프랑스 취향의 이름으로 전력을 다해 이 불필요하고 끔찍하게 큰 에펠 탑을 우리의 수도 한복판에 건립하는 것을 반대합니다. 건전한 인간의 오성과 정의감의 발로로 벌써 민심은 이 탑을 조롱하며 바벨이라 명명하고 있습니다.

(중략)

우리는 앞으로 20년 동안 나사로 연결해 만든 저 혐오스러운 철기둥의 그림자가 잉크 얼룩처럼 번지는 것을 보아야 합니다.

모파상* 역시 이 항의에 동참했다. 기행문 〈방랑생활La vie errante〉에 에펠 탑이 완성되면 파리와 프랑스를 떠나겠다고 쓸 정도였다. 그는 에펠 탑을 "철제 사다리로 만든 비쩍 마른 피라미드"라고 표현하며 철거할 것을 주장했다. 에펠 탑이 완성된 이후 에펠 탑이 보이지 않는 탑 내 식당에서 식사를 즐겼다는 일화는 유명하다. 시인 폴 베를렌** 역시 에펠 탑이 보이지 않는 길만 골라서 다녔다고 한다.

예술사가이자 문화사가였던 야코프 부르크하르트Jakob Burckhardt를 포함한 많은 사람들이 건축자재로 철을 추악하고 끔찍하게 여겼던 것이다. 콩쿠르 형제 역시《저널Journal》에서 다음과 같이 악평했다.

에펠 탑은 철제 건축물이 결코 인간적인 것이 아님을, 즉 자신들의 집을 짓기 위해 나무와 돌만 쓸 줄 알았던 옛 인간들의 것은 아니라는 생각을 하게 된다. 특히 철제 건축물의 매끄러운 표면은 끔찍하다. 그것은 이중 새장이 줄지어 있는 듯한 에펠 탑의 1층 전망대에 가봐도 알 수 있다. 옛 문화에 익숙한 사람들에게는 더 추하게 보이리라.

파리 한복판에서 예술과 산업이 충돌하는 양상이 된 것이다. 예술가들의 눈에는 에펠 탑이 '천박한' 산업을 상징하는 볼품없는 흉물이었던 것이다.

•   기 드 모파상(Guy de Maupassant, 1850~1893). 프랑스 소설가로, 대표작《여자의 일생》은 프랑스 사실주의 문학을 대표하는 걸작으로 인정받는다.
••   폴 베를렌(Paul - Marie Verlaine, 1844~1896). 프랑스 상징파 시인이며 랭보의 연인으로 유명하다.

에펠 탑, 뿌리까지 그려라!

1889년 4월 15일, 에펠 탑이 완성되고 나서 이 격렬한 저항은 열광적인 동의로 바뀌었다. 무슨 이유에서였을까? 건설되는 내내 독설을 뿜어내던 지성들과 시민들은 다 어디로 갔을까? 도대체 4월 15일에 무슨 일이 있었던 것일까? 예상했던 바와 같이 엄청난 높이는 여전히 파리의 그 어느 것과도 섞이지 못했고, 도마뱀처럼 차갑고 매끄러운 표면은 공사 중이나 완공 후에나 변함없었는데도 말이다.

에펠 탑이 세워진 이후 남게 된 의구심은 두 가지로 압축할 수 있었다. '계속 서 있을 수 있을까'와 '사랑받을 수 있을까'. 먼저 '사랑받을 수 있을까'라는 의문은 바로 해소되었다. 폭발적으로 사랑받게 된 것이다. 박람회 기간 동안 엄청나게 많은 사람들이 다녀갔고, 에펠은 짧은 시간 안에 자신이 조성한 공사 금액을 모두 회수할 수 있었다. 그리고 조금씩 '탑' 본연의 의미를 더해 가면서 사랑은 더 깊어갔다.

에펠 탑은 원래 계획대로라면 20년 후 철거되었을 것이다. 아니면 히틀러에 의해 무너졌을지도 모른다. 프랑스의 자존심을 꺾을 수 있었을 테니 말이다. 그러나 아직도 건재하다. 오히려 나날이 더욱 사랑받고 있다. 그 이유를 생각해 보자. 어쩌면 에펠 탑은 처음 기대했던 것 이상으로 탑의 순수한 존재 가치를 잘 드러내고 있었던 것이 아닐까? 탑을 쌓으려는 인간의 욕구에, 상대에 대한 우월성을 나타내려는 욕망에, 절대자에게 다가서려는 경의의 마음에 가장 잘 부합된 것이 아니었을까? 그러니 파리 시민도, 프랑스도, 히틀러도 자신의 것으로 생각하게 되었는지 모른다. 절대 없앨 수 없는, 보호받아야 마땅한 나의 것이니까. 결국 모두의 마음속으로 들어와 버린 것이다. 하지만 여기서 주목하는 것은 '계속 서 있을 수 있을까'에 대한 의문이다. 지금까지 백 년 이상 서 있었으니 더 이상 의문의 여지가 없다고 할 수 있겠다. 하지만 우리의 관점에서 다시 짚어 보자.

에펠은 그리 우수한 학생이 아니었다. 프랑스를 대표하는 공학 학교를 졸업한 것도 아니고 공예 학교에서도 두각을 나타내지 못하는 학생이었다. 게다가 학교 밖에서 선생을 찾았으며, 사사를 받은 것도 아니고 단지 현장에서 경험을 쌓은 정도였다. 그런 그가 세상 어디에도 없던 지상 3백 미터에 달하는 철제 구조물을 그것도 파리에 만들겠다고 나선 것이다. 세상 어디에도 없던 것이었으니 그 구조물이 무너지지 않으리라는 믿음은 오직 복잡한 구조 계산에서 나온 것이었을 뿐이다. 컴퓨터의 도움도 없이 수많은 도면과 수식들만이 에펠 탑이 무너지지 않고 건재하리라는 것을 증명할 뿐이었다. 게다가 지성을 포함한 파리 시민의 엄청난 반대가 있었다. 그런데도 에펠의 탑은 건설되었고 여전히 건재하다. 우리라면 어땠을까? 명문대나 유학파가 아니어도 안이 채택될 수 있었을까? 반대를 무릅쓰고 세상에 유례없던 공사를 진행할 수 있었을까? 시도할 생각조차 품지 못했을 것이다. 서열 매기기에 몰두하는 우리의 학습 방식을 누구보다 잘 알고 있기 때문이다. '까짓것, 없으면 어때?' 하고 자위하지 않았을까.

에펠의 탑이 건재한 것은 바로 뿌리가 굳건하기 때문이리라. 눈에 보이지 않는 뿌리. 그것은 에펠의 삶이며, 그가 학교가 아닌 곳에서 받은 교육이며, 자신의 경험을 믿는 이성이며, 철저한 계산과 합리성을 신뢰하는 프랑스 당국의 지성이며, 끝까지 설득하고 타협하면서도 포기를 모르는 인간 정신의 뿌리인 것이다. 그 뿌리가 깊이 박혀 있는 한 에펠 탑은 쉽게 무너지지 않을 것이다. 그리고 에펠 탑이 쓰러지지 않은, 뿌리를 깊이 내렸던 필연적인 이유가 하나 더 있다. 에펠 탑 완공 이후 에펠의 행적이다. 간단히 정리하면, 에펠은 많은 역작을 남기며 역사에 이름을 드높였지만 늘 행복했던 것만은 아니었다. 아내의 이른 죽음은 가정을 항상 중요하게 생각했던 에펠에게 큰 슬픔이었다. 그리고 파나마운하의 실패 역시 그에게는 시련이었다. 대법원에서 무죄 판결을 받기는 했지만 사기 혐의로 기소되는 과정에서 상당한 이미지 실추를 경험해야 했다. 그는 결국 회사의 대표직을 내려놓았다. 61세에 사업에서 은퇴한 이후 1923년 91세의 나이로 죽기까지 공기역학 등 새로운 분야에 대한 개척 정신은 결코 사라지지 않았다. 바로 이 대목이다. 에펠 탑의 꼭대기 층에는 에펠의 연구실이 있었다. 이곳에서 그는 잠시도 쉬지 않고 연구에 몰두했다. 그 많은 우여곡절을 겪으면서도 그는 연구실을 떠나지 않았다. 에펠 탑의 뿌리가 깊을 수밖에 없는 이유가 여기에 있는 것이다.

주택이 유행 상품처럼 취급되는 것은 놀라운 일이다.
대부분의 사람들이 별로 깊이 생각하지 않는 문제지만,
결론적으로 말해 대단지 아파트는 서울을 오래 지속될 수 없는
하루살이 도시로 만들고 있는 것이다.

발레리 줄레조, 《아파트 공화국》

8

건축 테러리즘,
돔-이노 이론

도미노 vs 돔-이노

건축 분야에는 일반인에게도 낯익은 이름의 이론이 하나 있는데, 바로 '도미노domino 이론'이다. 이름만 보면 '건축'과 '도미노'를 연결한다는 것은 상당히 엉뚱한 추측을 낳을 수 있다.

공상 하나. 건축물들을 일렬로 세워놓고 하나를 밀어 넘어뜨리면 다른 건물들도 연쇄적으로 넘어져 일순간 모든 건물들이 파괴되는 장관을 연출한다는 이론. 제법 그럴듯하다. 수명이 다한 건물을 철거하는 파괴 공학이 주목받고 있으니 말이다. 게다가 우리에게는 아직 노후된 도시 하나를 철거할 만한 시원스러운(?) 시스템을 갖고 있지 못하다. 네로나 동탁처럼 방화放火에 의한 도시 해체는 환경 피해는 물론이고 비난도 적지 않았음을 잘 알고 있다. 게다가 테러리스트들에게 역이용된다면 속수무책일 것이므로 신중해야 할 것이다. 또 다른 공상. '프랜차이즈 피자 하우스의 대량 공급 이론'으로 넘겨짚을 수도 있을 것이다. 피자 향기 솔솔 나는 상상이지만 이 두 억측은 그야말로 엉뚱한 발상이며 이론의 명칭만으로 떠올릴 수 있는 우스갯소리임에 틀림없다. 그렇다면 정작 건축에서의 '도미노 이론'은 어떤 것일까?

우선 이론의 정확한 이름부터 짚고 넘어가자. '도미노domino 이론'*이라고 표현하는 것보다 '돔-이노dom-ino' 시스템(또는 도미노 주택)이라고 하는 것이 더 정확하겠다. 실제로 많은 책들이나 논문에서 '도미노'라고도 표기되어 있으나, 집을 뜻하는 '도무스domus'와 혁신을 의미하는 '이노베이션 innovation'을 결합한 용어**이니 '돔-이노'가 더 명확한 표현이다. 우리가 알

---

* 정치·사회 분야에서 '도미노 이론'은 한 나라의 정치체제 붕괴가 이웃 나라에까지 영향을 미친다는 이론이다. 이는 미국 정부가 베트남정권 원조에 대한 정당화에 이용하기도 했다.
** 박종대, 네이버 캐스트 〈인물 세계사〉 '르 코르뷔지에', 2012. 8. 22. 작성.

고 있는 골패骨牌를 연달아 넘어뜨리는 도미노domino 게임과는 태생부터 전혀 다른 용어인 셈이다. 어쨌든 돔-이노 시스템은 1914년 르 코르뷔지에에 의해 고안되었다.

미스 반 데어 로에, 프랭크 로이드 라이트와 함께 근대 건축의 거장으로 꼽히는 르 코르뷔지에는 전후戰後 황폐화된 도시를 재건해야 할 필요성을 느꼈다. 길거리로 나앉은 사람들은 각자 집으로 돌아가야 마땅하다고 느꼈을 것이다. 그러나 그때까지의 건축은 신속과는 거리가 멀었다. 더욱 단순하고 튼튼하며 연속적으로 집을 지을 시스템이 필요했던 것이다.

1914년에 건설 시스템의 하나로서 전후 재건과 향후 개발 문제를 해결할 만한 시스템을 구상한다. 그리고 이 시스템은 1929년에야 전면 응용할 수 있는 단계*에 이를 만큼 15년간의 경험과 세심한 검토가 필요했다. 최초의 구상은 1914년 9월 프랜들(플랑드르) 지구를 전쟁의 폐허 속에서 재건하기 위한 것이었다. 3개월 정도로 예상했던 전쟁은 훨씬 더 많은 시간을 끌었고, 그에 따라 피해는 엄청나게 불어났다. 결국 전쟁의 악몽을 빨리 잊으려면 가능한 빠른 재건이 필요했다(이는 당시 사회를 이끌 책임이 있는 사람들이 공통적으로 가지고 있었던 생각일 것이다).

이 시스템은 주택의 평면적 기능과는 완전히 독립된 구조체계, 즉 하중을 받는 뼈대와 칸막이 역할을 분리하는 골조骨組 시스템이었다. 이와 같은 골조는 단순히 바닥이나 계단을 지지했으며, 서로 접합될 수 있는 표준화된 부재로 구성되어 주거 공간이 폭넓게 상호 연계될 수 있도록 했다. 게다가

---

* 1927년 독일공작연맹의 초청으로 슈투트가르트의 바이센호프(Weissenhof) 시범주거단지에 두 채의 주택을 설계하면서 '새로운 건축의 5원칙'을 정리했다. 그리고 돔-이노 시스템을 '응용할 수 있는 단계'라는 것은 바로 '새로운 건축의 5원칙'을 의미하는 것이다.

이 철근콘크리트는 거푸집 없이도 제작할 수 있었다.

– Le Corbusier OEuvre Complete *(volume 1 1910—1929)

최소한의 철근콘크리트 기둥이 건물을 지탱하고 평면 한쪽에 각층으로 접근할 수 있는 계단을 만든 개방적 구조가 바로 돔-이노 시스템의 핵심이다. 건물의 뼈대에서 벽을 분리해 평면과 입면을 자유롭게 한 것이다. 다시 말해 과거에는 전적으로 벽이 건물의 무게를 지탱했다. 이때의 하중을 받는 벽을 내력벽耐力壁이라고 한다. 건물이 높이 올라가거나 무게가 무거워지면 벽은 더 두꺼워져야 한다. 그런 벽에 창을 뚫으면 벽이 약해진다. 창이 있는 폭만큼의 벽은 벽 전체 높이까지 하중을 받는 역할에서 제외되기 때문이다. 창의 폭이 늘어날수록 당연히 벽을 더 두껍게 만들어야 한다. 그래서 예전의 건물들, 특히 중세의 대성당들은 폭이 좁고 수직으로 긴 창을 냈던 것이다.

중세의 건축가들은 대성당들이 끊임없이 더 높이 지어지기를 희망했으며, 실내로 많은 양의 빛도 끌어들이고 싶은 욕망을 가지고 있었다. 이 상충된 욕망이 건축 기술을 견인한 큰 힘이 되었다. 하지만 벽은 무작정 두꺼워질 수 없다. 공간이 좁아지는 것도 문제지만 결국 스스로의 무게도 함께 늘어나기 때문이다. 그리고 이로 인해 건물의 형태는 상당한 제약을 받는다.

장식이 발달된 데는 이런 이유도 한몫했으리라 여겨진다. 건물 자체로는 색다른 변화를 주는 데 한계가 있었을 테니까. 르 코르뷔지에는 벽이 짊어지던 전통적인 짐을 내려놓을 필요를 느꼈다. 벽이 더 이상 하중을 받지

---

*   르 코르뷔지에 전작품집(Le Corbusier OEuvre Komplete)은 편집자에 따른 다양한 판본이 있다. 한국에도 세 가지 정도의 전작품집이 있는데, 이 책의 인용 부분은 집문사 본(르 · 꼴부지에 작품 연구회 편역, 1991년 발행), 도서출판 보원 본(번역자 미상, 1994년 발행으로 표기되어 있으나 정식 발행인지는 정확하지 않다), MGHBOOKS 본(W. Boesiger, O. Stonorov (Ed.), 김경훈 옮김, 2012 발행)의 내용을 교차 참고하여 원뜻에 어긋나지 않는 범위 내에서 재구성한 것이다.

않고 기둥이 이를 전담한다면 기존의 벽은 완전히 자유로울 수 있다는 것이다. 게다가 기둥이 건물의 테두리(벽이 있던 자리)에서 물러나 건물 안쪽으로 들어온다면, 외부와 내부를 구분하는 칸막이 역할만 하는 벽은 물결 모양이나 지그재그로도 서 있을 수 있다. 이는 '스스로만 지탱하면 되는' 평면적인 자유를 의미한다. 게다가 가로로 긴 창문(수평창)도 무한정 가질 수 있을 것이다. 가로로 긴 창은 벽이 하중을 담당했을 때라면 상상하기 힘든 것이다. 창문 폭만큼 위아래 벽이 건물 하중을 받을 수 없을 테니 말이다. 이로써 입면적인 자유까지 얻게 된다.

이 시스템에서 벽은 더 이상 건물을 지탱할 필요가 없다. 그리고 대량생산이 가능한 시스템이다. 정리하면 세 장의 슬래브^{slab}(바닥판), 여섯 개의 기둥과 기초, 그리고 한 개의 계단실로 연속적인 주택을 만들 수 있다는 것이다. 이것이 바로 르 코르뷔지에의 돔-이노 시스템이다. '주택을 연속적으로 만들 수 있다'는 점에서 도미노 게임과 전혀 동떨어진 것도 아닌 듯하다. 도미노 게임이 넘어뜨리는 파괴의 연속성이 있다면, 르 코르뷔지에의 돔-이노는 삶의 터전을 일으켜 세우는 생성의 연속성이 있으니 말이다.

돔-이노 시스템의 장점은 크게 두 가지로 요약될 수 있다.

하나, 건물을 구축하는 데 가장 필요한 부재들을 표준화, 기성화하여 단시간에 건물을 지을 수 있다. 박공지붕^{牔栱, gable roof}(경사진 지붕)을 포함한 장식적인 요소들은 제외된다. 과거 전형적인 경사 지붕이 평평한 지붕으로 대체되는 것이다. 이는 전문적인 기술자의 도움을 최소화한다는 점에서 주택의 대량생산을 예고하는 것이다.

둘, 건물의 하중을 전적으로 기둥이 지지하므로 외벽을 자유로운 형태로 만들 수 있다. 이는 당시만 해도 생소한 사고방식이었을 것이다. 상상해보자. 평생 육중한 벽이 건물의 하중을 지탱하던 것을 몸으로 체득하며 살아왔을 것이다. 그래서 작은 창으로 들어오는 맑은 공기와 화사한 햇빛도 고마웠던 것이고. 그런데 돔-이노 시스템의 건물은 벽이 제 본분을 망각(?)하고 심각하게 얇거나 뒤틀려 있거나 가로로 길고 또 큰 창을 갖고 있어서 어떤 이에게는 몸에서부터 거부반응을 일으킬 수 있는 충분한 이유가 되었던 것이 분명해 보인다. 하지만 이 시스템 덕분에 건물은 자유로운 입면·평면 형태를 가질 수 있게 되었다. 이것은 나중에 '건축 5원칙'˙˙의 발의를 통해 더욱 발전된다.

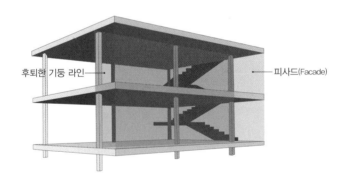

기둥을 파사드보다 안쪽으로 들이민 형태

- 1. 필로티(les pilotis) : 주거층을 습기로부터 보호하기 위해 지면에서 띄우고자 필로티를 제안. 주거층을 받드는 기둥만 있고 벽이 없는 1층 공간을 필로티라 한다. 자동차를 주차할 수도 있고 비 오는 날 아이들이 놀 수 있는 야외 공간이 되기도 한다. 2. 옥상 테라스(Le toit - terrasse) : 1층을 필로티로 띄워서 생긴 면적 손실을 보상받기 위해 평평한 옥상 공간을 적극 활용하기 위한 제안. 얇은 흙을 덮어 씨앗이 자라는 정원으로 만든다면 지붕의 방수층을 보호하고 주거층을 태양빛으로부터 차단하는 효과를 얻을 수 있다. 3. 자유로운 평면(Le plan libre), 4. 수평창(Le fenetre en longueur), 5. 자유로운 파사드(La facade libre)는 모두 건물 하중을 전담하는 기둥으로 인해 하중에서 자유로운 벽체의 혜택을 말하고 있다.

빌라 사보아(Villa Savoye, 1929)의 북동쪽 코너. '건축의 5원칙'이 충실히 반영된 주택으로 평가된다.

이 두 가지 장점만으로도 전후 신속한 재건 계획에 신선한 바람을 불러일으키기에 충분했다. 그리고 다음과 같이 보다 자세한 상황과 그에 적절한 시스템을 고안했다.

실제적이라기보다는 이론적 단계이기는 했지만 잔네레*는 자신의 철근콘크리트에 대한 경험을 살려 콘크리트 구조에 가장 기본적인 형태를 부여하고 있었다. 그 결과 건물을 지탱하는 뼈대骨組와 칸막이로서의 벽을 완전히 분리하고 그것을 계단**으로 연결한다는 계획이 탄생하기에 이르렀다.

이처럼 단순한 시스템이기 때문에 각 요소는 대량생산에 의해 표준부재標準部材로 간단하게 만들 수 있을 것이라고 그는 생각했다. 한번 골조가 만들어지면 그다음부터는 소유주 스스로 완성하면 된다.***마감을 위한 창의 부분이나 칸막이벽은 주택 사용자의 개인적 요구에 따라 조립되어야 할 것들이라고 생각했다.

(중략)

철근콘크리트의 골조는 물론 르 코르뷔지에가 발명한 것은 아니다. 오히려 돔-이노 주택에서 새로 구상된 사항은 기둥을 파사드facade보다 안쪽으로 들이 밀었다는 점일 것이다. 이로써 창의 배치는 엄밀한 의미로 구조에서 완전히 독립하게 되었고, 이미 구조벽構造壁은 존재하지 않게 되었다.

– 스타인슬라우스 폰 무스Stanislaus von Moos, 《르 코르뷔지에의 생애》, p.42~43

이렇듯 돔-이노 시스템은 파괴에 반하는 재건의 개념으로 발의되었고,

---

* 샤를 에두아르 잔네레(Charles Edouard Jeanneret)는 르 코르뷔지에(필명)의 본명이다.

** 전통적인 계단(실)의 개념이 수직적 연결에 국한되어 있다면, 르 코르뷔지에의 돔-이노 시스템에서는 주택들 간의 수평적 — 마치 관절(joint) 같은 — 연결 포인트가 되고 있다는 점에서 이채롭다.

*** '11. 기술은 단지 거들 뿐'에서 다뤄지는 '하프하우스(Half - House) 시스템에 의한 공동주택'과 맥을 같이하고 있다. 2016년 프리츠커 상 수상자 알레한드로 아라베나(Alejandro Aravena)의 작품.

도미노 블록이 연쇄적으로 넘어지는 것과는 반대로 연쇄적으로 건축물을 지을 수 있는 시스템인 것이다. 그런데 1백 년이 지난 지금도 돔-이노 이론은 여전히 생성의 이론으로 여겨질 수 있을까? 21세기 대한민국에서?

21세기 대한민국에서의 테러리스트

현대의 건물들은 대부분 돔-이노 시스템의 장점들을 그대로 가지고 있다. 대량생산이 가능한 표준화와 하중으로부터 자유로운 벽. 표피를 걷어내면 뼈대는 거의 유사하다. 우리나라의 아파트 역시 마찬가지다. 오히려 거의 아무것도 변형된 것이 없다고 느껴질 정도다. 그러나 한국의 아파트는 돔-이노 시스템을 통해 빠르게 지을 수 있으며 대량생산이 가능하다는 장점만 취하고 하중으로부터 자유로운 벽면이라는 장점은 내다 버린 것처럼 보인다. 한결같이 상자 형태를 고수하고 있으니 말이다. 상자 모양이라도 돈 보따리 싸 들고 사겠다고 아우성치던 시절이었으니 오죽했을까.

하천 변을 걷다가 아파트 단지를 바라보면 문득 도미노 게임처럼 밀어 넘어뜨리면 어떻게 될까 하는 생각이 들곤 한다. 딱 도미노 게임의 골패처럼 서 있으니 말이다.

우리의 아파트는 어쩌면 주거 발전 과정의 자연스러운 형태가 아닐지도 모른다. 시대가 요구한 것일 수도 있고 사회적 맥락과 무관할 수도 없지만, 근본적으로는 정부 정책으로 표현되는 정치적 선택의 문제라는 점[*]은

• 　발레리 줄레조,《아파트 공화국》, p.250.

하천 변에 줄지어 늘어선 '박스형' 아파트. 이것만 봐서는 도대체 여기가 어디인지 알 수 없다.
이런 광경은 전국에 수두룩하다.

분명해 보인다. 그 선택이 편리하고 합리적인 이득을 가져왔다는 점은 인정하더라도 그사이 뭔가 잃어버리고 넘어뜨린 것이 없는지 살펴봐야 한다. 새로운 주거에 적응해야 하는 노인들, 감시받는 사생활의 희한한 안락함, 위층과 아래층 '사람'은 없고 '소음'만 남은 층간 소음 문제, 닭장처럼 빽빽이 맞대고 살면서도 고립되는 인간관계에 의해 우리의 삶이 넘어지고 있는 것이다. 더 가까이 들여다보면 저임금의 하인으로 전락하고 있는 경비원 문제나 재개발로 철거 위기에 몰린 역사적으로 가치 있는 건물*들은 이미 많은 것들이 쓰러져 누워 있는 우리의 현재 모습이다. 프랑스의 지리학자이자 한국의 아파트에 대해 인상 깊은 연구 실적을 남긴 발레리 줄레조는 한국의 주택 현실을 다음과 같이 이야기하고 있다.

> 주택이 유행 상품처럼 취급되는 것은 놀라운 일이다. 대부분의 사람들이 별로 깊이 생각하지 않는 문제지만, 결론적으로 말해 대단지 아파트는 서울을 오래 지속될 수 없는 하루살이 도시로 만들고 있는 것이다.
>
> – 발레리 줄레조, 《아파트 공화국》, p.251

서울의 문제만은 아니다.

21세기, 대한민국, 한 초등학교 학생들의 새 학기 대화 내용을 상상해본다.

"너, 어디 살아?"

"○○아파트 13단지에 살아."

---

* 하남 구산성당은 180년 역사의 건축물이다. 그러나 2015년 12월 재개발에 의해 철거될 위기에 놓여 있다. 원형 그대로 이동·보존하자고 잠시 논의하는 듯했으나 2016년 9월 19일 구산성당건축위원회는 재정(약 3억 6천만 원 추정)과 기술 문제로 보존을 포기했다. 따라서 건축문화유산이 철거되고 그 자리에 아파트가 들어설 예정이다. 철거 후 다른 곳에 구산성당과 똑같은 모양의 이미테이션(?)을 만든다고 한다.

"거기 못사는 동넨데……. 우리 엄마가 그 동네 애들이랑 놀지 말랬어."

"……."

억측이기를 희망한다.

우리 아이들이 생각하는 '좋은 집'은 무엇일지 새삼 궁금해진다. 모 건설회사의 광고처럼 유비쿼터스 시스템으로 인해 휴대전화로도 밥솥의 뜸을 들일 수 있는 그런 집일까? 고속 인터넷이 연결된 집일까? 더 나아가 부동산 가치가 곧 주택의 가치를 대변하는 집일까? 아이들은 이미 한강이 보이는 아파트가 같은 단지 내에서도 월등히 높은 부동산 가치를 갖고 있다는 사실도 잘 알고 있는 듯하다. 유명 인사가 살고 있거나 역에서 가깝거나 고급 상가가 밀집해 있는 거리에서 가까울수록 가격이 오르고, 장애인 시설이나 저소득층을 위한 임대주택이 가까이 있다는 사실이 가격에 얼마나 나쁜 영향을 주는지 이미 너무 잘 알고 있다. 그리고 어찌 되었건 아이들에게 아파트 이외의 다른 주거 양식은 없어 보인다.

언덕 위 하얀 집

필자는 석관동 대로변 허름한 개량 한옥에서 자랐다. 'ㄷ' 자형 기와지붕으로 둘러친 마당에는 장독대며 수돗가가 있었고, 뒤뜰에는 중닭들이 먹이를 쪼고 있었다. 낮은 담장 너머로 이웃집 뒤뜰의 옥수수 영그는 풍경이 보이기도 했다. 한여름에는 집 앞 버스 정류장에 나와 돗자리를 깔고 누워

퇴근하는 아버지를 기다리곤 했다. 연탄가스로 일가족이 병원 신세를 질 뻔한 적도 있지만, 건넌방 툇마루에 걸터앉아 어머니 빨래하시던 모습을 바라보던 그 공간의 무게를 잊을 수 없다.

누구에게도 주거 스타일을 강요할 수 없다. 하지만 어수룩한 어른들 때문에 자신의 삶을 담을 그릇을 선택할 기회조차 아이들에게 주어지지 않는다는 것은 어쩐지 서글프다.

Q. 건축을 위한 가공되지 않은 진정한 재료는 무엇인가?
가장 아름답고도 오직 건축에만 적합한 재료는 무엇인가?
A. 오늘날에 있어서는 콘크리트다.

지오 폰티, '건축에 관한 50개의 문답' 중에서, 《건축예찬》

9

그까짓 거, 철근콘크리트
- 원리 편

한 뼘 바닥 위 피아노

아파트 거실 한편에 놓인 피아노를 바라본다. 가로 1.5미터, 폭 60센티미터, 높이 1.3미터에 무게가 230킬로미터에 달하는 업라이트 피아노. 그렇게 무거웠나? 그러고 보니 힘깨나 쓴다는 사람도 한쪽을 살짝 들어 올리는 것조차 버거워했던 기억이 난다. 그런데 그런 육중한 녀석이 10년 넘게 거실 한쪽에서 먼지만 덮어 쓰고 있다.

그런데 알고 있는가? 그 피아노를 지탱하고 있는 바닥판의 두께가 한 뼘 정도인 21센티미터밖에 되지 않는다는 사실을 말이다. 21센티미터도 최근 층간 소음 문제로 개정된 것이고, 그 전에는 15~18센티미터 정도였다. 10여 년 전에는 12센티미터 바닥판이 일반적이었다고 한다. 어린아이 한 뼘 정도. 어느 정도의 강도인지는 몰라도 10대의 한 뼘 두께로 230킬로그램을 10년 넘게 버티고 있다는 것이 도무지 실감나지 않는다. 아파트가 오래될수록 점점 더 위험해지는 것은 아닐까? 발코니 선반에 진열된 수석들이나 발코니 창고에 가득 쌓아놓은 물건들로부터 바닥은 안전할까? 이미 바닥에 균열이 가서 몇 년 혹은 몇 달 내로 바닥에 구멍이라도 뚫리는 것은 아닐까? 그 균열이 바닥 마루에 가려진 것은 아닐까? 오늘 혹은 내일이라도 바닥이 주저앉아 피아노가 아래층으로 떨어지는 것은 아닐까? 단순히 피아노의 자리(또는 소유권) 이동이라면 상관없다. 아무도 연주하지 않고 방치되어 있었으니까. 하지만 그 아래 반려견의 보금자리라도 있다면 큰일이 아닐 수 없다. 당장 무슨 조치라도 취해야 하는 것은 아닐까? 평소에는 아무 탈 없지만

• 공동주택 층간소음의 범위와 기준에 관한 규칙[시행 2014. 6. 3.].

혹시 모를 가벼운 자연재해, 특히 지진 같은 것이라도 일어나면 잠재되어 있던 부실이 드러나는 것은 아닐까.

이 글을 읽는 독자들이 워낙 낙천적이어서 — 호기심이나 관찰력 부족이라는 생각이 앞서지만 — 이 상황이 아무런 위기감을 주지 않는다면 더 이상 드릴 말씀은 없다. 그냥 다른 장으로 넘어가도 좋다. 하지만 그동안 이런 의견에 나름대로 의구심을 가지고 있었다면, 혹은 이런 이유로 웬만하면 피아노 근처에 가지 않았다면 — 어쩌면 그래서 피아노 연주를 기피했다면 — 집중해서 들어 주길 바란다.

우선 우리의 걱정을 정리할 필요가 있다. '어떤 ① 과도한 힘을 ② 바닥이 견뎌 낼 수 있는가.' 과도한 힘(①)이란 앞서 언급한 것처럼 피아노가 될 수도 있고 수석을 놓아둔 진열장일 수도 있다. 그런데 그 바닥(②)이란 건 대강 한 뼘 정도(20센티미터 내외)가 된다는 것만 알 뿐 소재가 어떤 것인지는 명확하지 않다. 무엇일까? 일단 철은 아닐 것이다. 한 뼘 정도의 두께로 피아노를 너끈히 받치고 있을지는 몰라도 스스로의 무게를 견디기 힘들기 때문이다. 20층 아파트에서 철로 된 바닥판이 20개 있으면 그 자중만 해도 어마어마할 것이다. 게다가 철은 매우 비싸다. 피아노를 걱정할 것이 아니라 건물 자중과 비용을 걱정해야 될 판이다. 그렇다면 나무일까? 그럴 수도 있겠다. 합판 같은 면재面材가 아닌 장선재長線材를 격자로 짠 그물망 구조에 바닥판을 올린 것이라면 말이다. 하지만 목구조 혹은 벽돌 등의 작은 부재를 쌓아 올린 조적조組積造는 저층에만 한정되도록 높이를 제한하고 있다.˙ 그러니 목구조나 조적조의 건물은 저층의 주택에만 한정시켜야 할 것이다. 이를

˙ 건축물의 구조 기준 등에 관한 규칙[시행 2014.11.29.][국토교통부령 제148호, 2014. 11. 28., 일부 개정] 제9조의3(건축물의 규모 제한)에 의하면 목구조인 건축물은 지붕 높이 18미터 이하, 처마 높이 15미터 이하 및 연면적 3천 제곱미터 이하로 하여야 하며, 조적조인 건축물은 지붕 높이 15미터 이하, 처마 높이 11미터 이하 및 3층 이하로 하여야 한다고 명시하고 있다.

제외한 나머지 건물들은 대부분 철근콘크리트^{RC, Reinforced Concrete}＊건물이다. 다시 말해서 우리가 과연 견뎌 낼 수 있을까 하는 그 바닥판은 바로 철근콘크리트 바닥판인 것이다. 한 뼘 정도의 두께인 철근콘크리트 바닥판은 과연 10년 넘도록 피아노의 무게를 견뎌 낼 수 있을까?

건물을 위협하는 두 힘

우선 건물에 작용하는 힘을 하중荷重이라고 하는데, 여기서 우리가 걱정하는 그 힘, 즉 하중에는 두 가지 종류가 있다는 점을 짚고 넘어가야 한다.

우선 피아노나 수석 진열장은 모두 중력에 의해 지구 중심으로 향하는 힘이다. 그래서 수직 하중이라고 한다. 건물은 주로 이 힘을 기준으로 설계된다. 1년 365일, 하루 24시간, 매 순간 작용하기 때문이다. 이와는 달리 지진이나 바람은 수평 하중에 속한다. 건물의 옆 방향에서 영향을 미치기 때문이다. 어쩌면 지진도 수직 하중으로 오해할 수 있겠다. 위아래로 들썩이는 것처럼 보이니 말이다.

하지만 지진은 물 위에 떠 있는 종이배에 물결이 작용하는 것과 같다. 두려운 하중이라 할 수 있다. 이 힘은 지역마다 차이가 커서 해당 지역의 평균 횟수나 힘의 크기에 기준을 두고 있다. 그러니 수평 하중은 논외로 하자. 원래 호기심으로 돌아가 보자. "한 뼘 정도 두께의 바닥판은 과연 피아노의 무게를 견뎌 낼 수 있을까?" 이를 바꿔 말하면 다음과 같다.

＊　철근콘크리트(RC), 철골(SC), 철골철근콘크리트(SRC) 구조의 원리가 비슷하기 때문에 함께 묶어서 이해해도 좋다.

"한 뼘 정도 두께의 철근콘크리트 바닥판은 과연 피아노의 수직 하중을 견뎌
낼 수 있을까?"

이 물음에 대한 결론부터 말하면, 대부분의 건물에서 철근콘크리트는
$210\sim280kg/cm^2$의 힘을 받을 수 있다. 이는 아기의 손바닥(대략 $10cm^2\fallingdotseq3.17\times$
$3.17cm$로 봤을 때) 위에 커다란 코뿔소(대략 1,800~2,700킬로그램) 한 마리가 올
라갈 수 있는 힘이라는 뜻이다. 약 10대의 피아노가 아기 손바닥 정도의 면
적에 올라갈 수 있다는 얘기다. 정확한 내용은 잘 모르겠지만 일단 안심이
된다. 하지만 우리는 어떤 원리로 철근콘크리트가 이런 강도를 갖는지 모른
다. 원래 우리가 궁금해했던 것은 수치가 아니라 한 뼘 정도의 두께가 어떻
게 그런 큰 힘을 버틸 수 있는가 하는 것이다. 아무리 딱딱한 돌덩이라도 좀
처럼 상상하기 어렵다. 한 뼘 정도 두께의 바닥판 위에 피아노 10대가 올라
간다? 철근콘크리트에 대해 좀 더 알아봐야겠다.

우선 철근콘크리트의 원리에 들어가기에 앞서 건물 구조에 대해 간단
히 짚어 볼 필요가 있다. 건물을 사람 몸에 비유해 보자. 사람은 뼈대가 전체
몸을 지탱하고, 그 위에 각종 기능을 수행하기 위한 장기들이 포함되며, 몸
을 보호하기 위해 피부를 두르고 있다. 건물도 마찬가지로 건물 전체를 지탱
하기 위한 건축 구조(뼈대)를 가지고, 만들어진 공간을 적절하게 이용하기 위
해 냉난방, 전기, 급배수 시설 등 다양한 설비들을 포함하며, '마감'이라고 표
현하는 표피를 두르고 있다.

그렇다면 우리는 건물의 안전을 살피기 위해 어떤 부분을 들여다봐야

할까? 바로 뼈대일 것이다. 그리고 건물의 뼈대를 곧 건축 구조라고 한다. 건물의 뼈대(구조)는 어떤 것들이 있으며, 또 철근콘크리트 구조와 비교해서 어떤 장단점을 갖는지 알아보자. 먼저 얘기했듯이 건물의 뼈대, 즉 건축 구조에는 철근콘크리트 구조만 있는 것이 아니다. 건물의 구조는 재료, 만드는 방법, 물 사용 여부 등에 따라 다양하게 구분된다.

어떤 재료로 지었느냐에 따라 목구조, 벽돌(또는 블록) 구조, 철근콘크리트 구조 등으로 나눌 수 있고, 만드는 방법에 따라 구분하자면 가구식 구조, 조적식 구조, 일체식 구조가 대표적이다. 종합해 보면, 가구식 구조는 길쭉한 재료를 가지고 '가구를 짜듯이' 조립하는 방식인데, 주로 나무를 이용한다. 그러니까 가구식 구조는 주로 목구조라고 할 수 있다. 비용이 저렴하고, 재료가 가볍고 다루기 쉬워 건물 짓는 시간이 단축된다는 장점이 있지만, 주로 소규모의 낮은 건물을 지을 때 사용한다.

조적식 구조는 벽돌이나 블록, 돌 등의 작은 재료를 모르타르^{mortar}라고 하는 접착제로 붙여 '쌓아 올리는(그래서 짤 '조組', 쌓을 '적積')' 방식이다. 공사하기 쉽고, 재료가 나무보다 튼튼하다는 장점은 있지만, 이것 역시 소규모의 낮은 건물을 지을 때 이용한다. 목구조나 조적식 구조는 모두 재료가 갖는 내구성의 한계 때문에 규모에 제한을 두는 것이다. 그리고 건물의 뼈대를 '거대한 하나로 만드는(한 '일一', 몸 '체體')' 일체식 구조가 있는데, 바로 철근콘크리트 구조가 여기에 해당된다.

철근콘크리트와 같은 일체식 구조는 물을 사용하고(습식 공사), 철근을 조립하며, 거푸집을 세우는 등 어렵고 시간이 오래 걸리는 단점이 있지만,

가장 튼튼해서 고층 건물에도 안전한 방식이다. 그래서 현대의 도시를 이루는 가장 인기 있는 건축 구조가 되었다. 그런데 이 철근콘크리트의 가장 큰 특징 중 하나가 바로 두 개의 이질 재료로 각각의 성능을 합한 것보다 훨씬 월등한 성능의 건축 재료를 만들었다는 것이다.

역사상 가장 위대한 건축 재료

철근콘크리트가 가지는 엄청난 내구성(강도)의 비밀은 바로 철근과 콘크리트가 합쳐진 복합 재료라는 데 있다. 그것도 두 개의 다른 재료에서 장점만을 취득한 결과라 할 수 있다. 사실 각각의 재료는 아주 오래전부터 있어왔다. 콘크리트는 이미 로마 시대부터 건축에 사용되었고, 철은 말할 것도 없이 그보다 훨씬 더 오래된 재료다.

그런데 콘크리트나 철로만 건물을 지으면 여러 가지 큰 문제들이 생길 수 있다는 사실을 사람들을 잘 알고 있었다. 콘크리트만 해도 조금만 높이 지으면 스스로의 무게 때문에 무너지게 되고, 또 세웠다고 하더라도 그 자체의 체적 때문에 정작 공간은 얼마 되지 않으니 지으나 마나 한 상태가 되었을 것이다. 철은 상대적으로 더 강하지만 재료가 넉넉하지 않아서 건물 한 채를 짓기도 쉽지 않았을 것이다. 게다가 녹슬기도 쉽고, 불에도 약해서 화재에 턱없이 약한 건물이 될 것이 틀림없었다. 그런데 철근콘크리트는 철과 콘크리트의 장점을 절묘하게 합쳐놓은 엄청난 건축 재료라고 할 수 있

• 2015년 한 해 동안 전국에서 공사에 들어간 건물들의 착공 통계에 의하면 총 225,942동 중에서 철근·철골조가 200,247동, 조적조가 11,307동, 목조가 13,595동, 기타 792동으로 조사되었다. 연면적으로는 총 152,618,000㎡ 중에서 철근·철골조가 150,537,000㎡, 조적조가 849,000㎡, 목조가 1,173,000㎡, 기타 59,000㎡로 조사되었다.[KOSIS 국가통계포털, 국토교통부, 건축허가 및 착공통계]

다. 사실 이 정도 찬사로도 부족하다. 역사상 가장 훌륭한 건축 재료의 발명이 바로 '철근콘크리트'라고 얘기하는 사람들도 적지 않다. '신의 조합'이라고도 불리는 철근콘크리트의 우수성을 알기 위해서는 먼저 철근콘크리트의 시작부터 더듬어 볼 필요가 있다.

1865년 프랑스 파리 근교에서 작은 화원을 경영하던 J. 모니에˙라는 사람이 있었다. 모니에는 큰 걱정거리가 있었는데, 다름 아닌 화분 때문이었다. 당시에는 진흙을 불에 구워 만든 화분을 사용했는데, 이 화분은 작은 충격에도 쉽게 깨지거나 갈라지는 치명적인 단점이 있었기 때문이다. 화분을 자주 옮겨야 하는 화원에서는 큰 고민거리가 아닐 수 없었다. 그래서 모니에는 시멘트와 모래와 물을 섞은 콘크리트로 화분을 만들었다. 앞서 말했듯이 콘크리트는 이미 로마 시대부터 줄곧 사용하던 재료였으니 진흙 화분보다는 튼튼하다는 것을 잘 알고 있었기 때문이다. 하지만 콘크리트 화분 역시 만족스럽지는 않았다.

그 후 모니에는 콘크리트 화분을 튼튼하게 만들기 위해 여러 방면으로 궁리를 거듭했다. 그렇게 2년쯤 흐른 어느 날, 모니에는 철사 그물로 화분 모양을 만들고 그 위에 콘크리트를 입혀 보기로 했다. 결과는 대성공이었다. 깨지지 않는 것은 물론이고 좀처럼 작은 균열도 생기지 않는 화분이 만들어진 것이다. 그래서 모니에의 화원은 꽃보다 깨지지 않는 화분으로 더 유명해졌다. 모니에의 화분을 사려는 사람들이 프랑스 전역에서 몰려들었다. 그해 화분 판매로 벌어들인 수입이 자그마치 1백만 프랑에 달할 정도였다. 큰 돈을 벌게 된 모니에는 화원을 멋지게 개조하기로 마음먹었다. 물론 화분

을 만들었을 때의 경험을 살리기로 한 것이다. 이때 화원 앞 작은 하천에 세운 다리가 최초의 철근콘크리트 공사가 되었다. 이 소식을 듣고 가장 먼저 찾아온 사람은 G. A. 바이스*라는 독일의 젊은 건축가였다. 철근콘크리트의 특별함을 확신한 바이스는 모니에에게 자그마치 2백만 마르크를 지불하고 철근콘크리트의 특허권을 샀다. 그 후 바이스는 철근콘크리트 공사 기술의 기초를 만들어 큰 성공을 거뒀다. 모니에는 프랑스의 원예가로서, 바이스는 독일의 건축가로서 엄청난 부와 명예를 누리게 된 것이다.

책상 위로 올라간 코뿔소

모니에와 바이스의 눈에 들어온 철근콘크리트의 특별함을 짚어 볼 필요가 있다. 진흙 화분이나 콘크리트 화분은 작은 충격에도 잘 깨졌다. 이와 반대로 철사 그물을 넣은 콘크리트 화분은 잘 깨지지 않았다. 바로 이 사이에 엄청난 비밀이 숨어 있는 것이다. 이제부터 그 이유를 알기 위해 기본적인 힘의 원리부터 설명하겠다.

책상 위에 사과 하나가 놓여 있다. 건드리지 않으면 사과는 움직이지 않고 그 자리에 있으리라는 사실을 우리는 잘 알고 있다. 그런데 이 사과는 아무런 힘을 받지 않아서 움직이지 않는 것이 아니다. 사과에 작용하는 힘들이 똑같이 균형을 이루고 있기 때문에 움직이지 않는 것이다.

지구에 있는 모든 사물들은 중력의 영향을 받고 있다. 사과도 마찬가지다.

- G. A. 바이스(Gustav Adolf Wayss, 1845~1923). 독일의 건축공학자. 철근콘크리트 구조 방법의 기초 이론 확립과 콘크리트 공법 보급에 기여했다.

사과의 무게가 30그램이라는 것은 30그램만큼 지구의 중심을 향해 내려가려는 힘이 작용하는 것을 의미한다. 그런데 어떤 힘이 내려가려는 사과를 그대로 정지하게 하는 것일까? 그건 보이지 않지만 책상 내부에 있는, 반대 방향으로 향하는 30그램만큼의 힘 때문이다. 이런 힘을 반력이라고 한다.

3킬로그램짜리 수박이 책상 위에 올라가도 책상은 정확하게 3킬로그램만큼의 반력으로 작용할 것이다. 그런데 코뿔소처럼 책상이 견딜 수 없는 무게가 올라간다면 어떻게 될까? 당연히 무너질 것이다. 책상이 작용할 수 있는 반력까지 30그램, 3백 그램, 3천 그램…… 이런 식으로 올라가다가 결국 지탱할 수 있는 반력을 넘어가는 순간(이 지점을 항복점이라고 한다) 더 우세한 힘의 방향으로 무너지고 마는 것이다. 책상 반력의 항복점을 넘어서는 순간 코뿔소는 중력에 의해 지구의 중심으로 내려가게 되는 것이다. 무너진 책상을 지나서 코뿔소가 서는 지점이 또다시 코뿔소의 무게와 지탱하는 반력이 균형을 이루는 곳이다.

결국 건물이 무너지지 않게 하려면 건물을 무너뜨릴 수 있는 힘을 예측하고 그에 저항할 수 있는 방법을 궁리해야 하는 것이다. 여기서 우리는 건물에 작용하는 중요한 두 힘에 대해 이해할 필요가 있다. 앞에서 말했듯이 수직·수평 하중은 건물에 작용하는 힘의 방향에 의한 구분이니 헷갈리지 않도록 해야 한다. 하나는 한 점으로 몰리는 힘인 압축력이고, 또 다른 하나는 한 점에서 바깥으로 당기는 힘인 인장력이다. 이외에도 여러 형태의 힘들이 있지만 우선 압축력과 인장력을 이해하는 것이 중요하다.

책상에 작용했던 힘(물체의 무게와 반력)이 바로 압축력이고, 진흙 화분을 갈라지게 한 힘은 인장력에 해당한다. 이 두 힘은 동전의 양면과 같이 함께 존재한다. 압축력의 끝자락이 인장력으로 작용하기도 하고 그 반대의 경우가 되기도 하는 것이다. 건물의 뼈대(구조)로 적합한 재료는 바로 압축력과 인장력에 함께 저항할 수 있어야 한다. 다시 말해서 건축 구조의 재료가 압축력에도 강하고 인장력에도 강해야 좋은 재료라고 할 수 있는 것이다.

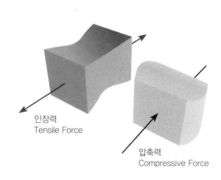

인장력
Tensile Force

압축력
Compressive Force

그런데 콘크리트는 압축력에는 강하지만 늘어나는 인장력에는 약하다는 단점이 있다. 모니에가 경험했듯이 콘크리트 화분 역시 잘 깨지고 갈라지는 것은 압축력에는 나름 강하지만, 인장력을 이겨 내지 못했기 때문이다. 상대적으로 철(철근)은 인장력과 압축력에도 강하지만, 비싸기도 하고 녹슬면 성질이 변하며, 불에 약하다는 단점이 있다.

철근과 콘크리트를 합쳐서 장점만 활용할 수 있다면 얼마나 좋을까? 압축력은 콘크리트가 담당하고, 인장력은 철근이 담당한다면 말이다. 물론 가능하다. 모니에의 철근콘크리트 화분이 그것을 확인해 주었다. 모니에의 철근콘크리트 화분에서 압축력은 콘크리트가, 인장력은 그 속에 들어 있는 철망이 담당했기 때문에 작은 균열조차 없이 멀쩡할 수 있었다. 그래서 철근과 콘크리트의 만남을 '신의 조합'이라고 하는 것이다.

핫도그의 비밀

압축력에는 콘크리트, 인장력에는 철근이 작용하려면 우선 철근과 콘크리트 두 재료를 가지고 완벽한 하나의 재료를 만들어야 한다. 그러려면 어떻게 해야 할까? 두 재료가 만나 서로의 단점을 보완하고 장점을 극대화하려면 어떤 문제를 해결해야 할까?

두 개 이상의 재료가 환상적인 조합을 이루는 경우를 자주 볼 수 있다. 음식을 예로 들어보자. 맛있는 비빔밥이 그렇고, 김밥 역시 비슷한 경우다. 밥과 나물을 대충 섞어 놓는다고 맛있는 비빔밥이 될 수 있을까? 김 따로, 단무지 따로, 햄 따로 먹는다고 김밥의 맛을 느낄 수 있을까? 물론 그렇지 않다. 두 개 이상의 재료가 섞여서 완벽한 하나의 맛을 내기 위해서는 절묘한 조화가 필요하다.

좀 더 쉬운 예를 하나 들어보자. 우리가 좋아하는 핫도그를 생각해 보자. 부드러운 밀가루 빵 속에 쫄깃한 소시지가 들어 있는 맛있는 핫도그. 그 핫도그를 먹는데 소시지가 쑥 빠져버리면 어떨까? 밀가루 빵 따로, 소시지 따로 먹는 기분일 것이다. 그렇게 해서 핫도그 맛을 느낄 수 있을까? 그렇지 않다. 맛있는 핫도그는 밀가루 빵과 쫀득쫀득한 소시지를 함께 베어 물 때

느낄 수 있는 것이다. 다시 말해서 밀가루 빵과 소시지가 찰떡처럼 붙어 있어야 맛있는 핫도그가 될 수 있다는 얘기다.

다시 철근콘크리트로 돌아가 보자. 철근과 콘크리트가 찰떡같이 붙어서 하나의 재료가 되기 위해 중요한 것이 바로 부착력이다. 서로 다른 두 재료가 달라붙는 힘을 재료의 부착력이라고 한다. 철근과 콘크리트가 완벽한 단짝이 되려면 바로 이 부착력이 좋아야 한다. 그런 점에서 철근콘크리트는 하늘이 내린 완벽한 조화를 이루고 있다.

철근과 콘크리트의 부착력이 어느 정도로 좋은지 확인해 보기 위해 이번에는 거꾸로 생각해 보자. 완전히 굳은 콘크리트 속에 철근이 들어 있다. 굳은 콘크리트 속에서 철근을 빼내기는 어렵다. 하지만 두 개 이상의 재료가 붙어 있을 때, 이 둘을 떨어뜨리는 힘은 예상외로 다른 곳에 있다. 바로 열이다.

모든 사물은 열에 의해 조금씩 늘어났다(팽창) 차가워지면 다시 쪼그라들게(수축) 마련이다. 기차를 탔을 때 특유의 덜컹거리는 소리를 알 것이다. 그 소리는 기차 레일이 조금씩 떨어져 있기 때문에 발생하는 소음이다. 일부러 레일을 조금씩 떨어뜨려 놓은 것인데, 바로 열팽창 때문이다.

기차 레일이 딱 붙어 있다고 가정해 보자. 여름에 열로 인해 철이 늘어나면 레일은 불룩하게 부풀어 오를 것이고, 그러면 기차가 궤도에서 벗어나 탈선할 위험이 있다. 그것을 방지하기 위해 열로 레일이 늘어나도 부풀어 오르지 않을 만큼 간격을 둔 것이다.

철과 마찬가지로 콘크리트도 열을 받으면 아주 미세하지만 수축·팽창을 한다. 그런데 열에 의해 콘크리트와 철근이 서로 다르게 수축·팽창을 한다면 어떨까? 그리고 그것이 계속 반복된다면 결국 서로 떨어지지 않을까? 이렇게 열에 의한 수축·팽창 때문에 서로 다른 재료들이 하나처럼 붙어 있기가 어렵다.

앞서 철근과 콘크리트는 감히 '신의 조합'이라고 말했다. 놀랍게도 철근과 콘크리트의 열에 대한 수축·팽창의 정도는 거의 같다. 조금 유식하게 말하면 철근과 콘크리트의 (선)열팽창계수가 거의 같은 것이다. 콘크리트의 열팽창계수는 1도에 대해 0.000010~0.000013이고, 철근은 0.000012이다. 거의 차이가 없다(콘크리트 1.0~1.3×10-5, 철근 1.2×10-5). 이처럼 철근과 콘크리트는 열을 받으면 함께 늘어났다가 다시 식으면 함께 줄어들기 때문에 두 재료가 잘 떨어지지 않는 것이다.

찰떡궁합은 이뿐만이 아니다. 콘크리트 속에 철근이 있으니 열에 약한 부분을 보완할 수도 있고, 철근의 가장 큰 단점인 녹스는 것을 콘크리트가 방지하는 역할을 한다. 게다가 철근이 콘크리트 속에서 잘 떨어지지 않게, 즉 부착력을 강화하기 위해 표면에 울퉁불퉁한 돌기가 있는 철근을 사용하고 있다. 이런 철근을 '이형철근'이라고 한다. 이렇게 잘 떨어지지 않는 철근과 콘크리트가 얼마나 환상적인 커플인지 이해할 수 있을 것이다.

1 익스팬션 조인트(expansion joint). 철로를 미리 떼어 간격을 벌려놓은 후에 철선으로 연결해 놨다.
2 이형철근
3 현장에서의 이형철근

소시지는 가운데, 철근은 어디에?

그렇다면 바로 이런 궁금증이 생길 것이다.

'콘크리트 속에 철근을 아무렇게나 넣어두기만 하면 되는 것일까? 콘크리트는 압축력을, 철근은 인장력을 알아서 담당하는 것일까?'

물론 아니다. 압축력과 인장력이 작용될 곳을 미리 예측해서 위치를 잡아줘야 한다. 철근콘크리트가 견뎌야 하는 압축력과 인장력을 알아보기 위해서는 철근콘크리트 구조의 기본적인 이해가 필요하다. 철근콘크리트 구조를 이해한다는 것은 하중의 흐름을 이해하는 것과 같다. 책상처럼 생긴 아주 간단한 철근콘크리트 건물을 생각해 보자. 매우 단순한 모양이지만 바닥, 보, 기둥, 세 가지 구조를 가진다. 결국 철근콘크리트 건물은 이런 작은 단위의 구조가 여러 층 쌓인 것이다.

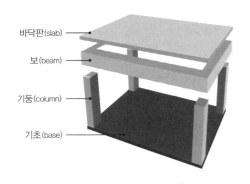

바닥판(slab)
보(beam)
기둥(column)
기초(base)

철근콘크리트 라멘 구조의 명칭 •

철근콘크리트 구조에서 바닥판,
보, 기둥, 기초에 힘이 전달되는 흐름

• 라멘(Rahmen) 구조는 건물의 수직 하중을 지탱하는 기둥과 수평 힘을 지탱하는 보로 구성된 건축 구조를 말한다. 바닥판의 하중을 보로 전달하고, 보에 전달된 하중은 다시 기둥으로 전달하며, 기둥의 하중을 기초로 전달하는 흐름을 가진다. 각 부재 간의 절점(節點), 즉 접합부가 강(剛)하게 접합되어 한 몸이 된 구조라고 할 수 있다. 그래서 강접 프레임(rigid frames)이라고 한다.

하중에는 화분이나 침대처럼 고정되어 움직이지 않는 물건들도 있고, 그 곳에서 생활하는 사람이나 반려동물처럼 움직이는 것도 있다. 고정된 물체가 건물에 주는 하중을 '고정 하중', 움직이는 뭔가가 건물에 주는 하중을 '이동 하중'이라고 한다. 건물은 이 두 가지 하중을 모두 견뎌 내야 한다. 이 모든 하중은 '바닥(슬래브)'에 맨 먼저 도달한다. 그리고 바닥은 그 위의 하중을 모두 모아서 고스란히, 그리고 고르게 '보'에 전달하는 역할을 한다. 보에 전달된 하중은 다시 기둥으로 전달되고, 기둥은 다시 기초로 전달하고, 기초의 하중이 땅으로 전달되면 하중의 전달이 모두 끝난다.

철근콘크리트 구조에서 철근과 콘크리트가 담당하는 힘의 작용을 이해하는 데 가장 좋은 예가 바로 '두 기둥 위에 얹은 보'다. 보에서 철근과 콘크리트가 담당하는 역할을 이해하면 기둥과 바닥 역시 쉽게 이해할 수 있기 때문이다. 기둥은 하중 방향으로 두께가 두껍기 때문에 역학적으로 안정되어 있고, 바닥판(슬래브)은 양 보에 걸치는 얇은 보가 x축과 y축에 동시에 지지하는

철근콘크리트 라멘 구조 전체를 이해하기 위해서는 기둥과 보의 역학 관계를 이해해야 한다. 바닥판은 이 관계가 조금 변형되어 적용된 것이다.

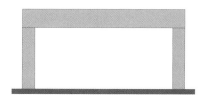

기둥과 보가 접합부에서 강하게 접합되어 있다.

xy평면의 모양으로 볼 수 있기 때문에 결국 보와 기둥과의 역학 관계를 단순하게 응용했다고 볼 수 있다.

우선 보에 전해지는 하중은 먼저 바닥판에서 넘어온 하중이라는 사실을 우리는 이미 알고 있다. 바닥판은 공간의 이동 하중과 고정 하중을 모아서 보로 전달하는 역할을 한다. 그렇다면 이제는 바닥에서 전해져 내려온 하중이 보의 어느 부분에서 압축력으로 작용하고, 어느 부분에서 인장력으로 작용하는지를 알아야 한다. 그래야 인장력이 작용하는 곳에 철근을 위치시킬 수 있기 때문이다. 그러려면 이 보가 부러지기 직전의 모습을 상상할 필요가 있다. 보 위에 하중이 걸려서(건축 구조에서는 이렇게 표현하기도 한다) 깨지기 직전에 보의 아랫부분이 불룩해지면서 균열이 발생할 것이다.

바닥판에서 전달된 하중이 보에 걸린다.

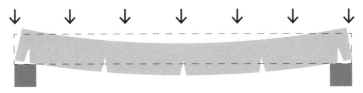

보가 깨지기 직전, 하부에 균열이 생긴다.

그렇다면 깨지기 직전, 아랫부분이 갈라지는 순간의 모습을 가지고 힘의 흐름을 예상해 보자.

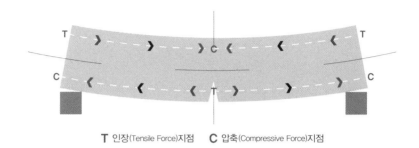

T 인장(Tensile Force)지점   **C** 압축(Compressive Force)지점

힘이 한곳으로 모이는 곳이 압축력이 작용하는 곳이고, 힘이 한곳에서 바깥으로 당기는 곳이 인장력이 작용하는 곳이다. 그렇다면 과연 어디에 (인장력을 담당하는) 철근을 위치시키는 것이 좋을까? 당연히 보 중앙 아래다.

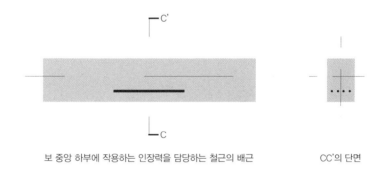

보 중앙 하부에 작용하는 인장력을 담당하는 철근의 배근   CC'의 단면

마치 찢어지려는 천을 꿰매는 모양새가 될 것이다. 그러면 양쪽 끝부분은 어떻게 될까? 기둥을 중심으로 양옆으로도 보가 연결되어 있는 모습을

상상하면 조금 더 이해하기 쉽다. 보 양 끝부분은 윗부분이 될 것이다.

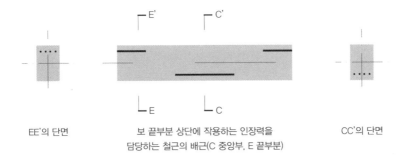

EE'의 단면 / 보 끝부분 상단에 작용하는 인장력을 담당하는 철근의 배근(C 중앙부, E 끝부분) / CC'의 단면

보의 양 끝단은 상부에 인장력이 작용하기 때문에 그곳에 철근을 위치시키는 것이다. 이제부터는 '철근을 위치시킨다'는 말을 '배근(철근을 배치한다)'이라는 용어로 고쳐 부르도록 하겠다. 그럼 보의 중앙과 양 끝 사이에는 어떻게 배근하는 것이 좋을까? 압축력과 인장력이 서서히 변화하기 때문에 비스듬히 사선으로 배근하는 것이 적당하다.

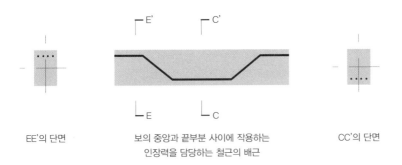

EE'의 단면 / 보의 중앙과 끝부분 사이에 작용하는 인장력을 담당하는 철근의 배근 / CC'의 단면

이제 보에서 인장력이 작용하는 곳에 철근을 모두 배근해 봤다. 그런데 뭔가 좀 허전하다. 지금까지의 철근 배근은 모두 인장력에 작용하는 철근, 즉 '주근main bar'의 배근뿐이다. 여기서 주근이라고 하면 '주된' 철근, '주요' 철근이라는 의미다. 하지만 주근 외에 다른 기능을 하는 철근들도 있다. 그래서 훨씬 더 복잡한 것이다. 보에서는 특히 '늑근stirrup bar'이라는 철근을 빼놓을 수 없다. 늑근은 주근을 감싸는 역할을 한다. 갈비뼈를 늑골이라고 하는데, 갈비뼈는 그 속에 들어 있는 주요 장기들, 즉 심장을 비롯해 간이나 위, 허파, 콩팥 등을 외부 충격으로부터 보호하는 역할을 한다. 이와 마찬가지로 늑근도 주근을 보호해 제 위치에 온전히 고정될 수 있도록 하고, 스스로 보에 작용하는 전단력˙에도 견디고 있다. 바로 이 늑근이 보의 배근을 매우 복잡하게 만드는 것이다.

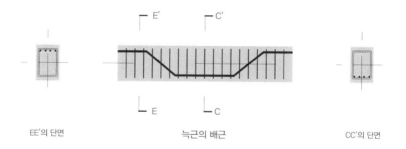

EE'의 단면　　　　　　늑근의 배근　　　　　　CC'의 단면

그리고 여기에 더해 압축력이 작용하는 곳에도 철근을 배근한다. 인장을 담당하는 인장근과 더불어 압축을 담당하는 압축근을 주근으로 함께 배근하는 보를 복근複筋보라고 한다. 인장근만을 배근하는 보는 단근單筋보라고 한

---

* 　전단력(剪斷力, shear force)은 물체 속의 어떤 면(점이 아닌)에 크기가 같고 방향이 서로 반대인 힘이 평행하게 작용하는 힘을 말한다. 가위로 종이를 자를 때의 힘을 생각하면 쉽다.

다. 압축근은 콘크리트가 굳을 때 물이 증발하면서 수축에 의한 균열이 생기는데, 이를 막기 위해 배근한다.

주근, 부근, 늑근 등 이 모든 철근을 배근하면 우리가 길에서 보았던 상당히 복잡한 철근 배근이 완성되는 것이다.

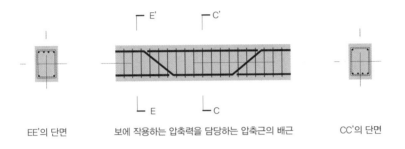

EE'의 단면   보에 작용하는 압축력을 담당하는 압축근의 배근   CC'의 단면

정리해 보면 보에서 철근은 다음과 같은 기능을 한다.

- 주근 : 단근보에서 인장력을 담당(복근보에서는 인장력과 압축력을 담당)
- 늑근 : 주근을 제 위치에 고정 및 보호, 전단력 저항

바닥판은 보를 납작하고 평평하게 펼쳐놓은 것으로 이해하면 보의 배근과 크게 다르지 않다.

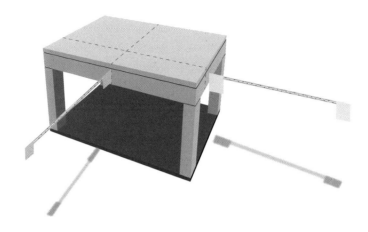

바닥판은 두 개의 (납작한) 보가 교차하는 것으로 이해해도 좋다.

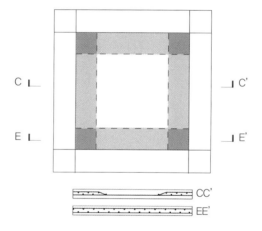

양방향에 춤(depth, 두께)이 얇은 보 두 개가 직교하는 구조. 색칠
된 부분은 바닥판 내에서 철근이 인장력을 담당하는 영역이다.
바닥판은 중앙부(CC')와 끝부분(EE')의 역학이 다르다.

기둥은 오히려 이해하기 더 쉽다. 기둥에는 인장력이 거의 작용하지 않기 때문에 주로 압축력에만 잘 견뎌 내면 되는데, 두께에 비해 길이가 길기 때문에 '좌굴挫屈'이라는 변형에 대비해야 한다. 좌굴은 마치 키 큰 사람이 머리에 무거운 짐을 지면 옆으로 휘청거리는 것과 비슷하다. 그래서 주근은 대칭되게 똑같이 배근하고 보의 늑근처럼 주근을 두르는 띠근('후프'라고도 부른다)을 배근한다. 띠근은 주근을 보호하는 역할을 하면서 좌굴도 방지하는 기능을 한다.

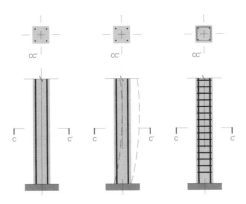

좌측부터 기둥의 길이 방향으로 주근을 배치한 후 좌굴에 대비하여 띠근을 배근했다.

이렇게 복잡했던 철근 배근에서 늑근과 띠근을 제외하면 인장근과 압축근이 남게 된다. 인장근은 개수가 더 많은 경우가 대부분이라 눈으로도 인장근과 압축근을 구분할 수 있다.

길을 걷다가 건설 현장 옆을 지나치면서 복잡한 철근을 조립하는 모습을 본 적이 있을 것이다. 이제부터는 그 복잡한 철근들이 조금은 더 쉽게 다가오리라 생각한다.

여기까지 철근콘크리트의 구조 원리에 대해 알아보았다. 다음 장에서는 이 복잡한 구조를 어떻게 시공하는지 알아보도록 하겠다.

촘촘한 스웨터처럼 얽힌 철근 배근

나는 특히 콘크리트가 좋다.
그것은 지난 한 세기의 시공 기술 진보의 상징과도 같은 것으로서,
코끼리처럼 순종적이고 강인하며, 바위처럼 기념비적이고,
벽돌처럼 소박하기까지 한 것이니까.

카를로스 빌라누에바 *

10

그까짓 거, 철근콘크리트
– 공사 편

그럼에도 철근콘크리트

신축 건물들이 철근콘크리트 구조이고 거리에 흔하디흔한 것이 철근콘크리트라는 생각에 자칫 '저렴하다'고 생각한다면 오산이다. 다른 구조보다 공사 기간이 상대적으로 짧다거나 혹은 공사가 쉽다고 생각하는 것도 큰 판단 착오다. 철근콘크리트 건물은 다른 구조의 건물보다 비싸고, 공사 기간이 길며, 게다가 과정도 까다롭다. 그렇다면 왜? 이런 궁금증이 들 것이다. 여기에는 이런 대답을 할 수 있다. 그럼에도 불구하고 철근콘크리트를 선택한 것이라고.

1단계 : 생콘크리트를 만들기 위해 재료를 혼합한다.

굳기 전 콘크리트를 생生콘크리트fresh concrete라고 하는데, 이를 만들기 위해 재료를 혼합하는 과정에 대해 먼저 알아보자. 생콘크리트는 물, 시멘트, 모래, 자갈을 혼합한 것이다. 생콘크리트를 시멘트 페이스트나 모르타르와 비교해 보면 다음과 같다.

- 물+시멘트=시멘트 페이스트cement paste

  매우 강력한 접착제. 벽에 타일을 붙이거나 무엇인가를 고정할 때 사용.

- 물+시멘트+모래=모르타르mortar

  조적식 벽체, 즉 벽돌과 같은 작은 단위 부재를 쌓아 올릴 때 접착제로 사용하거나 바닥에 미세한 경사면(물이 흐르게 하기 위해)을 만들 때 사용.

- 물+시멘트+모래+자갈=생콘크리트fresh concrete

  콘크리트 구조(체)를 만들 때 사용.

- 카를로스 빌라누에바(Carlos Raúl Villanueva, 1900~1975). 베네수엘라의 건축가. 그가 설계한 카라카스 대학 건축물(University City of Caracas)은 베네수엘라 중앙대학교의 메인 캠퍼스 건축으로 모더니즘 운동의 좋은 본보기가 되었다. 2000년 유네스코 세계문화유산으로 지정된 바 있다.

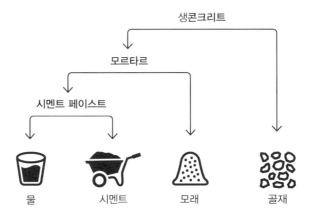

시멘트 페이스트, 모르타르, 생콘크리트의 관계

시멘트는 석회석과 점토를 분쇄해 섞고 태운 다음 석고를 더해서 만든다. 물과 시멘트가 만나면 열을 내면서 단단하게 굳는 성질이 있는데, 콘크리트는 바로 이 과정을 거쳐 만들어지는 것이다.

시멘트 페이스트에 모래를 섞으면 모르타르, 모르타르에 자갈을 섞으면 콘크리트가 된다. 이때 콘크리트에 포함된 모래와 자갈을 골재라고 하고, 전체 콘크리트 부피 중에서 70퍼센트(자갈 40%, 모래 30%)를 차지한다. 이렇게 만들어진 굳기 전의 콘크리트를 '생콘크리트' 또는 '프레시fresh 콘크리트'라고 한다. 걸쭉한 미숫가루(물+시멘트+모래)에 땅콩 으깬 것(자갈)이 섞여 있는 모습을 상상하면 비슷하다.

생콘크리트에서 중요한 것은 물과 시멘트의 비율이다. '물·시멘트비'라고 하는데 '콘크리트의 강도'와 '원활한 작업 정도'에 직접적으로 관련이 있기 때문이다. 앞서 '물과 시멘트가 만나면 열을 내면서 굳는 성질을 가지고 있다'고 했다. 물의 양과 발열량은 비례한다.

$$물 \cdot 시멘트비(\%) = \frac{물}{시멘트} \times 100$$

물이 많으면 금방 발열해서 빨리 굳지만 콘크리트의 장기長期 강도는 약해진다. 반대로 물의 양이 적으면 생콘크리트가 너무 되어서 공사하는 데 어려움이 많다. 미숫가루를 타 먹을 때 물이 너무 적으면 뻑뻑해서 잘 넘어가지 않는 것과 비슷하다. 콘크리트 벽 공사를 한번 상상해 보자. 생콘크리트를 부어 넣을 콘크리트 벽은 폭이 어른 한 뼘 정도(20~25센티미터)밖에 되지 않지만, 3미터 가까운 높이로 거푸집에 둘러쳐 있다. 게다가 안에는 철근이 여러 가닥 가로세로로 뻑뻑이 배근되어 있는 상태다. 그 사이로 생콘크리트를 부어 넣어야 하는데 너무 되면 바닥까지 들어가기 힘들다. 중간에 걸리는 곳이 많아 구석구석 채워지지 않을 테니 말이다.

그리고 물의 양이 너무 적으면 열이 적게 발생해서 콘크리트가 굳는 데 시간이 오래 걸린다. 반대로 물이 너무 많아도 단시간에 열을 내면서 굳어져 콘크리트가 필요한 강도를 낼 수 없다(발열하면서 점차 필요한 강도를 내는 것이니 '도달할 수 없다'는 표현도 가능하다). 그래서 무작정 물을 많이 섞을 수도, 적게 섞을 수도 없다. 가장 좋은 물 · 시멘트비는 일반적으로 60퍼센트 정도라고 알려져 있지만 상황에 따라 맞출 필요가 있다.

$$적당한\ 물 \cdot 시멘트비 = 60\%\ 이하$$

(예를 들어 물 30kg일 때 시멘트 50kg 이하. $\dfrac{30}{50} \times 100 = 60\%$)

그리고 물·시멘트비와 관련해 공사의 '시공도workability'를 알아보는 테스트가 있는데, 바로 슬럼프 테스트slump test다. 시공도는 생콘크리트의 '묽고 된 정도'로, 철근이 배근된 거푸집 안으로 잘 흘려 넣을 수 있는 정도를 말한다. 그리고 거푸집 전체에 구석구석 잘 들어찰 수 있어야 한다. 적당한 물·시멘트비를 따랐어도 다시 한 번 생콘크리트를 가지고 테스트하는 것이다.

테스트는 무척 간단하다. '슬럼프 콘'이라고 하는 위아래가 모두 뚫린 통 속에 생콘크리트를 채워 넣은 직후 슬럼프 콘을 벗겨 내 얼마나 흘러내리는가를 가지고 생콘크리트가 적당한 되기인지 확인해 보는 것이다.

생콘크리트가 원형을 유지하면 된 비빔인 것이고, 많이 흘러내리면 묽은 비빔이라는 단순한 판단인 셈이다. 슬럼프 콘의 높이는 30센티미터이며, 흘러넘친 높이는 8~15센티미터가 적당하다.

이제 겨우 콘크리트를 섞기만 했는데 생콘크리트, 물·시멘트비, 슬럼프 테스트까지…… 머리에서 열이 나면서 딱딱하게 굳어지기 시작한다는 불평이 들리는 것 같다. 하지만 전혀 걱정 마시라. 원하는 모든 조건에 맞는 생콘크리트를 만들어 배달까지 해주는 곳이 있으니 말이다. 바로 레미콘 회사˙다. '레미콘'은 '레디 믹스드 콘크리트ready mixed concrete'의 줄임말이다. '섞어mixed, 준비된ready, 생콘크리트concrete'라는 뜻이다.

건설 현장으로 줄지어 들어가는 커다란 트럭들을 많이 보았을 것이다.

• 　'○○양회'라는 이름의 회사가 바로 레미콘 회사다. 양회(洋灰)는 곧 시멘트를 의미한다. 시멘트를 생산해서 물과 골재를 배합해 애지테이터 트럭으로 배달한다.

그중 회전하는 큰 통을 싣고 들어가는 차들이 있는데, 그것이 바로 레미콘 회사의 배달 차량이다. 그 회전하는 큰 통 속에는 주문한 생콘크리트가 들어 있다. 건설 회사는 레미콘 회사에 생콘크리트를 주문하면서 필요한 조건을 명시한다. 우선 제일 중요한 것이 콘크리트의 강도다. 콘크리트는 보통 '28일 동안 굳혔을 때 필요한 강도*(재령 강도)'가 나오는 것을 기준으로 삼는다. 그리고 물·시멘트비, 슬럼프 값 등 필요한 조건을 제시하면 레미콘 회사에서 이에 맞는 정확한 생콘크리트를 배합해서 현장으로 보내 준다.

이때 배달 차량을 '애지테이터 트럭agitator truck' 또는 '믹서 트럭mixer truck' 이라고 하는데, 흔히 레미콘 트럭이라고 한다. 레미콘 트럭의 뒤에 실린 큰 드럼은 현장까지 오는 내내 계속 돌아가는데, 생콘크리트가 굳지 않게 하려는 것도 있고, 재료 분리가 일어나지 않게 하려는 것이다. 배합된 생콘크리트는 가만히 놔두면 자갈처럼 무거운 재료는 가라앉고 물은 떠오르는 재료 분리가 일어날 염려가 있기 때문이다. 생콘크리트 역시 여러 재료가 섞인 혼합 재료이고, 혼합 재료가 완벽한 하나가 되려면 잘 섞여야 한다. 이때는 부착이라는 표현보다는 섞여 있다고 하는 편이 더 적당하겠다. 다시 말해 생콘크리트가 잘 비벼져 있어야 하는 것이다. 그래서 레미콘 회사는 현장과의 거리도 신중하게 계산하고 날씨도 잘 고려해야 한다.

참고로 레미콘 차량의 드럼에는 생콘크리트를 약 6세제곱미터(보통 0.9~4.4㎥)까지 담을 수 있는데, 대략 20센티미터 두께에 3미터 높이의 벽을 10미터 정도 만들 수 있는 분량이다. 그러니 건물 하나를 만들기 위해서는 많은 레미콘 차량이 현장을 쉴 새 없이 들락거려야 한다.

---

*   콘크리트 부재의 설계에 있어서 계산의 기준이 되는 콘크리트 강도를 말한다. 일반적으로 28일간의 재령(재료의 나이, 材齡)을 압축 강도의 기준으로 한다. 즉, '생콘크리트를 부어 넣고 거푸집에서 28일 동안 굳힌 후의 강도'를 말하는 것이다. 최종 품질로 주문한다고 생각하면 쉽다.

1		3
2		

1 슬럼프 콘 속에 생콘크리트를 다져 넣는다.

2 슬럼프 콘을 수직으로 벗겨 내 생콘크리트가 무너진 높이를 잰다.

3 시멘트 플랜트 외관. 재료를 넣으면 배합된 재료가 트럭에 실린다. 자판기를 떠올리면 비슷
하다. 사용자가 버튼을 누르면 커피, 율무 등의 가루와 물이 즉석으로 섞여서 컵에 담겨 나오
는 것과 같다.

혹시 어떤 사람들은 그 복잡하고 까다로운 생콘크리트의 배합을 대행해 주는 회사가 있으니 나머지는 식은 죽 먹기라고 생각할 수도 있겠다. 하지만 절대 그렇지 않다. 훨씬 더 까다롭고 복잡한 일들이 많이 남아 있다. 바로 철근을 배근하면서 거푸집을 설치하는 일이다.

2단계 : 거푸집을 설치하면서 철근을 배근한다.

철근콘크리트 공사는 어쩌면 빵을 굽는 과정과 많이 닮아 있다. 고운 곡물 가루와 물, 우유와 버터를 잘 반죽해서 빵틀에 넣고 오븐에 굽는 그런 과정 말이다. 콘크리트 역시 시멘트와 모래, 자갈 그리고 물을 잘 섞어서 틀에 넣고 굳히기 때문이다. 다만 콘크리트는 오븐에 넣지 않아도 거푸집 안에서 자연적으로 굳는다. 콘크리트의 경우 발열은 재료 스스로의 몫이다. 이때 빵 만드는 과정에서 빵틀의 역할을 철근콘크리트 공사에서는 거푸집form이 한다. 물론 철근콘크리트 공사에서는 거푸집을 설치하면서 동시에 그 속에 철근을 배근해 넣어야 한다는 점이 차이라면 차이라 할 수 있다.

거푸집은 콘크리트의 모양을 만들고, 콘크리트가 굳을 때 필요한 만큼의 강도가 나올 수 있도록 물과 시멘트 페이스트의 유출을 막을 수 있어야 한다. 물이 빠져나올 수 없을 만큼 치밀해야 한다는 데에 거푸집 공사의 어려움이 있다. 애써 계산한 대로 물이 남아 있지 않으면 계획한 강도가 나올 수 없기 때문이다. 그만큼 물이 중요하다. 한 번만 더 강조하자. 생콘크리트가 굳는 과정에서 열이 발생하는데, 거꾸로 얘기하면 생콘크리트가 잘 굳으려면 적당한 열이 나야 하고, 이 과정에서 물이 필요한 것이다. 시멘트는 물과 만나 화학반응(수화반응)을 일으키고, 그 결과로 딱딱하게 굳는 성질이 있는데, 이것을 수경성水硬性이라고 한다.

그리고 거푸집은 한 번 사용하고 버리는 것이 아니라 여러 번 재생해서 사용해야 하기 때문에 특별한 주의가 필요하다. 생콘크리트를 부어 넣은 후에도 거푸집이 모양을 그대로 유지해야 하는 것은 물론이고, 배근된 철근 역시 제 위치에 있어야 하기 때문에 몇몇 특별한 부속품들이 사용되고 있다. 생콘크리트를 부어 넣으면 거푸집에 엄청난 압력이 작용하기 때문에 벌어지지 않게 하려고 긴결재form tie를 설치하고, 철근과 거푸집의 간격을 유지하기 위해 간격재spacer를 이용한다. 그리고 콘크리트가 다 굳은 후에 잘 떼어내기 위해 거푸집에 박리제form oil를 발라 둔다.

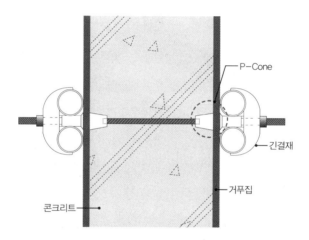

긴결재의 형태. 거푸집 바깥의 스크루를 조여 콘크리트의 압력으로 인해 거푸집이 벌어지지 않도록 한다. 안쪽의 P-Cone은 콘크리트의 끝부분이 파이도록 만들어, 추후 긴결재를 쉽게 떼어 낼 수 있게 한다. P-Cone을 떼어 낸 자리의 구멍은 콘크리트 벽에서 쉽게 볼 수 있다. 구멍 안쪽은 시멘트로 메우기도 한다.

1 거푸집과 철근 배근은 보통 함께 이루어진다.
2 간격재

이렇게 거푸집 공사는 시간이 많이 걸리고 까다롭다. 그래서 거푸집 공사는 전체 건축 공사 비용의 약 1/10 이상을 차지하고, 건축 구조체 공사 비용의 약 1/3 이상, 전체 공사 기간의 1/4를 차지할 정도로 비중이 크고 세심한 주의를 기울여야 하는 과정이다.

거푸집을 만들면서 동시에 철근 배근도 해야 하는데 앞서 말한 것처럼 보통은 부착력을 높이기 위해 돌기가 있는 이형철근을 사용한다. 돌기가 없는 밋밋한 원형철근은 특별한 경우에만 사용한다. 그리고 철근의 배근은 구부리고 자르는 일이 빈번한 작업이라 특별한 도구들을 이용하고 있다.

철근과 철근을 엮을 때 사용하는 가는 철사를 절단하기 위해서는 와이어 클리퍼wire clipper라는 제법 간단한 도구를 이용하면 되지만, 철근을 절단하기 위해서는 철근 절단기bar cutter, 철근을 구부리기 위해서는 바 벤더bar bender 혹은 후커hooker와 같은 제법 육중한 도구를 사용해야 한다.

철근을 배근할 때는 무엇보다 정확한 위치가 중요하지만 동시에 생콘크리트가 원활하게 들어갈 수 있도록 해야 한다. 그런 다음 나머지 거푸집을 완성해서 생콘크리트를 부어 넣기 위한 준비를 끝마치는 것이다. 이제 어려운 과정이 다 끝났다고 생각할 수 있겠다. 물론 그럴 수도 있고 아닐 수도 있다. 몸이 힘들고 피곤하지는 않아도 가장 신경이 곤두서는 일이 남아 있기 때문이다. 바로 만만치 않은 '생콘크리트 부어 넣기' 과정이다. 철근콘크리트 공사에서 가장 긴장되는 순간은 단연코 생콘크리트를 부어 넣을 때다. 순간의 실수가 공사를 처음으로 되돌릴 수 있기 때문이다.

3단계 : 생콘크리트를 거푸집에 부어 넣는다.

　생콘크리트를 부어 넣는 과정은 철근콘크리트의 품질을 좌우한다고 해도 과언이 아니다. 물론 생콘크리트의 배합이나 철근을 배근하고 거푸집을 조립하는 과정이 전체 공사에서 차지하는 비중은 상당하다. 하지만 철근의 배근과 거푸집의 조립 과정에서는 실수가 있어도 찾아내기가 비교적 쉽다. 드러나 있기에 눈으로 확인할 수 있으니 말이다. 그리고 생콘크리트를 부어 넣을 때 거푸집 한쪽이 터져 나와도 보수를 하면 그만이다. 오히려 다행인 경우라 할 수 있다. 그런데 생콘크리트를 부어 넣는 순간부터는 정해진 양을 한 번에 쉼 없이 부어야 하고, 다 부어 넣은 후의 부실은 쉽게 발견할 수 없다. 거푸집에 가려 있기 때문이다. 가장 끔찍한 부실은 거푸집을 다 떼어 내고 나서 드러나는 경우다. 거푸집 구석구석까지 생콘크리트가 다 채워지지 않은 경우가 대표적인 부실 사례다. 다시 한 번 25센티미터 내외의 두께에 높이가 3미터인 벽을 가정해 보자. 바둑판처럼 촘촘한 철근들이 배근되어 있을 것이다. 게다가 거푸집과 거푸집을 연결하는 긴결재와 간격재까지 추가되어 있을 것이다. 그 사이로 걸쭉한 생콘크리트를 부어 넣는 셈이니 구석구석까지 채워지는 것은 여간 어려운 일이 아닐 것이다.

　그러면 이 대목에서 누군가 물을 좀 더 섞어서 묽게 하면 안 되나요, 할 수도 있을 것이다. 하지만 그건 절대 안 된다. 건설 현장에서 생콘크리트에 직접 물을 추가하는 것을 가수加水라고 하는데, 이렇게 하면 생콘크리트가 묽어져서 거푸집 구석까지 도달할 수는 있겠지만 결과적으로 콘크리트의 강도가 약해지기 때문에 아주 위험하다. 게다가 물이 더 많아지면 재료 분리가 쉽게 일어난다. 생콘크리트를 부어 넣는 과정에서 재료 분리는 매우 좋지 않은 품질을 초래하기 때문에 신경을 곤두세울 수밖에 없다. 예를 들어 미숫가루를 물에 탄다고 가정하자. 조금 묽게 탄 미숫가루를 가만히 두면 재료 분리를 금방 확인할 수 있다. 처음에는 마냥 되게만 생각했던 미숫가루 위로 물이 떠오르는 게 보일 것이다. 생콘크리트에서도 이와 같이 물이 분리될 수 있다. 생콘크리트 안에서 열을 내는 데 도움을 줘야 하는 물이 위로 떠올라 있으면 콘크리트가 제대로 굳을 수 없다.

물론 대비책은 있다. 우선 생콘크리트를 부어 넣기 전에 철근 배근이나 거푸집 상태를 모두 확인하고 청소한 후에 가볍게 물을 축이는 것이다. 물 축임은 거푸집을 매끄럽게 하기 위한 것도 있지만 거푸집이 생콘크리트의 수분을 흡수하지 못하게 하기도 한다. 그리고 기둥이나 벽과 같이 깊은 곳일수록 하부는 상대적으로 묽은 비빔을, 위로 올라갈수록 된 비빔의 생콘크리트를 써서 물이 떠오르는 것을 막고, 또 기포도 생기지 않게 하는 것이다.

생콘크리트는 레미콘 차량에서 펌프 카pump car로 옮긴 후 다시 펌프 카에서 긴 호스를 이용해 거푸집 안으로 부어 넣는다. 호스의 끝 쪽은 주로 경력이 많은 기능공이 다룬다. 생콘크리트는 낮은 곳에서부터 부어 넣는데, 기둥, 벽, 계단, 보, 바닥의 순서로 부어 나간다. 이때 호스를 잡은 기사가 매우 중요한데, 호스를 최대한 낮게 내려서 부어 넣는 곳에 수직으로 살며시 뿜어내야 한다. 만약 그렇지 않고 높은 곳에서 생콘크리트를 그대로 떨어뜨린다면 이 역시도 재료 분리가 일어날 수 있으며, 생콘크리트가 낙하하면서 거푸집에도 큰 힘으로 작용해서 무리를 줄 수 있다. 이때 호스를 잡은 사람 옆에서 뭔가를 잡고 덜덜덜 떨고 있는 다른 엔지니어를 볼 수 있다. 생콘크리트를 다지는 중이다. 부어 넣는 과정에서 가장 신중해야 하는 것이 생콘크리트가 거푸집의 구석구석까지 채워지는가, 하는 것이라고 했다. 그러기 위해서는 생콘크리트를 부어 넣은 후에 혹은 부어 넣는 동안에도 진동기를 이용해서 다져야 한다. 진동기를 이용한 다짐 작업도 몇 가지 원칙이 있다. 된 비빔 생콘크리트에서 사용하는 것을 원칙으로 하고, 철근이나 거푸집을 건드리지 않게 조심해야 한다. 그리고 구멍이 생기지 않도록 서서히 막대를 빼야 하는 것은 물론이고, 이미 굳기 시작한 콘크리트에는 사용하지 말아야 한다.

이미 여러 번 강조했지만 생콘크리트를 부어 넣는 과정에서의 부실은 큰 사고를 초래할 수 있다. 콘크리트가 다 굳은 후에 거푸집을 떼어 냈는데 벽이나 기둥 아래 일부가 비어 있다면 정말 큰일이 아닐 수 없다. 만약 그렇다면 더 큰 사고가 생기기 전에 헐고 다시 공사를 하는 것이 원칙이다. 물론 그런 일이 벌어지지 않게 조심해야 하겠지만 말이다. 생콘크리트를 거푸집에 다 부어 넣은 후에는 굳기를 기다리면서 그냥 쉬면 될까? 그러면 좋겠지만 사실 건설 현장에서 쉬기란 쉽지 않다. 콘크리트가 열을 내면서 자연적으로 굳는데도 할 일이 있을까 싶겠지만, 그렇다. 콘크리트가 잘 굳을 수 있게 돕는 일이 남아 있다.

4단계 : 콘크리트가 잘 굳을 수 있도록 관리한다.

돕는다는 것은 콘크리트가 잘 굳을 수 있는 환경을 만들어 준다는 의미다. 콘크리트가 굳는 과정에서 열이 발생해야 하는데, 이때 물이 필요하다고 얘기한 바 있다. 그런데 만약 날씨가 너무 덥다면 물이 빨리 증발한다. 이런

1	
2	3
4	

1 레미콘 차량에서 펌프 카로. 펌프 카에서 다시 현장의 거푸집 속으로 운반한다.

2 호스를 잡고 있는 경험 많은 기능공

3 보의 나무 거푸집에 생콘크리트를 부어 넣고 막대형 진동기로 다진다.

4 압축 펌프를 이용해 높은 곳으로 생콘크리트를 전달한다.

경우 콘크리트가 굳으면서 균열이 생기고 만다. 반대로 날씨가 추워 물이 얼어 있거나 제대로 발열하지 않으면 콘크리트가 충분히 굳을 수 없다. 콘크리트가 제대로 굳어서 충분한 강도를 내려면 5도 정도가 이상적이다. 그러나 현실적으로 이상적인 온도를 마냥 기다릴 수는 없다. 그러려면 1년에 단 며칠만 공사할 수 있다는 얘기가 된다. 그래서 콘크리트가 잘 굳을 수 있는 환경을 만들어 줘야 하는 것이다.

우선 너무 더운 날씨에는 콘크리트가 충분히 촉촉할 수 있도록 물을 뿌려야 한다. 이는 생콘크리트를 부어 넣는 과정에서의 가수加水와는 다르다. 비슷해 보이지만 큰 차이가 있다. 생콘크리트를 묽게 하려고 물을 더하면 콘크리트 강도가 떨어지고 재료 분리가 일어나므로 위험하지만, 이 과정은 콘크리트가 이미 굳기 시작할 때부터 충분한 강도로 굳히기 위해 필요한 물 (발열에 참여하지 못하고 더운 날씨에 증발된 만큼)을 표면에 뿌리는 것이다. 너무 추울 때는 오히려 천을 덮어 주거나 높은 온도의 증기 또는 전기를 이용해 콘크리트가 제대로 굳어서 충분한 강도를 가지도록 도와줄 수 있다.

콘크리트의 균열에는 여러 가지 이유가 있지만 굳히는 과정에서 제대로 된 환경을 만들어 주지 못해 생기는 경우도 많다. 콘크리트가 어느 정도 굳기 전에는 그 위를 걸어 다녀서도 안 되고 물건을 쌓아 놓아서도 안 된다.

어릴 때 잘 큰 아이들이 커서도 튼튼한 것처럼 콘크리트도 굳는 과정에서 잘 관리해 주면 튼튼한 건물이 될 수 있다. 그럼 거푸집은 언제 뗄까? 콘크리트가 충분한 강도를 가지게 되었을 때 떼어 낸다.

더운 날씨에는 콘크리트 경화를 돕기 위해 덜 굳은 콘크리트 바닥판 위에 물을 뿌려야 한다.

5단계 : 거푸집을 떼어 낸다.

그렇다면 충분한 강도라는 것을 어떻게 알 수 있을까? 거푸집을 뗀다는 것은 콘크리트를 받치는 지지대를 빼는 것이므로 매우 신중해야 한다.

일반적으로 건물 구조(뼈대)를 위한 콘크리트는 $180\sim270kg/cm^2$의 압축 강도를 필요로 한다. 이는 가로세로 1제곱센티미터의 면적에 $180\sim270$ 킬로그램의 무게를 얹어도 견딜 수 있는 강도다. 코뿔소의 몸무게가 대략 1,800~2,700킬로그램이니, 10제곱센티미터에 코뿔소 한 마리가 올라가는 셈이다.

그러면 언제 이 강도가 나올까? 콘크리트가 굳어서 충분한 압축 강도를 가지려면 보통 28일 걸린다. 이는 화학적 공식이라기보다 수많은 경험과 실험을 통해 얻어낸 수치다. 28일 동안 굳혀서 얻어낸 강도를 '재령 강도'라고 한다. '재령材齡'은 '콘크리트를 굳힌 날'이라는 뜻이므로 콘크리트의 나이로 이해해도 좋다. 레미콘 회사에 생콘크리트를 주문할 때도 '28일 재령 강도 $240kg/cm^2$로 보내주세요' 하는 것처럼 확실하게 원하는 압축 강도*를 요청한다. 그렇다면 콘크리트를 부어 넣고 28일 후에 거푸집을 떼면 된다. 하지만 28일까지 기다리지 않기도 한다. 공사 현장에서는 비용을 줄이기 위해 가급적 공사 기간을 단축하려고 노력한다. 물론 안전이 충분히 확보되는 것이 최우선이라는 점은 말할 것도 없다. 다행히 콘크리트는 서서히 굳어서 최종 강도를 가지는 것이 아니다. 예를 들어 첫날 $0kg/cm^2$, 중간쯤인 14일에 $120kg/cm^2$, 재령일인 28일 만에 $240kg/cm^2$의 강도를 가지는 것이 아니다. 보통은 재령 3일 후면 그 위를 걸어 다닐 수 있을 만큼의 강도를 가지고, 7일

---

* 왜 '압축' 강도인지 궁금하다면 '9. 그까짓 거, 철근콘크리트-원리 편'을 참조하기 바란다.

에서 15일이면 재령 강도에 가까운 강도를 얻을 수 있다. 그래서 두 부류로 나눠 거푸집을 단계적으로 해체한다. 자기 스스로 지지할 수 있거나 지지할 필요가 없는 부분, 즉 기초나 보 옆, 기둥, 벽 등의 측면은 4~6일 정도면 거푸집을 해체할 수 있다.

아주 중요한 부분, 즉 바닥 및 보의 밑 같은 곳은 별도의 압축 강도 실험을 통해 충분한 강도가 나올 때 비로소 해체한다. 해체하더라도 이런 곳은 지지대를 남겨두어서 안전에 더 유의하기도 한다. 그렇다면 날짜까지 기다리지 않고도 별도의 압축 강도를 실험으로 알 수 있을까? 그렇다. 레미콘 회사에서 배합해 온 생콘크리트가 현장에 도착하면 맨 먼저 그 일부분을 따로 떼어 내 '공시체'라는 샘플을 여러 개 만든다. 일정한 기간 간격으로 공시체를 가지고 실험실에서 강도 테스트를 한다. 공시체로 실험했을 때 필요한 강도가 나오면 현장에서 굳고 있는 콘크리트도 그 정도의 강도라고 추측할 수 있다. 특별한 건물의 경우 아예 굳은 건물의 일부를 떼어 내 강도 테스트를 하기도 한다. 샘플을 파괴하면서 테스트하는 것을 '파괴 테스트'라고 하고, 건물이나 공시체 같은 샘플을 파괴하지 않고도 테스트하는 방법을 '비파괴 테스트'라고 한다.

대표적인 비파괴 테스트 중에 '슈미트 해머법'이라는 것이 있다. 슈미트 해머는 헤어드라이어 정도의 크기인데, 들고 다니면서 강도를 측정할 콘크리트에 머리 부분을 대고 기계를 작동한다. 그러면 머리 부분의 쇠구슬이 '탁' 하면서 콘크리트를 타격하고, 기계 내부에서 그 반발력을 가지고 콘크리트의 강도를 측정해서 계기판에 값을 표시하는 방식이다.

1 샘플 슈미트 해머
2 콘크리트 공시체의 압축 강도 테스트

이렇게 다양한 방법으로 강도를 측정해서 필요한 강도가 나왔다고 생각되면 재령일을 기다리지 않고도 거푸집을 뗄 수 있다. 물론 앞서도 말했듯이 바닥이나 보 밑은 거푸집을 철거해서 다른 작업을 하더라도 그 밑은 지지대로 지지하는 것이 안전하다.

거푸집을 떼어 내면 다 끝난 것일까? 이제 겨우 철근콘크리트 뼈대가 완성된 것일 뿐이다. 이렇게 주의와 정성을 기울여야 튼튼한 건축 뼈대를 구축할 수 있다. 건물이 완성되기까지 아직도 많은 과정이 남아 있다. 어떻게 보면 이제부터 본격적인 시작이라고 할 수 있는 것이다.

이처럼 철근콘크리트 공사는 다른 구조의 공사보다 더 까다롭고 비용도 많이 든다. 그런데도 많은 건물에 이 철근콘크리트 구조를 채택하는 이유가 있다. 바로 인간의 생명을 지켜줄 수 있을 만큼 튼튼하기 때문이다. 극한의 자연재해가 닥쳐도 제대로 공사가 된 건물이라면 충분한 대피 시간을 벌어줄 수 있을 것이다. 그렇기 때문에 비용이 많이 들고 공사가 까다롭더라도 철근콘크리트 건물을 선호하는 것이다.

피사의 사탑 주관 공사에서 공모전을 개최했다.
피사의 사탑을 세워 달라고? 아니었다.
더 기울어지지 않게 해달라는 공모였다.
올바른 가치에 부합하는 기술을 적용하는 것은 매우 중요하다.

11

기술은 단지 거들 뿐

앞서간 건축

국가의 선진성을 가늠하는 기준 중에 하나가 기술력이다. 여기서 기술이라 함은 테크닉이라는 좁은 의미가 아니라 시스템이나 아이디어까지 포함하는 넓은 의미를 말한다. 어느 나라는 항공·우주 공학이 앞섰다든지, 어느 나라는 생체·바이오 기술이 최고 수준이라고 하는 기준이 있다. 건축 분야도 마찬가지일 것이다. 하지만 건축만큼은 유독 그 기술력의 간극을 인정하지 않고 경제력이나 기타 다른 이유로 덮어버리는 경향이 있다. 마치 돈만 있으면 그 정도는 다 한다는 식으로. 아마도 건축을 통해 최신 기술을 선보이는 것이 아니라 이미 다른 분야에서 개발된 기술이 건축에 응용·적용되기 때문이리라. 예를 들어 경제력이 뒤처진 나라에서 시드니의 오페라 하우스를 바라보며 자신들의 기술력이 부족해서 못 지은 것이 아니라 경제력이 뒷받침되지 않아서 그렇다고 생각하기 쉽다는 얘기다. 기술 자체는 우리도 가지고 있지만 다른 문제로 인해 그런 건물을 짓지 못하는 거라고 말이다. 어쩌면 건설 기술의 차이가 근소한 상황에서 먼저 이뤄낸 성과는 사실 별거 아닌 것처럼 보일 수도 있다. 하지만 정말 그럴까? 정말 기술력의 문제가 아니라 경제력의 차이일 뿐일까? 몇몇 사례를 통해 건축에서 기술은 무엇이며, 그 기술력의 차이가 어디에서 비롯되는지, 새로운 기술 개발은 어떤 식으로 이루어지는지 들여다볼 필요가 있겠다.

예멘 중부 하드라마우트Hadramaut 지방에는 '사막의 맨해튼'이라고 불리는 도시, 시밤Shibam이 있다. 3세기에 이미 하드라마우트 왕국의 수도가 된 시밤은 16세기 교역의 요충지가 되면서 성곽 도시의 면모를 띠게 되었다. 시밤을 특별하게 만드는 것은 바로 도시의 형태다.

시밤은 동서로 약 5백 미터, 남북으로 약 4백 미터이며, 5백여 채의 '고층' 건물이 성벽의 형태로 빽빽하게 밀집되어 있다. 도시의 외곽 건물이 성벽 역할을 하고 있는 것이다. 대부분 5~6층 정도지만 가장 높은 것은 8층도 있다. 놀라운 것은 진흙과 건초를 섞어 햇빛에 말린 벽돌인 어도비^{adobe}로 쌓아 올린 건물이라는 점이다. 16세기에 이미 고층 공동주택이 만들어진 것이다. 그것도 벽돌을 조적組積해서.

시밤은 아라비아반도에서 가장 큰 와디^{Wadi, 乾川}*에 위치해 있기 때문에 홍수에 많이 시달렸다. 교통의 중심지인 동시에 홍수의 영향에서도 벗어날 수 없었던 것이다. 그래서 시밤은 고층화를 택한 것이 아닐까 싶다. 더불어 건기에는 사막의 모래바람으로부터 중정中庭**을 보다 쾌적하게 유지할 수 있었을 것이다. 당시로는 고층이고 또 조적조인 까닭에 두꺼운 저층 벽은 식량 창고로 사용하기에 적합해 환기용 통풍구만 뚫어 성벽처럼 사용할 수 있었을 것이다. 그런데도 2008년 10월에 있었던 홍수는 시밤을 크게 위협했다. 1982년 유네스코 세계문화유산에 등재되었고, 지금까지도 7천여 명의 시민들이 건물을 보존하면서 살아가고 있다.

시대를 앞서간 건축가와 건축을 얘기할 때 결코 빼놓을 수 없는 것이 바로 르네상스 시대의 필리포 브루넬레스키^{Filippo Brunelleschi}(1377~1446)와 그가 고안한 큐폴라^{Cupola}다. 브루넬레스키는 레오나르도 다 빈치의 롤모델이면서 르네상스를 열었다고 해도 과언이 아닐 정도로 천재 중의 천재라고 할

---

* 아랍어로 '하곡(河谷)'이라는 뜻이며 건조 지역에 있는 간헐하천을 말한다. 비교적 평탄하기 때문에 평소에는 교통로로 이용되지만 호우가 내리면 홍수와 같은 유수가 생긴다.[네이버 지식백과]

** 중앙 정원. 사막과 같이 모래바람이 심한 곳에서는 건물이 방패막이 되어 모래바람의 영향을 덜 받는 외부 공간을 만들 수도 있다.

```
 1   2
3    4
     5
```

1 '사막의 맨해튼' 예멘의 시밤
2 5~8층으로 구성된 시밤의 건물 군(群)
3 중정(中庭)
4 진흙과 건초를 섞어 햇빛에 말린 어도비 벽돌
5 외벽에 바른 진흙을 걷어내니 어도비 벽돌이 보인다.

수 있다. 다음은 브루넬레스키와 그의 위대한 업적인 큐폴라에 대한 짧지만 충분한 이해를 담고 있는 대목이다.

피렌체 사람은 누구나 브루넬레스키와 그의 돔 이야기를 알고 있었다. 1292년 당시 북부 유럽 곳곳에 우후죽순처럼 솟아나던 거대한 대성당들에 대항하려는 목적으로, 피렌체 한가운데 낡아빠진 교회를 개축해 이 도시의 부와 창의성을 과시할 기념비적인 교회로 만들기 위해 로마의 유명한 건축가 아르놀포 디 캄비오*가 고용되었다는 이야기. 캄비오가, 또는 그 후 몇십 년 사이에 누구인가가 그 대성당**의 상징적인 특징으로 세계 최대의 돔을 구상했다는 이야기. 1367년에 프로젝트 감독관들이 그 돔을 서로 포개진 두 개의 돔으로, 즉 바깥 돔은 세상에 없던 높이로 올리고, 안쪽 돔은 바깥 돔으로 보호하고 지지해 마치 둥근 하늘처럼, 교회의 몸 위에 무게감 없이 떠 있는 것처럼 보이게 만들도록 결정했다는 이야기. 그런데 1400년까지 실제로 그런 돔을 만들 방법을 찾아낸 사람이 없어 공사를 완전히 중단했다는 이야기. 그러다 1418년 프로젝트를 진행해야겠다는 절박함에서, 대성당 감독관들이 해법을 찾기 위해 공모를 했다는 이야기. 그리고 현장 건축가로서 경험이 전혀 없는 브루넬레스키가 응모해 마침내 궁지를 벗어났다는 이야기.

브루넬레스키의 해법은 벽돌 모형으로 제출되었다. 그 독창적 설계는 감독관들을 매료시켰고, 이윽고 1420년에 그의 자격 요건에 관한 약간의 우려가 없지 않았지만, 그들은 브루넬레스키에게 돔 공사를 의뢰했다.

---

* 아르놀포 디 캄비오(Arnolfo di Cambio, 1245~1302). 이탈리아의 건축가이자 조각가. 시에나 대성당의 설교단, 페루자의 분수 조각, 피렌체의 고딕식 궁전 팔라초 베키오가 그의 작품이다.
** 산타 마리아 델 피오레 대성당(Florence Cathedral). 피렌체 두오모라고도 불린다. 13세기 말, 산타 레파라타 대성당이 붕괴될 위험에 처하자 피렌체 정부는 피사와 시에나의 그것을 뛰어넘는 새 두오모를 세우기로 결정했다. 새 교회 건설은 아르놀포 디 캄비오의 설계로 시작되었다. 돔은 브루넬레스키의 작품이다.[네이버 지식백과]

해가 지나면서, 사실상 공공사업이 되어버린 프로젝트 속에서 서서히 돔이 맞춰지기 시작했고, 마침내 1436년 8월 30일 오전 9시, 피렌체 근처 피에솔레의 주교가 돔 꼭대기에 올라가 상징적으로 마지막 돌을 제자리에 놓았다. 나팔 소리가 요란하게 울리고 종들이 뎅그렁거렸으며, 피렌체 전역에서 자부심에 부푼 시민들이 자기 집 지붕 위로 기어올라 그 장관을 구경했다.

(중략)

이 위대한 남자의 그림자는, 그가 만든 돔의 그림자처럼 15세기 피렌체 위에 크게 드리웠다. 그리고 당연히, 그 도시에서 청춘을 보내던 젊은 레오나르도에게도 그랬다. 브루넬레스키는 레오나르도의 롤모델이 되었다. 미천한 기능공 출신이지만, 창의성으로 자기 직업을 드높이고, 화가 – 공학자로서 영원한 영예를 얻은 사람.

피렌체 사람들 다수가 그랬듯이 레오나르도도 '말라티아 델 두오모'에 걸렸다. 이 병에 걸리자 브루넬레스키의 돔이 레오나르도의 생각을 지배하기 시작했다.

– 토비 레스터, 《다 빈치, 비트루비우스 인간을 그리다》, p.130~132

브루넬레스키의 돔이 위대한 점은 42미터라는 엄청난 크기 때문이다. 기존의 돔 축조 방식으로는 자중 때문에 불가능했기에, 브루넬레스키는 2중의 돔을 제안했다. 42미터 크기의 외부 돔은 뼈대와 뼈대 사이를 벽돌로 채워 자중을 줄이고, 내부의 돔은 전체 돔의 무게를 덜어내는 역할과 동시에 상

브루넬레스키가 고안하고 건설한 피렌체 대성당의 큐폴라

호 지지의 효과로 안정성을 높이는 결과를 얻어냈다. 다시 말해 한 겹의 돔이 내·외부 돔 역할을 모두 수행하던 것을 2중의 돔이 역할을 나눠 담당하고, 벽이 나누어 지탱할 수 있도록 해서 엄청난 크기의 돔을 만들어 낼 수 있었다는 것이다.

로마네스크, 고딕, 르네상스, 바로크, 로코코 시대를 거치면서 대성당을 변모시킨 모든 기술들이 사회가 요구하는 '필요'에 반응한 결과라 할 수 있다. 두 차례에 걸친 세계대전도 인류에게 더욱 급진적이고 효율적인 기술을 개발하도록 촉진했다. 전쟁을 위해, 전쟁에서 벗어나기 위해, 그리고 전쟁 복구를 위해. 이 밖에도 철근콘크리트의 착안이라든지 더욱 자유로워진 철의 이용은 인류의 건축을 더욱 풍요롭게 만들었다.

현대로 들어오면 프랑스 파리 중심부에 위치한 아랍세계연구소L'Institut de Monde Arabe(1980)를 주목할 필요가 있다. 장 누벨Jean Nouvel이 설계한 이 건물은 20여 개국의 아랍 문화를 담고 있다. 이 건물의 남쪽 벽은 2만 7천 개의 조리개판으로 구성되어 있으며, 카메라 렌즈처럼 자동으로 개폐되면서 빛의 양을 조절하는 것이 특징이다. 여기에는 실내로 유입되는 빛의 양을 조절한다는 기능적인 측면 이외에 또 다른 목적이 있다. 투명에 가까운 백색의 대리석에 떨어지는, 시시각각 변모하는 아라베스크 문양의 그림자는 아랍 문화 전반에 대한 추상적인 시각을 은유하는 것이다. 이 건물은 건축가의 철학을 표현하기 위한 기술이 필요했다. 고지대에 위치한 건물에 물을 원활하게 끌어 올리기 위해 돈과 기술을 사용한 것이 아니라, 건축가의 철학을 표현하고 건축물의 은유적 시각을 위해 첨단 기술과 천문학적인 자본

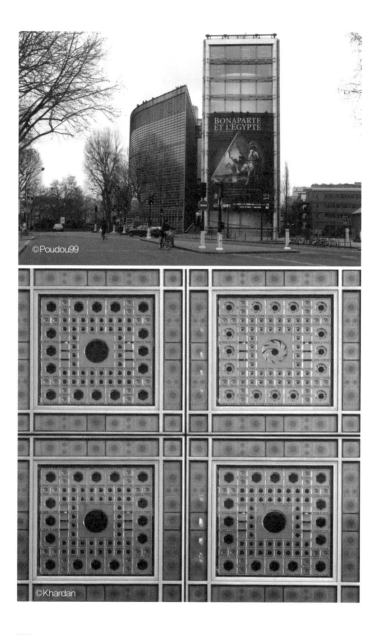

1   1 아랍세계연구소(L'Institut de Monde Arabe)

2   2 카메라의 조리개를 응용해 빛에 자동 반응하도록 만들었다. 조리개를 통해 들어온 빛은 벽에
     아라베스크 문양을 새긴다.

을 사용했다.

반면에 돈이 항상 부족한 삶의 밑바닥에도 기술(또는 시스템)은 주요하다. 남미에는 주택의 절반만 짓고 나중에 거주자들이 증축할 수 있게 하는 하프하우스Half-House 시스템을 적용한 공동주택*이 있다. 2016년 프리츠커상 수상자 알레한드로 아라베나**의 콘셉트다. 그는 한정된 기금인 1만 달러로 저소득층 1백 가구를 위해 공동주택을 짓는 프로젝트에 뛰어들었다.

일반적으로 필요한 기능과 용량을 충족하려면 건물의 위치는 도심에서 멀어져야 했다. 하지만 이는 나쁜 선택이라고 아라베나는 생각했다. 빈민촌이 되기 쉽기 때문이다. 오히려 도심에서 가까운 대지를 구입하는 데 기금의 많은 부분을 할애했다. 그래야 이들이 도심에 일자리를 갖기 쉬울 것이라고 판단했기 때문이다. 그리고 나머지 돈에 맞는 주택을 짓는 데도 동의하지 않았다. 예를 들어 4인 가족이 살아야 하는데 남은 돈으로는 3인이 살수 있는 주택밖에 지을 수 없다. 그렇게 되면 결국 또 다른 빈민을 양산하거나 주거 환경의 질이 떨어질 수 있다고 판단했다. 그래서 가족 모두 거주할수 있는 주택을 짓되 그 뼈대와 절반만 짓기로 결정한 것이다. 가족 구성원들이 그들의 노동력을 보탤 수 있는 기회를 제공함과 동시에 추후 증축 가능성을 열어 준 것이다. 공동주택이 갖는 획일성 대신 각 세대의 고유한 확장은 덤으로 얻게 되었다. 그런 점에서 프리츠커 심사위원회가 밝힌 선정 이유가 바로 '사회 참여적·인본주의적 예술성'인 이유를 짐작할 수 있다.

이런 구조물도 있다. 아프리카의 건조한 사막지대에 설치되고 있는 와카워터Warka water다. 와카워터는 사람이 거주하는 주택이 아니라 밤낮의 일

- • 르 코르뷔지에의 돔-이노 이론과 일맥상통하는 부분이 있다. '8. 건축 테러리즘, 돔-이노 이론' 참조.
- •• 알레한드로 아라베나(Alejandro Aravena)는 1967년 칠레에서 태어났다. 하버드 건축대학원(GSD)에서 5년간 교수를 지냈으며 프리츠커 상 심사위원으로 활동한 바 있다. 2000년부터는 동료 건축가들과 파트너십 '엘리멘탈(Elemental)'을 결성해 건축을 사회 참여의 수단으로 삼고 있다. 2016년 5월 28일 '전선에서 알리다(Reporting from the Front)'를 주제로 열린 베니스 비엔날레의 총감독을 맡았다.

교차를 이용해 물을 모으는 위대한 타워다. 2012년 베니스 비엔날레에 프로토타입을 공개한 바 있는데, 가히 혁명적인 디자인이라 할 수 있다. 에티오피아 와카 지역에서는 아이들과 여성들이 여섯 시간을 걸어가서 물을 길어오는데 그마저 깨끗하지도 않다. 와카워터는 골풀 줄기와 나일론 또는 폴리프로필렌 그물을 가지고 여섯 명이 네 시간 동안 만들면 하루 95리터의 깨끗한 물을 계속해서 얻을 수 있다. 원리는 간단하다. 대나무로 원통의 프레임을 만들고, 그 안에 천mesh을 같은 모양으로 펼쳐 걸어 놓는다. 그러면 바람이 투과하면서 습기가 맺혀 중력에 의해 떨어진다. 그 아래 그릇을 대고 물을 받으면 되는 것이다. 만들고 유지하는 데 어떤 에너지나 특별한 기술이 필요하지 않으며 고장이 나지도 않는다. 그저 대기가 품고 있는 수분이 새벽녘 타워에 맺히도록 유도해 그러모으기만 하면 되는 것이다. 그동안 아프리카에서 물을 얻기 위한 NGO 단체의 노력은 주로 '비싸고', '고도의 기술이 필요하며', '물을 찾아 이동해야 하는' 넘어서기 힘든 장애물에 좌절하곤 했다. 이 모든 난제를 깨끗하게 날려버린 것은 이탈리아 디자이너 아르투로 비토리Arturo Vittori의 심플한 디자인이었다. 아프리카의 영원한 '필요', 즉 물이 기술을 이끌어낸 것이다.

　물론 다른 경우도 있다. 즉, 직접적인 필요가 기술을 이끌어낸 것이 아니라 기술력의 과시를 실험적으로 건축에 반영한 것이다. 하지만 이것 역시 큰 그림에서 보면 건축 기술의 진일보를 위한 필요가 불러낸 결과라고 볼 수 있다. 나카진 캡슐타워는 일본의 건축가 기쇼 구로가와*가 당시 일본 건축가들이 주창하는 메타볼리즘metabolism을 구체적으로 발현한 것이다. 다시

---

* 　기쇼 구로가와(Kisho Kurokawa, 1934~). 일본의 건축가로 메타볼리스트로 구분된다. 대표작으로는 나카진 캡슐타워(1972), 후쿠오카 은행 본점(1975), 와코르 빌딩(1984) 등이 있다.

말해 각 공간의 자유로운 조합에 의한 메타볼릭한 표현의 가능성을 추구하고, 그 기술적 뒷받침을 획득했다.

메타볼리즘은 생물이 '신진대사metabolize'를 반복하면서 성장해 가듯이 건축이나 도시도 유기적으로 변화할 수 있도록 디자인되어야 한다는 가치를 직접적으로 실현하는 것이다. 예를 들어 사람은 음식을 먹고 이를 소화하고 에너지를 얻은 후 배설하는 일련의 과정을 통해 새로운 세포를 생성하고, 죽은 세포는 버리는 일을 반복하면서 생명을 유지한다. 메타볼리스트들은 건물도 이와 마찬가지로 에너지의 흐름을 표출할 수 있어야 하며, 죽은 부품(또는 공간)을 새로운 부품으로 교체함으로써 건물의 생명력을 유지할 수 있다고 보는 것이다. 그래서 메타볼리즘의 이념을 '교체하고, 움직인다'는 두 단어로 함축할 수 있다.

구로가와는 업무 지구와 쇼핑 지구의 경계에 위치한 나카진 캡슐타워가 거주자들에게 세컨드 하우스 내지는 작은 서재의 기능을 수행하기를 바랐다. 그 '세컨드 라이프second life'는 캡슐로 구체화되고 엘리베이터와 계단을 묶은 중앙 샤프트에 매달리게 한 것이다. 엘리베이터를 통해 공급된 에너지는 각 캡슐에 공급되고, 수명이 다 된 캡슐은 언제든 새로운 캡슐로 교체될 수 있도록 했다.

건물은 지하 1층, 지상 13층짜리 두 개의 코어 샤프트core shaft*를 중심으로 공장에서 미리 제작된 '2.3×3.8×2.1m'의 캡슐 150개가 하이텐션 볼트에 의해 캔틸레버cantilever**로 고정된 것이다. 캡슐과 코어 샤프트의 설비 배관은 플렉시블 조인트로 접속되어 있다. 메타볼리스트들이 제안하는, 포도

---

* 엘리베이터, 계단, 설비 파이프와 같이 건물 전체에 수직적으로 관통하는 요소를 한 곳에 모아 놓은 부분.
** 캔틸레버는 벽에만 강하게 부착되어 내밀어진 책꽂이를 연상하는 구조 시스템이다. 튀어나온 나무 널 아래에는 지탱하는 것이 없다. 세종문화회관의 2층 객석도 지지하는 기둥 없이 벽에서 튀어나온 캔틸레버 구조다.

나카진 캡슐타워 전경

송이처럼 매달린 '세컨드 라이프'는 수명이 다 되면 언제든 교체되고 옮길 수 있다. 건축이 성장할 수 있다고 말한 것처럼. 이 건물은 무려 1972년에 건축되었다. 만화와 같은 상상을 기술로 구축하고 새로운 삶에 적용하려는 시도였다.

Tech Follows Need

앞선 사례들은 시대의 요구가 만들어낸 기술로 건축의 진보를 이룬 단편들을 소개한 것이다. 선진화 과정에서 마치 준비된 수순처럼 기술이 튀어나온 것이 아니라는 얘기다. 필요에 의해 그에 따른 기술을 개발하고 여러 번의 실패를 거듭한 후에 비로소 적용된 것들이다. 필요와 욕구는 건축 기술을 견인했다.

홍수와 사막의 모래바람을 피하기 위해 어도비 벽돌로 고층 주거를 만들어냈고, 좀 더 안정된 대형 돔을 만들기 위해 2중의 큐폴라를 고안해 냈으며, 건축가(또는 건물 자체)의 철학을 표현하기 위해 하이테크를 받아들였고, 저소득층을 위해 절반만 짓는 하우스 시스템과 공기에서 물을 징집하는 타워도 개발했다.

물론 기술을 개발하기 위해서는 경제력이나 기초 기술 역시 뒷받침되어야 한다. 하지만 그 이전에 무엇보다도 중요한 것이 바로 '필요'다. 그리고 그 필요에 강하게 반응해야 한다. 필요는 곧 욕구이며, 이 욕구를 자세히 들여다볼 수 있는 이성과 이를 실천할 수 있는 환경은 그 선진성을 증명한다.

피사의 사탑Leaning tower of Pisa 주관 공사에서 공모전을 개최했다. 피사의 사탑을 바로 세워 달라고? 아니었다. 더 기울어지지 않게 해달라는 공모였다. 올바른 가치에 부합하는 기술을 적용하는 것은 매우 중요하다. 이들의 타당한 필요는 매우 적절한 기술을 불러일으켰으리라.

21세기 한국 건축의 욕구는 무엇일까? 그리고 그동안 무엇이었을까? 40년간 한결같은 얼굴이어도 짓기만 하면 팔려 나갔던 아파트와 건물들은 우리에게 어떤 욕구를 남겼을까? 빨리 올리는 것일까? 싸게 짓는 것일까? 해외 건설 현장에서 일본의 경쟁 건설사보다 빨리 짓는 것을 자랑스럽게 홍보하던 모습이 떠오른다. 빨리 짓는다는 것은 분명 유효한 기술임에 틀림없다. 대형 건설 현장에서 공사 기간을 단축하는 것만큼 경제적인 실익도 없을 테니까. 하지만 뭔가 아쉽다. 이제 우리 건설 현장도 새로운 가치를 향해 나아갈 때가 되지 않았을까?

아무도 가지 않은 길을 갈 때, 두려움을 떨치기 전에는 한 걸음도 앞으로 나아갈 수 없다. 기술력이든 예술성이든 시대가 요구하는 더욱 진취적인 욕구에 대해, 필요에 대해 깊이 생각해 봐야 하지 않을까? 우리는 어떤 삶이 더 바람직한지 잘 알고 있다. 손톱만 한 메모리칩에 책 한 권, 두 권, 세 권 다음에 네 권을 집적하는 기술에 맞춰 사는 것인지, 아니면 우리가 상상하고 실현시키고 싶은 그 미래에 사는 것인지를 말이다.

영화란 무엇인가에 대한 많은 해석이 있어 왔지만,

나에게 영화란 너무나 명확하게 규정된다.

'두 번 본 것'만이 영화다. 한 번 보고 만 것은 영화가 아니다.

그건 길거리에서 우연하게 목격하게 된 교통사고와 같은 것.

장정일. 〈생각〉

12

영화 〈길〉에서의
공간 미학

건축과 영화

건축과 영화를 연관 짓는 것은 매우 자연스럽고 가치 있는 일이다. 오히려 건축과 영화는 상관관계가 있다고 말하는 것이 불필요한 일이라고 여겨질 정도다. 건축과 영화의 매개는 '삶'이기 때문이다. 건축은 삶을 감싸는 보자기이고 영화는 삶을 투영하는 빛이다. 다차원의 삶을 스크린 평면에 투사하는 영화와, 전기, 설비, 구조 등의 평면적인 생각을 포개고 중첩해 공간을 만들어 내는 건축은 닮아도 너무 닮았다. 건축이 예술인가 아닌가 하고 묻는다면 삶을 감싼 종이에 그 향기가 스며드는 것은 당연하다고 대답하고 싶다. 예술은 삶의 또 다른 이름이다. 판단은 각자의 몫이다.

특히 영화 〈길〉은 건축과 영화를 더욱 밀착시키는 소재를 다루고 있다. 건축에 있어서 '길'은 탯줄과도 같다. 단위 공간에서 대규모 도시에 이르기까지 모든 인공적인 구조물들은 길이라는 가지 끝에 맺힌 열매이며, 각각의 공간에 스며드는 실핏줄이기 때문이다. 땅을 갈아엎고 건물을 세우고 그 사이를 길로 이었던 근대 건축을 거슬러 올라가면 그 이전에는 길이 먼저요, 그 옆으로 건축이 자생했다고 해도 과언이 아니다. 또한 삶이 쉽게 '길'에 비견되는 까닭에 인생을 통째로 영화의 소재로 삼았다고 할 수 있을 것이다. 오죽하면 삶의 한 방편에 능통했다는 표현을 '도道가 텄다'고 했을까? 이 영화는 건축의 시점으로 바라보기 좋은 지척, 그런 곳에 자리매김하고 있다.

흑백영화 〈길La Strada〉(영문 제목은 〈The Road〉)은 1954년 이탈리아 영화감독 페데리코 펠리니Federico Fellini가 연출을 했다. 젤소미나Gelsomina 역은

영화 〈길〉 포스터

줄리에타 마시나Giulietta Masina, 잠파노Zampano 역은 안소니 퀸Anthony Quinn이 맡았다. 마시나와 펠리니는 실제 부부다. 이 영화는 펠리니가 아내 마시나에게 영감을 얻어서 만든 작품이다. 아내 마시나가 아니면 절대 안 된다고 제작자에게 맞선 신참 감독 펠리니의 확신이 그를 거장의 반열에 올려놓았다.

공간으로 바라본 영화 〈길〉

탁 트인 바닷가를 거닐던 젤소미나는 언니 로사의 사망 소식을 듣는다. 동시에 자신이 로사의 자리를 대신해야 한다는 이야기도 듣게 된다. 떠돌이 차력사의 보조 광대 역할. 가난한 가정 형편에 자신의 입이라도 덜 수 있다면 뭐든 해야 한다. 자신만 내려놓으면 어머니와 동생들 손에 1만 리라를 쥐여 줄 수 있기 때문이다. 팔려 가는 것이 아니다. 비록 조금 모자라다고 놀림을 받지만 매일 끼니를 거르지만 않는다면 젤소미나의 머리도 정상으로 돌아갈 수 있을 거라는 어머니의 바람에 순응하는 것이다. 더 나아가 세상도 보고 일도 배울 수 있을 것이다.

이때 젤소미나는 여전히 머뭇거리며 다시 해변으로 걸어간다. 그러고는 무릎을 꿇고 물기 있는 눈으로 바다를 그윽하게 바라본다. 이 지점이 영화의 출발점이자 젤소미나가 갖는 본연의 공간이다. 집은 배경일 뿐 들어가지는 않는다. 이것이 더욱 젤소미나의 공간이 '탁 트인 바닷가'라고 단언하고 있는 것처럼 보인다. 그곳은 무한한 자유를 의미하지만 아무것도 없는 황량하기만 한 공간이다. 흑백의 화면은 이를 더욱 극명하게 전달하고 있다.

젤소미나가 오르게 되는 그 긴 여정은 잠파노의 '작은 공간'으로 옮겨지는 것으로 시작된다. 잠파노는 몸에 두른 쇠줄을 끊는 괴력의 차력사다. 마을을 떠돌면서 자신의 차력을 보여주는 것으로 생계를 잇고 있다. 잠파노의 삶 전체를 상징하는 것은 오토바이에 매달린 작은 상자다. 잠파노는 그 상자를 매일 길 위에 올려놓는다. 끊임없이 움직이는 상자는 길 위에 잔상을 남기는데 그건 마치 길 전체가 집일 수도 있고 어디에도 집이 없을 수도 있다는 의미로 보인다. 그리고 그 잔상과도 같은 쇠사슬을 또 매일같이 끊어내는 것이다. 이제 젤소미나의 삶도 길을 따라 움직이는 이 작은 상자에 옮겨졌다. 침실이면서 식당이면서 거실이면서 사랑방인 ─ 잠파노는 길에서 만나는 여자를 종종 태우곤 한다. 그럴 때마다 젤소미나는 길에 버려진다 ─ '작은 상자'.

젤소미나는 차력쇼의 분위기를 띄울 악기나 연기를 잠파노에게 배우며 이 마을 저 마을 떠돌아다닌다. 어느 날, 결혼 피로연으로 떠들썩한 농가에서 젤소미나는 아이들 손에 이끌려 몸이 아파 방에만 있는 아이를 만나게 된다. 그리고 그곳 '헛간'에서 깨닫게 된다. 자신이 광대로서의 삶과 잠파노를 사랑하고 있다는 사실을. 이는 세속적인 공간이 속된 질문을 건넨 것에 대한 속된 답이다. 영화는 어쩌면 이 속된 대답으로 '아픈 아이'와 '헛간 바닥의 구렁텅이'를 보여 주고 있는지도 모른다.

이때부터 젤소미나는 출처를 알 수 없는 신비로운 운율을 흥얼거린다.

1 뭔가로 채워지기를 바라는 젤소미나와 닮은 황량한 바닷가

2 차력사 잠파노와 가족들이 지켜보는 가운데 바다와 인사를 나눈다.

3 오토바이에 매달린 작은 공간은 구체적이지만 바다에 비해 턱없이 좁고 정처 없다.

4 그렇지 않아도 협소한 공간에 낯선 남자와 악기들, 온갖 살림 도구들은 공간을 더욱 비좁게 만든다.

| 1 | 2 |
| 3 | 4 |

1 속된 공간에서 깨닫는 광대 일과 잠파노에 대한 사랑. 신비의 운율은 서서히 젤소미나의 입가를 맴돈다.

2 젤소미나는 거리에서 군악대, 십자가의 행렬, 그리고 공중 곡예를 하는 마토를 만나게 된다.

3 서커스단의 하늘거리는 천막 속에서 젤소미나의 흥얼거림을 마토가 바이올린으로 연주한다.

4 길거리에 차이는 돌멩이도 나름의 가치가 있다는 말은 젤소미나의 세상을 더욱 넓히는 계기가 된다.

| | |

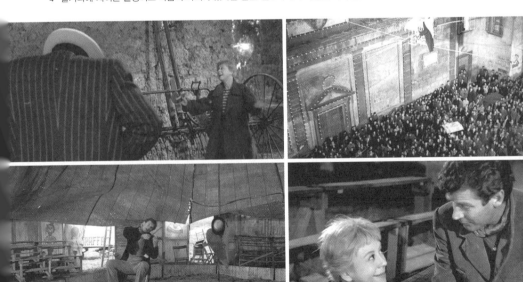

하지만 잠파노는 바람처럼 젤소미나 곁에 머물지 않는다. 젤소미나는 잠파노의 바람 같은 작은 공간을 떠난다. '거리'에서 군악대의 연주도 만나고 성스러운 십자가 행렬도 맞닥뜨린다. 그 거리 끝에서 '나무도장'이라는 별명의 청년 마토(리처드 베이스하트Richard Basehart)를 만나게 되는데, 마토는 여러모로 잠파노보다 한 수 위의 인생이다. 자동차를 몰고 다니며 매우 고급스럽게 분업화된 공중 곡예라는 세련된 기술을 가지고 있으며 바이올린도 수준급이다. 마토가 소속된 큰 규모의 서커스는 삶을 끌어당기는 힘이 있는 듯하다. 젤소미나는 마토의 손에 이끌려, 잠파노는 거대한 조직의 매력에 이끌려 온다. 다시 만난 젤소미나와 잠파노는 서커스단에 합류한다.

이 서커스단은 거대한 공간을 가지고 있지만 이 천막 역시 정착된 것이 아닌 떠돌아다니는 속성을 가졌다. 유목민의 삶을 담고 있는 '서커스단의 투명한 듯 얇은 천막'은 잠파노의 오토바이에 매달린 작은 상자와 다른 듯 닮아 있다. 이때 젤소미나의 신비로운 운율은 마토의 바이올린에 의해 구체적인 운율이 되어 간다.

잠파노와 마토의 불화로 둘은 서커스단에서 떨어져 나오게 된다. 잠파노는 경찰서에 갇히고 마토는 젤소미나를 유혹한다. 잠파노의 오토바이 상자에서 마토의 자동차로 갈아탈 수 있는 기회가 젤소미나 앞에 놓인 것이다. 동시에 마토는 젤소미나의 세상을 또 한 번 넓혀 준다. 세상의 모든 것들은 나름대로 존재 이유가 있으며, 심지어 길거리에 차이는 돌멩이조차 그렇다고. 하지만 마토는 잠파노처럼 강압적이거나 적극적이지 않다. 그는 자신의 운명을 알고 있는 듯한 말을 한다. "그 사람은 유치장에 좀 갇혀 있는 게

좋아. 그 사람은 살아갈 날이 많다고. 먼저 죽을 건 나야."

젤소미나는 다시 한 번 잠파노를 선택한다. 젤소미나는 여정 중에 만난 바닷가에서 자신의 집을 떠올리지만 자신의 집은 더 이상 그곳이 아닌 잠파노의 곁인 길 위라고 말한다. 다시 길에 오른 둘은 수녀원에 머문다. 단단한 돌로 만든 수녀원. 이번에도 '헛간'이지만 성스러운 수녀원이다. 젤소미나는 이곳에서 다시 한 번 자신의 인생에 대해 물음을 갖게 된다. 수녀원은 성스러운 장소다. 젤소미나는 삶의 본질, 즉 죽음과 존재의 의미를 묻는다. 반면 잠파노는 여전히 유혹을 뿌리치지 못하고, 철문 너머의 성상聖像에 손을 뻗는다. 그리고 젤소미나의 작은 손을 이용해 그 성상을 손에 넣고 싶어 한다. 젤소미나는 울부짖으며 거부하지만 영화는 성상이 어떻게 되었는지 보여 주지 않는다. 다만 젤소미나는 눈물의 작별 인사로 자신에게 다가온 유혹의 손길을 인정할 뿐이다.

다시 길 위에서 잠파노와 젤소미나는 '고장 난 차량'을 수리하는 마토를 만난다. 그리고 잠파노에게 얻어맞은 마토는 허무하게 죽는다. 잠파노는 자신의 허물을 덮기 위해 마토의 몸과 자동차를 '길옆'으로 굴러 떨어뜨린다. 마토는 길에서 영구히 제명된 것이다. 어쩌면 마토는 잠파노 때문이 아니라 먼저 그 길에서 멈춰 섰는지도 모른다. 마토는 이미 이 결말을 아는 듯한 말을 한 적이 있다. 어쨌든 마토는 길에서 벗어났으며 잠파노와 젤소미나는 다시 길을 떠난다.

하지만 이 광경을 지켜본 젤소미나는 정신을 놓는다. 그 빈자리에 젤소미나의 운율이 들어앉는다. 그리고 젤소미나와 잠파노는 되돌아가기에는

1	2
3	4

1 수녀원 헛간. 젤소미나는 자신의 존재 가치를 잠파노에게 묻는다. 둘 사이에는 나팔과 촛불이 있다.

2 신은 끊임없이 선악의 선택을 묻는다. 그리고 잠파노는 여전히 유혹에 빠져든다.

3 잠파노에 의해 마토는 영원히 길에서 제명된다. 길옆 다리 아래 마토의 시신과 자동차가 불타고 있다.

4 젤소미나를 놔두고 몰래 도망치는 잠파노. 주인 잃은 상자 앞에는 끝 모를 길이 눈 덮인 산과 맞닿아 있다.

1	2
3	4

1 길에서 우연히 젤소미나가 흥얼거리던 신비로운 운율을 듣게 된다. 음악의 주인이 어떻게 됐는지 묻는다.

2 빨래를 널던 여자가 젤소미나의 죽음을 전한다. 널린 하얀 천이 단절을 의미한다.

3 식당에서 사람들에 의해 거리로 내쫓기는 잠파노. 그의 편에 선 사람은 아무도 없다.

4 젤소미나의 영혼과 같은 바닷가에서 그녀의 부재를 깨닫고 잠파노는 흐느낀다. 그녀마저 없으므로.

너무 먼 길을 나섰다는 것을 깨닫게 된다. 잠파노는 젤소미나가 잠든 틈을 타 그녀 곁을 떠난다. 그녀가 아끼는 나팔을 곁에 놔둔 채. 그렇게 잠파노에 의해 젤소미나는 '길가의 경계'에 머물게 되는 것이다. 어쩌면 이것도 젤소미나가 선택한 것인지 모른다.

오랜 시간이 흐른 후. 늙은 잠파노는 작은 서커스단의 일부가 되어 있다. 잠파노는 산책 중 귀에 익은 신비로운 운율을 듣게 된다. 젤소미나의 운율이었다. 젤소미나의 운율을 흥얼거리던 처녀는 젤소미나의 사망 소식을 전한다. 잠파노는 담담하게 뒤돌아선다. 그리고 자신의 무리로 돌아가 또한 번 쇠사슬을 끊는다. 그리고 여느 때와 같이 취해 반미치광이가 되어 술집을 나선다. 잠파노의 술 취한 다리는 그를 '바닷가'로 이끈다. 그는 문득 깨닫는다. 자신이 와 있는 곳은 바로 젤소미나의 공간임을. 젤소미나의 자유로운 영혼이 깃든 곳임을. 그리고 그녀가 없음에 울부짖는다.

단상短想

건축과 영화의 연관성을 얘기할 때 빠지지 않는 소재가 영화 속에 등장하는 건축가라는 직업 또는 유명한 건물들에 대한 이야기들이다. 〈마천루The Fountainhead〉(1949)에서 게리 쿠퍼Gary Cooper는 고집을 굽히지 않는 천재 건축가로 나온다. 영화 속에서 프랭크 로이드 라이트의 건축 스타일이 눈에 띈다. 〈건축가의 배The Belly of an Architect〉(1987)에서 브라이언 데니히

Brian Dennehy는 프랑스의 신고전주의 건축가 에티엥 루이스 불레^{Étienne Louis}

^{Boullée}를 흠모하는 미국인 건축가로 나온다. 〈007 언리미티드^{The World Is Not}

^{Enough}〉(1999)에는 프랭크 게리가 설계한 빌바오 구겐하임 미술관이 추격 장면의 배경으로 등장한다. 건물과 영화가 빌바오라는 오래된 도시를 살렸다는 평을 남겼다. 하지만 건축과 영화의 밀접한 상관관계를 설명하기에는 조금 아쉬운 구석이 있다. 왠지 일종의 백과사전이라고 할 수 있는《지봉유설^{芝峰類說}》의 작가가 이수광^{李晬光}이라는 사실만 알아도 점수를 받는 것과 같은 느낌이 든다. 읽은 사람이 얼마나 될까? 건축가와 건물이 등장인물과 같이 적극적으로 극의 감정 변화에 관여하는 그런 영화가 그 관계를 더 명확하게 설명할 수 있지 않을까 싶다.

영화에 대한 어떠한 전문지식도 없고 지금까지 평범한 관람객의 입장을 고수한 사람으로서 감히 이 영화를 걸작이라고 힘주어 말하고 싶은 이유가 여기에 있다. 빛과 그림자로 겨우 질감을 표현할 수 있었던 흑백영화의 시대. 연출자들은 미장센 — 당연히 공간의 질량을 포함한 — 을 동원해 메시지를 전달하려 했을 것이다. 컬러 영화의 감독들보다 더 간절하게. 〈길〉은 그런 의미에서 단연 수작이다.

결코 많은 상을 받아서도, 저명한 평론가에게 좋은 평을 받아서도 아니다. 거기에 또 다른 — 어쩌면 영화 관계자들은 더 근본적인 이유라고 생각할지도 모르는 — 이유를 하나 더 추가하자면, 관람객으로 하여금 삶을 바라볼 수 있게 하는 매개체 역할을 충실히 이행했다고 평가되는 점이다. 삶에 견줄 수 있는 '길'을 보여 주다가 영화 〈길〉은 쏙 빠져 사라진(녹아 없어졌을지도) 느낌으로 관람객이 자신의 삶과 마주 서게 한다. 삶의 어느 부분에 내려놓을지는 각자 다르겠지만 관객들은 찬연히 자신의 삶을 바라보는 경험을 하게 되는 것이다.

나중에 알게 된 사실이지만 영화가 끝나고 다시 빠르게 달려가는 일상으로 돌아온 뒤에도 '젤소미나의 테마곡'*을 듣는 순간 다시 한 번 최면에 빠져들게 된다는 것이다. 영원히 지속될 것 같은 컨베이어 벨트의 흐름이 멈추고 전체 작업장을 훑어보게 하는 최면. 영화를 두 번만 봐도 경험할 수 있을 것이다. 왜 두 번인지는 장정일의 글을 통해 알 수 있다.

> 영화란 무엇인가에 대한 많은 해석이 있어 왔지만, 나에게 영화란 너무나 명확하게 규정된다. '두 번 본 것'만이 영화다. 한 번 보고 만 것은 영화가 아니다. 그건 길거리에서 우연하게 목격하게 된 교통사고와 같은 것.
>
> — 장정일, 《생각》, p.131

재미있는 것은 이 영화가 감독 펠리니와 마시나 부부의 인생과도 많이 닮아 있다는 점이다. 단, 현실에서 펠리니는 말년에 마시나에게 돌아갔다는 점에서 큰 차이가 있다.

그리고 또 하나, 잠파노를 연기한 안소니 퀸은 젊은 시절 건축 드로잉 공모에서 당선된 경력이 있을 정도로 건축가를 지망했던 적이 있다고 한다. 그 유명한 프랭크 로이드 라이트는 안소니 퀸에게 부정확한 발음을 교정하고 돌아온다면 조수로 채용할 용의가 있다고 했다는 것이다. 이에 안소니

---

* 니노 로타 작곡.

퀸은 발음을 교정하기 위해 연기학원에서 잡일을 해주는 조건으로 등록했다가 연기에 빠져들었고, 그의 재능을 알아본 여배우*에 의해 18세에 〈깨끗한 침대〉라는 연극으로 무대에 올랐다.

이 영화 〈길〉을 사랑 이야기나 로드 무비 정도로 국한하는 것은 온당치 않다. 인생 그 자체를 담아낸 것이기 때문이다. 인생이 녹아내리면 '길'이 남고, 영화 〈길〉이 공기 중으로 흩어지면 '인생'이 결정체로 남을 것 같은 기분이 든다. 이보다 더 인생을 인생다운 방식으로 표현한 영화가 있을까?

---

* 매 웨스트(Mae West, 1893~1980). 미국의 배우로 1930년대 섹스 심벌.

"회원들에게 이름은 자격이면서 또 다른 영혼인 셈입니다."

"영혼요?"

"이름 때문에 존재하는 거니까 이름이 없으면

존재 자체가 없는 것이나 마찬가지인 셈이죠."

이석용, 《클럽 페르소나》

13

가든은 고깃집이다?

초원가든

가든garden의 뜻을 물어보면 지체 없이 '정원庭園'이라고 대답할 것이다. 그러면 '사거리가든'에서 가든은 어떤 의미로 사용되었느냐고 물어보면 아마도 많은 사람들이 '고깃집' 또는 '숯불 갈빗집'이라고 말할 것이다. 어떻게 풀내음 싱그러운 정원이 기름지고 달콤한 연기 냄새로 가득한 숯불 갈빗집으로 변모한 것인지 의아할 수도 있다. 하지만 변천 과정은 그리 이상할 것 없다. 우리는 외화를 통해 서양 사람들이 자기 집 앞마당에서 멋진 그릴에 고기 구워 먹는 모습을 동경했다. 소시지나 야채, 심지어 파인애플까지 구워 먹는 모습을 참 신기하게 보았다. 정원 옆 풀장에서는 아이들이 퐁당거리고, 고기 굽는 남편들 뒤로는 아내들이 칵테일 잔을 부딪치고 있다. 그 순간만큼은 소득 불균형이나 저출산의 문제 또는 빙하가 녹아 신음하는 북극곰 따위는 안중에도 없을 만큼 평화로워 보인다. 그러니 숯불 갈빗집 사장님들은 우리도 그런 고기 구워 먹는 환경을 제공하겠다며 앞다퉈 가든을 끌어다 썼을 것이다. 비록 정원도 없고 기름에 미끌거리는 바닥 장판만 있다고 하더라도 말이다. 오죽하면 '초원가든'이라는 녹색 가득한 작명으로 체화되었을까.

그런데 알고 보면 이렇게 원래 의미와는 다르게 사용되는 이름들이 꽤 많다. 이는 혼동을 주기에 충분하다. 건축과 관련된 용어 중에 원뜻과 다르게 사용되고 있거나 비슷해서 헷갈리는 경우를 짚어 본질에 다가서는 기회를 만들어 보는 것이 좋겠다. 원뜻과 다르게 사용되는 대표적인 사례가 주택에 명명된 외래어일 것이다.

집과 관련된 외래어

'빌라villa'라는 외래어가 붙은 주택 형태가 있다. 정확한 기준은 없다. 통념상 저층의 공동주택(연립주택)을 고급스럽게 이름 붙였다는 정도일 것이다. 고급도 남발하면 가치가 떨어지듯이 요즘은 '빌라'가 붙으면 저렴한 느낌을 주는 것이 일반적인 인상일 것이다. 하지만 원래 의미는 이와 다르다.

빌라villa는 '농지農地'의 의미를 가지고 있는 교외 저택을 말한다. 고대 로마의 하드리아누스 황제가 티볼리Tivoli에 지은 하드리안 빌라Villa Hadrian가 원형으로 알려져 있다. 세컨드 하우스 개념의 별장 또는 넓은 대지에 정원과 농원을 조성한 고급 주택을 말한다. 주거를 위한 건물과 정원 및 농원을 관리하기 위한 별동들이 연립해 세워져 있기도 하다. 그런 이유로 한국의 저층 공동주택이 그 이름을 빌려 온 것 같다. 하지만 원래 의미의 빌라는 단독주택Canopus vanaf serapium이다. 빌라가 교외 별장, 농원 저택이라면 이와 상대적인 개념으로 중세 도시 저택 팔라초palazzo를 들 수 있다. 귀족의 저택을 일컫는 라틴어 팔라티움palatium에서 따온 것이다.

그렇다면 '맨션mansion'은 뭘까? 한국에서는 1980년대 고급 분양 아파트(저층·고층)에 붙이던 이름*이다. 여전히 고급 공동주택(저층)의 의미로 사용되고 있다. 일본의 경우 공동주택을 아파트보다 맨션이라고 지칭하는 것이 일반적이다.

맨션은 원래 중세 유럽에서 장원 영주領主의 주택manor house을 의미하는데, 유럽에서는 여전히 고급 단독주택을 지칭한다. 어원은 거주dwelling를 뜻

• 방경식, 네이버 〈부동산용어사전〉 '맨션', 2011. 5. 24. 작성.

하는 라틴어 '만지오mansio'에서 나온 것이다. '생활을 영위하기 위한 교구 목사의 넉넉한 재산'이라는 의미의 '만제manse'도 같은 어원을 가진다. '마노manor'는 봉건 영주의 장원 또는 영지를 의미한다.

더 나아가 집이라는 뜻의 라틴어 '도무스domus'는 고대 로마의 고급 주택을 일컫는다. 폼페이 지역에 지어졌던 주택들은 도무스의 전형적인 사례다. 지오 폰티'가 1928년 출간한 잡지《도무스domus》는 오랫동안 권위를 유지하고 있다.

도무스와 상대적인 개념으로 중산층의 집합주택 인술라insula가 있다. 인술라는 6~7층 혹은 그 이상의 고층 집합주택으로, 거리에 면한 1층에 상점 타베르나이tabernae가 있고, 그 위층으로 주거가 있는 구조다. 이때 인술라의 2층 이상 층이나 지붕 밑 층의 주택을 케나쿨룸˙˙이라고 한다.

초기에는 목조가 많아 화재가 빈번했기 때문에 아우구스투스(재위 B.C. 27~A.D. 14) 시대 법령으로 저층은 벽돌로 짓고 전체 높이는 20미터를 넘지 않도록 규정했다.

•   지오 폰티(Gio Ponti, 1891~1979). 이탈리아의 건축가, 화가 및 도기, 가구, 실내 디자이너로 입신하여 로마 대학의 수학부(1934), 밀라노의 몬테카티나 빌딩(1936) 등을 세워 이탈리아에서 국제 양식의 선구자 중 한 사람이 되었다. 1928년에는 잡지《도무스(Domus)》를 창간했고, 1933년에는《이탈리아의 주택(La Casa all' Italiana)》을 출간했다.
••   케나쿨룸(cenaculum)은 로마를 중심으로 하는 주택의 2층을 지칭하는 의미로 사용되었으며, 주로 식당과 그 부속실들이 2층에 있어서 '2층에 있는 식당'을 일컫기도 한다.

	2
1	3
	4

1 피렌체의 베키오 팔라초(Vecchio Palazzo)
2 로마의 빌라 도리아 팜필리(Villa Doria Pamphili)
3 19세기 독일의 겔벤잔데 맨션(Gelbensande Manor)
4 2세기경 로마의 항구 도시 오스티아 안티카(Ostia Antica)의 인술라

단독주택과 공동주택

앞서 살펴본 바와 같이 공동주택에 붙여진 빌라나 맨션과 같은 이름은 건설사들이 상품을 돋보이게 하려는 의도로 사용한 것이다. 하지만 이보다 훨씬 명확한 구분과 규정이 있다. 바로 「건축법」에서 정한 용도별 건축물의 종류에 의한 것이다. 이는 건축물의 용도상 성격을 구분 짓는 것으로 기타 법 적용의 내용과 범위가 달라진다. [건축법]—[건축법 시행령]—[건축법 시행규칙(별표)]의 순서로 따라가면서 단독주택과 공동주택을 어떻게 정의하고 있으며, 또 어떤 종류들이 있는지 짚어 보겠다. 가급적 법규 원문을 충실히 옮겼다.

「건축법」˙

제1장 총칙,

제2조 (정의) ② 건축물의 용도는 다음과 같이 구분하되, 각 용도에 속하는 건축물의 세부 용도는 대통령령으로 정한다. 〈개정 2013. 7. 16.〉 1. 단독주택, 2. 공동주택 …… (생략)

「건축법」에서는 용도별 건축물의 종류만 나열하고 자세한 내용은 대통령령, 즉 시행령으로 넘겼다. 「건축법 시행령」을 살펴보자.

• 「건축법」, 시행 2016. 7. 20., 법률 제13785호, 2016. 1. 19., 일부 개정.

「건축법 시행령」

제1장 총칙,

제3조의5(용도별 건축물의 종류) 법 제2조 제2항 각호의 용도에 속하는 건축물의 종류는 별표 1과 같다.

「건축법 시행령」 본문에도 자세한 내용은 [별표 1]에서 규정하고 있다고 표시되어 있다. [별표 1]을 살펴보자.

별표 1 **

용도별 건축물의 종류(제3조의5 관련)

1. 단독주택[단독주택의 형태를 갖춘 가정어린이집 · 공동생활가정 · 지역아동센터 및 노인복지시설(노인복지주택은 제외한다)을 포함한다]

   가. 단독주택

   나. 다중주택 : 다음의 요건을 모두 갖춘 주택을 말한다.

   　　1) 학생 또는 직장인 등 여러 사람이 장기간 거주할 수 있는 구조로 되어 있는 것

   　　2) 독립된 주거의 형태를 갖추지 아니한 것(각 실별로 욕실은 설치할 수 있으나, 취사 시설은 설치하지 아니한 것을 말한다. 이하 같다)

   　　3) 연면적이 330제곱미터 이하이고 층수가 3층 이하인 것

   다. 다가구주택 : 다음의 요건을 모두 갖춘 주택으로서 공동주택에 해당하지 아니하는 것을 말한다.

---

* 　「건축법 시행령」, 시행 2016. 1. 19., 대통령령 제26909호, 2016. 1. 19., 일부 개정.
** 　「건축법 시행령」[별표 1], 개정 2014. 11. 28.

1) 주택으로 쓰는 층수(지하층은 제외한다)가 3개 층 이하일 것. 다만 1층의 바닥면적 2분의 1 이상을 필로티* 구조로 하여 주차장으로 사용하고, 나머지 부분을 주택 외의 용도로 쓰는 경우에는 해당 층을 주택의 층수에서 제외한다.

2) 1개 동의 주택으로 쓰이는 바닥면적(부설 주차장 면적은 제외한다. 이하 같다)의 합계가 660제곱미터 이하일 것

3) 19세대 이하가 거주할 수 있을 것

라. 공관(公館)

2. 공동주택[공동주택의 형태를 갖춘 가정어린이집 · 공동생활가정 · 지역아동센터 · 노인복지시설(노인복지주택은 제외한다) 및 「주택법 시행령」 제3조제1항에 따른 원룸형 주택을 포함한다].

(중략)

가. 아파트 : 주택으로 쓰는 층수가 5개 층 이상인 주택

나. 연립주택 : 주택으로 쓰는 1개 동의 바닥면적(2개 이상의 동을 지하주차장으로 연결하는 경우에는 각각의 동으로 본다) 합계가 660제곱미터를 초과하고, 층수가 4개 층 이하인 주택

다. 다세대주택 : 주택으로 쓰는 1개 동의 바닥면적 합계가 660제곱미터 이하이고, 층수가 4개 층 이하인 주택(2개 이상의 동을 지하주차장으로 연결하는 경우에는 각각의 동으로 본다)

라. 기숙사 : 학교 또는 공장 등의 학생 또는 종업원 등을 위하여 쓰는 것으로서 1개 동의 공동취사시설 이용 세대 수가 전체의 50퍼센트

---

* 필로티(piloti)는 1층의 벽이 없고 기둥만으로 상부 바닥판을 지탱하는 개방형 구조로, 그 형식이나 공간을 지칭한다. '8. 건축 테러리즘, 돔-이노 이론' 참고.

이상인 것(「교육기본법」 제27조제2항에 따른 학생복지주택을 포함한다)

어떤 용도의 건축물인가에 따라 적용되는 조건이나 요구 사항이 달라진다. 발코니를 예로 들어 보자.

「건축법 시행령」

제1장 **총칙,**

제2조 (정의)의 14항에 "발코니"란 건축물의 내부와 외부를 연결하는 완충 공간으로서 전망이나 휴식 등의 목적으로 건축물 외벽에 접하여 부가적^{附加}^的으로 설치되는 공간을 말한다. 이 경우 주택에 설치되는 발코니로서 국토 교통부장관이 정하는 기준에 적합한 발코니는 필요에 따라 거실·침실· 창고 등의 용도로 사용할 수 있다.

이렇게 시행령이 정하는 발코니의 정의는 공통된다. 그러나 다음의 시 행령 조항을 살펴보자.

「건축법 시행령」

제5장 **건축물의 구조 및 재료 등** 〈개정 2014. 11. 28.〉,

제46조 (방화구획 등의 설치) ④ 공동주택 중 아파트로서 4층 이상인 층의 각 세대가 2개 이상의 직통계단을 사용할 수 없는 경우에는 발코니에 인접 세 대와 공동으로 또는 각 세대별로 다음 각호의 요건을 모두 갖춘 대피 공간

을 하나 이상 설치하여야 한다. 이 경우 인접 세대와 공동으로 설치하는 대피 공간은 인접 세대를 통하여 2개 이상의 직통계단을 쓸 수 있는 위치에 우선 설치되어야 한다. 〈개정 2013. 3. 23.〉

보다시피 발코니에 설치해야 하는 대피 공간에 관한 규정은 공동주택 중 아파트로서 4층 이상인 세대에 한한 것이다. 단독주택은 물론이고 공동주택 중 연립주택이나 다세대주택 및 기숙사의 발코니는 해당되지 않는다.

면적과 비율에 관한 용어

건물면적과 비율에 관한 용어로는 대지면적, 건축면적과 연면적, 바닥면적, 건폐율, 용적률 등이 있고, 아파트와 같은 공동주택에서는 전용면적과 공

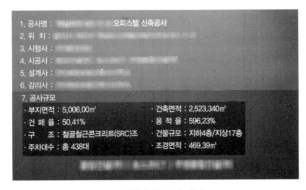

공사 현장 앞 공사 개요

용면적의 개념도 이해해야 한다. 이는 부동산 관련 뉴스만 보더라도 종종 등장하는 용어이기 때문이다. 이 면적의 산정 방법에 대해서도「건축법」에서 규정하고 있다.「건축법」에서 규정한 면적에 대해 먼저 알아보자.

「건축법」

제9장 보칙,

제84조(면적 · 높이 및 층수의 산정) 건축물의 대지면적, 연면적, 바닥면적, 높이, 처마, 천장, 바닥 및 층수의 산정 방법은 대통령령으로 정한다.

「건축법 시행령」

제9장 보칙,

제119조(면적 등의 산정 방법) ① 법 제84조에 따라 건축물의 면적 · 높이 및 층수 등은 다음 각호의 방법에 따라 산정한다.*

1. 대지면적: 대지의 수평투영면적**으로 한다.

(중략)

2. 건축면적: 건축물의 외벽(외벽이 없는 경우에는 외곽 부분의 기둥을 말한다. 이하 이 호에서 같다)의 중심선으로 둘러싸인 부분의 수평투영면적으로 한다. 다만, 다음 각 목의 어느 하나에 해당하는 경우에는 해당 각 목에서 정하는 기준에 따라 산정한다.

  가. 처마, 차양, 부연(附椽), 그 밖에 이와 비슷한 것으로서 그 외벽의 중심선으로부터 수평 거리 1미터 이상 돌출된 부분이 있는 건축물의

---

* 〈개정 2009. 6. 30., 2009. 7. 16., 2010. 2. 18., 2011. 4. 4., 2011. 6. 29., 2011. 12. 8., 2011. 12. 30., 2012. 4. 10., 2012. 12. 12., 2013. 3. 23., 2013. 11. 20., 2014. 11. 28., 2015. 4. 24.〉

** 대지의 수평투영면적이라 함은 대지가 경사지인 경우 그 표면적이 아니라 그 대지가 바닥의 평평한 면에 투영된 면적이라는 의미다.

건축면적은 그 돌출된 끝부분으로부터 다음의 구분에 따른 수평 거리를 후퇴한 선으로 둘러싸인 부분의 수평투영면적으로 한다.

(중략)

나. 다음의 건축물의 건축면적은 국토교통부령으로 정하는 바에 따라 산정한다.

　1) 태양열을 주된 에너지원으로 이용하는 주택

　2) 창고 중 물품을 입출고하는 부위의 상부에 한쪽 끝은 고정되고, 다른 쪽 끝은 지지되지 아니한 구조로 설치된 돌출차양

　3) 단열재를 구조체의 외기측에 설치하는 단열공법으로 건축된 건축물

다. 다음의 경우에는 건축면적에 산입하지 아니한다.

　1) 지표면으로부터 1미터 이하에 있는 부분(창고 중 물품을 입출고하기 위하여 차량을 집안시키는 부분의 경우에는 지표면으로부터 1.5미터 이하에 있는 부분)

　2) 「다중이용업소의 안전관리에 관한 특별법 시행령」 제9조에 따라 기존의 다중이용업소(2004년 5월 29일 이전의 것만 해당한다)의 비상구에 연결하여 설치하는 폭 2미터 이하의 옥외 피난계단(기존 건축물에 옥외 피난계단을 설치함으로써 법 제55조에 따른 건폐율의 기준에 적합하지 아니하게 된 경우만 해당한다)

　3) 건축물 지상 층에 일반인이나 차량이 통행할 수 있도록 설치한 보행통로나 차량통로

　4) 지하주차장의 경사로

5) 건축물 지하층의 출입구 상부(출입구 너비에 상당하는 규모의 부분을 말한다)

(중략)

3. 바닥면적: 건축물의 각 층 또는 그 일부로서 벽, 기둥, 그 밖에 이와 비슷한 구획의 중심선으로 둘러싸인 부분의 수평투영면적으로 한다. 다만, 다음 각 목의 어느 하나에 해당하는 경우에는 각 목에서 정하는 바에 따른다.

가. 벽·기둥의 구획이 없는 건축물은 그 지붕 끝부분으로부터 수평 거리 1미터를 후퇴한 선으로 둘러싸인 수평투영면적으로 한다.

나. 주택의 발코니 등 건축물의 노대나 그 밖에 이와 비슷한 것(이하 "노대 등"이라 한다)의 바닥은 난간 등의 설치 여부에 관계없이 노대 등의 면적(외벽의 중심선으로부터 노대 등의 끝부분까지의 면적을 말한다)에서 노대 등이 접한 가장 긴 외벽에 접한 길이에 1.5미터를 곱한 값을 뺀 면적을 바닥면적에 산입한다.

다. 필로티나 그 밖에 이와 비슷한 구조(벽 면적의 2분의 1 이상이 그 층의 바닥 면에서 위층 바닥 아래 면까지 공간으로 된 것만 해당한다)의 부분은 그 부분이 공중의 통행이나 차량의 통행 또는 주차에 전용되는 경우와 공동주택의 경우에는 바닥면적에 산입하지 아니한다.

라. 승강기탑, 계단탑, 장식탑, 다락[층고層高가 1.5미터(경사진 형태의 지붕인 경우에는 1.8미터) 이하인 것만 해당한다], 건축물의 외부 또는 내부에 설치하는 굴뚝, 더스트슈트, 설비덕트, 그 밖에 이와 비슷한 것과 옥상·옥외 또는 지하에 설치하는 물탱크, 기름탱크, 냉각탑, 정화조, 도시가스 정압기, 그 밖에 이와 비슷한 것을 설치하기 위한 구조

물과 건축물 간에 화물의 이동에 이용되는 컨베이어 벨트만을 설치하기 위한 구조물은 바닥면적에 산입하지 아니한다.

(중략)

4. 연면적 : 하나의 건축물 각층의 바닥면적의 합계로 하되, 용적률을 산정할 때에는 다음 각 목에 해당하는 면적은 제외한다.

가. 지하층의 면적

나. 지상 층의 주차용(해당 건축물의 부속용도인 경우만 해당한다)으로 쓰는 면적

「건축법 시행령」에서 상세하게 규정한 대지면적, 건축면적, 바닥면적, 연면적의 내용을 이해하면 건폐율과 용적률은 쉽게 설명된다. 「건축법」에서 이를 규정하고 있다.

「건축법」

제6장 지역 및 지구의 건축물,

제55조 (건축물의 건폐율) 대지면적에 대한 건축면적(대지에 건축물이 둘 이상 있는 경우에는 이들 건축면적의 합계로 한다)의 비율(이하 "건폐율"이라 한다)의 최대한도는 「국토의 계획 및 이용에 관한 법률」 제77조에 따른 건폐율의 기준에 따른다. 다만, 이 법에서 기준을 완화하거나 강화하여 적용하도록 규정한 경우에는 그에 따른다.

제56조 (건축물의 용적률) 대지면적에 대한 연면적(대지에 건축물이 둘 이상 있는 경우에는 이들 연면적의 합계로 한다)의 비율(이하 "용적률"이라 한다)의 최대한도

는 「국토의 계획 및 이용에 관한 법률」 제78조에 따른 용적률의 기준에 따른다. 다만, 이 법에서 기준을 완화하거나 강화하여 적용하도록 규정한 경우에는 그에 따른다.

법 조항을 통해 용어를 이해하는 것은 다소 어렵게 느껴질 수 있다. 그런데도 법 조항을 넣은 것은 간추린 용어의 정의만으로는 부족하다고 판단했기 때문이다. 더 많은 부연·예외 조항들을 눈으로 확인하고 법 조항의 목적을 가늠하는 것이 더 좋다고 생각했다. 간단히 정리하면 다음과 같다.

- 대지면적 : 대지의 수평투영면적. 단, 건축선˚과 특수 지역에 따른 제외 면적 검토할 것.
- 건축면적 : 건축물 외벽의 중심선으로 둘러싸인 부분의 수평투영면적(건축물 점유면적). 단, 지표면으로부터 1미터 이하에 있는 부분은 제외하며 특수 형태와 용도에 대한 별도의 기준 검토할 것.
- 바닥면적 : 건축물의 각층 또는 그 일부로서 벽, 기둥, 그 밖에 이와 비슷한 구획의 중심선으로 둘러싸인 부분의 수평투영면적. 단, 발코니 등 지정 면적은 별도 산정 기준 검토할 것.
- 연면적 : 하나의 건축물 각층의 바닥면적의 합계. 단, 용적률을 산정할 때는 지하 층과 지상 층 주차용 면적은 제외.
- 건폐율 : 대지면적에 대한 건축면적의 비율(백분율).
- 용적률 : 대지면적에 대한 연면적의 비율(백분율).

˚   건축법이 정하는 특별한 경우에 한해 대지 경계선보다 대지 쪽으로 뒤로 물러난 곳에 건축선을 정하여 놓을 수 있다. 이 선을 넘어가도록(대지 경계선 내라고 하더라도) 건축할 수 없고, 건축선과 대지 경계선 사이, 즉 도로와의 사이의 면적은 대지면적에서 제외한다는 것을 의미한다.

건폐율은 '대지에서의 건축물 점유 비율'을 나타내며 동시에 '대지 내 공지空地 지표'이기도 하다. 건축물의 과밀 상태나 일조, 채광, 통풍 등의 자연환경 상태, 피난 등에 필요한 공간의 상태를 나타낸다. 건폐율 50퍼센트는 대지에서 건축물이 점유하는 면적이 절반이며 나머지 절반은 공지로 남아 있다는 것을 의미한다. 용적률은 '지상으로 몇 층이 올라갈 수 있는가'를 나타내는 지표다. 용적률 200퍼센트는 대지면적의 두 배만큼의 면적으로 지상에서 구축되었다는 것을 의미한다. 가끔 뉴스에서 "○○지구의 용적률을 기존 300퍼센트에서 400퍼센트로 완화하여……"라는 기사를 볼 수 있다. 이는 같은 대지에 더 높은 건물을 지을 수 있다는 것을 의미한다.

아울러 전용면적과 공용면적의 구분이 자주 눈에 띈다. 전용면적은 아파트 등의 공동주택에서 방이나 거실, 주방, 화장실 등을 모두 포함한 넓이로, 공용면적을 제외한 나머지 바닥면적을 뜻한다. 주로 현관문을 열고 들어가면 나오는 가족들의 전용 생활 공간을 말한다. 다만 발코니는 전용면적에서 제외된다. 주거 공용면적은 아파트 등 공동주택에 거주하는 다른 세대와 공동으로 사용하는 공간이다. 계단, 복도, 엘리베이터 등이 이에 해당된다. 전용면적과 주거 공용면적을 합한 것을 공급면적이라고 한다.

다음은 부동산 관련 기사다. 용어의 정의를 잘 대입해서 이해해 보는 것도 재미있다. 제목까지 포함해서 말이다.

"전용면적이 얼마인지 꼭 확인해야 된다고 그렇게 강조했건만……(2008.1.22.)"

'30대1'에 달하는 청약 경쟁을 뚫고 당첨된 한 아파트.

입주 예정자들이 집단으로 계약을 미루는 등 분양업체와 마찰을 빚고 있다.

인근 아파트보다 분양가가 싸다는 업체 측 설명을 듣고 청약에 나섰지만 막상 당첨된 후 견본 주택을 둘러보니 전용면적도 좁고, 옵션 및 확장 비용도 터무니없이 비싸다는 이유에서다.

(중략)

입주 예정자들은 720가구 단일 주택형으로 공급된 120제곱미터(36평) 아파트가 당첨 후 확인 결과 실사용 면적이 다른 건설사 아파트의 110제곱미터형에도 못 미친다며 반발하고 있다.

분양 가격도 3.3제곱미터당 980만 원대로 소개됐지만, 실제 공급면적을 110제곱미터 선으로 잡고 발코니 확장 비용과 옵션 비용(가구당 4,400만 원 안팎)을 추가하면 3.3제곱미터당 1,200~1,300만 원 수준이 된다는 게 입주 예정자들의 주장이다. 확장 및 옵션 추가 비용이 인근의 두 배 수준이라는 지적도 나온다.

실제로 이 아파트의 공급면적은 120제곱미터(2개 주택형)이지만 전용면적은 84제곱미터인 국민주택 규모다. 전용면적 비율은 70퍼센트로 최근 지어지는 판상형 아파트 전용면적 비율이 90퍼센트에 육박하는 것과 비교하면 매우 낮다.

― 윤도진 기자. ⓒ이데일리

우리의 변방 콤플렉스는 외국인들에게 여전히 '두 유 노 김치?'를 묻고 있다.
그러는 우리는 정작 김치에 대해 얼마나 알고 있을까 물어야 할 때가 아닐까 싶다.

14

기와만 얹으면 한국적일까?

탁석산의 《한국의 정체성》에 대입해 보는 건축의 한국성

왜 다시 한국성인가?

언젠가 가까운 친척에게 부탁을 받은 적이 있다. 막걸리 전문점을 열 생각인데 한국적인 느낌을 줄 아이디어가 없겠냐는 것이었다. 그러면서 음식점 입구에 기와지붕을 댈 생각이라고 덧붙였다. 아파트 단지 내의 상가를 빌릴 계획인 터라 한참을 생각해도 메주 모양의 조명과 한지 벽지 외에는 더 생각나는 것이 없었다. 이 정도면 충분하지 않겠어, 하는 무언의 합의로 더 이상 대화의 진척은 없었던 기억이다. 정작 사업은 시작 단계에서 벽에 부딪혀 현실화되지 못했다. 하지만 그 뒤로도 아주 오랫동안 지워지지 않는 얼룩 같은 물음이 하나 남게 되었다. '기와만 얹는다고 한국적인 것일까?'

이 물음은 동양은 물론이고 서양에도 흔하디흔한 기와가 한국성을 상징할 리 없다는 어쩌면 당연한 결론에 도달함과 동시에, 그렇다면 건축에 있어서 한국성은 무얼까 하는 또 다른, 어쩌면 궁극의 의문을 품게 했다. 하지만 그 뒤로도 여러 번 건축의 한국성에 대해 떠올릴 기회가 있었지만 매번 '그때의 거기'까지였다. 한 걸음 앞으로 내딛는 것조차 쉽지 않았다. 거슬러 올라가면 중국에 닿아 있다거나, 일제강점기를 '단절'로 볼 것인가에 관한 문제라든지, 국제사회에서도 보편적으로 그것은 한국의 것이라는 인식을 갖느냐의 관계, 또는 과거에만 남아 있는 것인가 현재까지 명맥을 유지하고 있는가의 시점時點에 관한 문제 등이 앞을 가로막았다.

자료는 차고 넘치는데 이상하게도 그 양에 비례해 실체는 더욱 멀어지고 있는 느낌마저 든다. 이 문제에 관해서는 현재까지도 심각하게 헛돌고 그 자리를 맴돌고 있는 것 같다. 도리어 '왜 그토록 건축의 한국성을 찾으려고 하는 것이냐? 그런 건 사실 실체가 없지 않느냐?' 하고 어깃장을 놓는 경우도 심심찮게 볼 수 있다. 그런데 과연 그럴까?

이런 일이 있었다. 1960년대 고故 김수근이 설계한 국립부여박물관(현재 국립문화재연구소)이 왜색倭色 논란에 휩싸였다. 박물관을 없애야 한다는 강경한 의견도 있었고, 조사위원회까지 꾸려졌으니 꽤나 시끌벅적한 이슈였다. 어쨌든 한국의 건축가가 한국의 고도古都에 국립박물관을 짓는데 일본 색을 차용했다는 것이 핵심이었다. 김수근은 일본에서 유학한 바 있다. 이 글에서 주목하는 것은 김수근이 정말로 일본 색을 차용했는지 아니면 오해였는지에 대한 것이 아니다. 오히려 다른 시각으로 이 이슈를 바라보고자 한다. 관심의 초점은 곧, 부여박물관에 왜색이 어려 있다는 것은 우리가 보기에 일본 건축을 특징짓는 '일본성'이 존재한다는 얘기가 된다는 것이다. 일본인들도 그 것이 일본 건축의 특징이라고 동의하는지는 모르겠다. 중요한 것은 서양과도 중국과도 한국과도 구분되는 건축의 일본성을 우리가 감지한다는 점이다.

바꿔 보면 이런 상상도 가능하다. 한국에서 유학한 경험이 있는 멕시코의 건축가가 아즈텍 문화보호 지역 내에 박물관을 짓는데 한국 색을 띠었다는 신문 기사를 접하는 것이다. 멕시코 사람들이 보기에 그 건물이 중국도 일본도 인도도 아닌 한국 건물이라고 구분할 수 있을까? 쉽지 않겠지만 가능한 일임에는 분명하다. 부여박물관의 경우가 이를 증명하고 있기 때문이다. 그러면 다시 '멕시코에 한국성을 띤 건물이 세워지는 것이 뭐 그리 중요해?'라고 할 수도 있겠다. 그리고 글로벌 시대에 굳이 한국성을 고집할 이유가 있느냐 하는 물음도 가능한 것이다. 또는 철근콘크리트로 값싸고 튼튼하게 빨리 짓고 첨단 IT 기술이 빽빽이 들어차 있어도 충분히 한국적인 건축이 될 수 있지 않겠냐고 말하는 사람도 있을 것이다. 물론 그럴 수도 있다. 하지만 이는 매우 애석한 일이다. 반만 년의 역사를 가진 우리가 겨우 반백 년도 안 된 기술로 대표되어서는 헛헛한 느낌을 지울 수 없기 때문이다. 배만 부르고 필요한 열량만 얻으면 됐지 무얼 먹었는지 알아서 뭘 해, 하는 식이 될 수 있다. 결국 이 모든 의문은 한국 건축의 정체성에 대한 물음으로 귀결된다. 건축의 한국성을 전통에 국한할 일은 아니라고 생각한다.* 한국의 도시들은 과거와 현재가 절묘하게 어우러진 멋을 가지고 있다. 분명 현재의 건축에도 오랫동안 지속되어 녹아든 한국성이 있을 것이다. 다만 그간의 한국 건축이 초고속으로 아파트를 짓고 파는 돈벌이에 취해 있었고, '꿈보다 해몽' 격으로 별 진전도 비평도 없이 자화자찬에 몰두해 있어 이를 놓치고 있는 것이라고 생각한다.

더 이상 늦출 수 없다. 살펴보면 우리가 건축의 한국성에 대해 '드문드문' 의문을 갖게 되는 시점은 한국을 세계에 소개할 기회와 일치한다. 86아시안게임, 88올림픽, 2002월드컵 때 건축의 한국성을 심각하게 고민했다. 그리고 폐막과 동시에 다시 리셋reset되었다. 그리고 우리는 그것을 반복해 왔다. 그런데 최근 한류와 경제 성장에 의해 높아진 위상과 개인 미디어의 약진으로 인한 세계적 흐름으로 세계의 관심을 한국에 더 오래 잡아 둘 수 있게 된 후부터는 건축의 한국성에 대한 고찰은 항시적인 것이 되어 가고

•   과거 한국 건축의 정체성은 곧 '전통성'이라고 생각하거나 적어도 전통성과 한국성을 마구 혼용해 사용하던 것이 최근에는 '한국성'이라는 보다 포괄적인 방향으로 수렴되고 있다. 건축의 한국성에 관한 논의에서 얼마간의 진전이라고 생각한다.

있다. 그리고 그 요구는 참을 수 없는 욕구처럼 더욱 강해질 것이다. 우리가 외국에 나가서 그들의 음식과 건물에 관심을 가지는 것과 동시에 '우리는 뭘 가지고 있지?' 하는 질문을 수없이 되뇌게 될 것이기 때문이다.

앞서 언급한 바와 같이 건축의 한국성에 대한 연구와 고민은 이미 많이 있었다. 그런데도 헛돌고 있다고 느끼는 이유는 무얼까? 우리는 한국 건축의 정체성, 건축의 한국성에 대해 무언가 오해하고 있는 것은 아닐까? 그리고 이 문제는 비단 건축 분야에 몸담고 있는 사람들만의 문제는 아니라고 생각한다. 집에 살고 있는 우리 모두는 어찌 보면 다 건축가들이기 때문이다. 그래서 독자도 공범(?)이라고 말하고 싶다.

한국 건축의 정체성, 건축의 한국성*을 짚어 보기 위해 다른 책의 도움을 받을 생각이다. 바로 탁석산의 《한국의 정체성》이다. 한국의 정체성에 대해 간단명료하게 설명하고 있는 이 책은 한국의 정체성은 이런 것이다, 하고 세세한 항목이나 결과를 제시하지는 않는다.**

우리가 한국의 정체성을 탐구할 때 흔히 실수하고 착각하는 것들을 바로잡고 체계를 세울 수 있도록 도와주는 책이라 할 수 있다. 정체성을 설명해 줄 이상적인 책인지는 잘 모르겠다. 또 그런 판단이 가능한 형편도 아니며 중요한 문제도 아니라고 생각한다.***

다만 한자리를 맴돌고 있는 건축의 한국성 찾기를 위해 다른 방식으로 접근하는 것도 나쁘지 않겠다고 판단했기 때문이다.

탁석산의 《한국의 정체성》에서 얘기하는 '한국'에 '한국 건축'을 대입하는 조금은 '이상한 짓'이 건축의 한국성을 조금 더 뚜렷하게 하지는 않을까

---

*   '한국 건축의 정체성'과 '건축의 한국성'은 엄격히 말하면 같은 의미는 아닐 것이다. 그러나 이 글에서는 넓은 의미에서 동일한 개념으로 간주하겠다.
**   개별적이고 구체적인 한국성을 이야기하는 책으로는 정수일의 《한국 속의 세계》(창비, 2005)를 들 수 있다.
*** 맴돌던 자리에서 한 걸음 벗어나려는 시도이기 때문에 탁석산의 《한국의 정체성》이 이상적인 책은 아닐지 몰라도 매우 훌륭한 안내서라고 생각한다.

싶은 것이다. 물론 단순하고 무식한 방법이라는 것은 인정한다.

탁석산의《한국의 정체성》에 비춰 본 한국 건축의 정체성

이 책은 서두에 우리가 지금 '한국적인 것' 혹은 '한국화'의 의미를 묻고 따지는 이유를 그동안 우리가 변방에 있었기 때문이라고 말하고 있다. 그리고 우리는 세계 속에 '노출'되었으며 다른 나라와의 교류 없이는 생존하기 힘든 구조에 놓여 있다고 주장한다. 백 퍼센트 동감한다. 노란 머리, 빨간 머리, 곱슬머리를 보기 전에는 우리 머리가 검은색의 직모直毛였다는 사실을 논할 필요가 없었을 것이다. 그렇다. 우리는 노출되었고 앞으로 더욱 그럴 것이다.

《한국의 정체성》은 세 개의 장으로 구성되어 있다. '제1장 정체성이란 무엇인가'에서는 정체성을 탐구한다는 것이 어떤 성격의 문제인가를 다룬다.

'제2장 한국적인 것이 세계적인 것이 될 수 있는가'에서는 '가장 한국적인 것이 가장 세계적인 것이다'는 구호를 통해 보편성과 특수성의 관계를 짚어보고 있다.

'제3장 정체성 판단의 기준'에서는 정체성 판단의 기준에 대해 보다 구체적인 필터를 제시하고 있다.

이에 따라 건축의 한국성을 찾기 위해 정체성을 찾는다는 문제에는 어떤 것들이 있는지 살펴보고, 건축의 한국성이 갖춰야 할 보편성과 특수성의 문제를 짚어 본 후, 끝으로 어떤 판단 기준이 건축의 한국성을 가려낼 수 있는지 알아볼 것이다.

정체성 문제의 함정 : 정체성이란 무엇인가?

'귀신인지 사람인지 정체를 밝혀라!' 여기서 말하는 '정체'와 우리가 알고자 하는 '한국 건축의 정체성'에서의 '정체'는 같은 것이다. 이제부터 우리는 한국 건축의 '정체'가 도대체 무엇일까 하는 쉽지 않은 질문을 던지려고 한다. 그런데 본격적으로 한국 건축의 '정체'를 묻기에 앞서 먼저 '정체를 묻는다는 것'부터 짚고 넘어가야 한다. 정체성을 묻는다는 것 자체가 매우 어려운 문제이기 때문이다. 앞서 '귀신인지 사람인지 정체를 밝혀라!'는 질문만 해도 그렇다. 질문을 받은 귀신의 입장에서 생각해 보자. 죽은 지 얼마 안되었다면 또는 이승을 떠돈 지 수년이 지났다면, 자신이 벌써 또는 여전히 귀신일 수 있는지 고민스러울지도 모른다. 어쩌면 자신은 인간과 귀신 사이 어디쯤에 있는 존재일지도 모른다고 생각할 수도 있다.

자신이 다른 귀신들을 대표하거나 표본이 될 수 있는지도 의아할 수 있다. 게다가 다른 귀신들이 어떤 상황인지 전혀 알지 못한다면 고민의 강도는 더욱 세질 것이다. 그리고 귀신이라고 대답한다면 어떻게 증명할지도 고민스럽다. 인간과 다른 많은 것들을 가지고 있지만 질문자에게도 그 점이 인간과 귀신의 구분점으로 여겨질지는 의문이다. 예를 들어 치마(혹은 바지)

를 걷어 올려 다리가 없이 둥둥 떠 있는 모습을 보여준다고 하자. 우리 동네에 온 적 있는 남사당패들도 공중에 붕붕 떠다니는데 다리가 보이지 않았다고요, 한다면? 그러고는 오히려 귀신이라면 아침 해를 못 본다고 합니다, 한다면? 그렇다고 둘이 함께 아침 해를 기다릴 수도 없는 노릇 아닌가.

조금 억지스러운 사례*를 들었지만 이처럼 정체성을 묻는 데는 여러 가지 어려운 문제가 있다. 그래서 건축의 한국성을 묻기에 앞서 이 질문이 가지고 있는 속성을 파악해야 할 것이다.

첫 번째로 '죽은 지 얼마 안 되었을 경우 스스로 귀신일까' 하고 고민되는 경우는 정체성 탐구에서 동일성의 문제라고 한다. 탁석산은 '테세우스의 배'**를 예로 들어 설명하고 있다. 하지만 한국 건축은 슬프지만 적절한 사례를 가지고 있다. '3. 불과 바람을 깔고 앉은 민족 : 온돌과 마루'에서 등장했던 자선당의 사례다. 자선당은 세자와 세자빈의 거처로 일제강점기 당시 늘 호시탐탐 수탈의 기회를 노리던 일본에 의해 건물 전체가 일본으로 옮겨졌다. 일본에서 이왕가박물관으로 쓰이다가 1923년 관동대지진으로 터만 남아 버려져 있던 것을 1995년에 반환받아 현재 건청궁 옆으로 옮겨 재건(1999)한 것이다. 과연 지금의 자선당은 예전과 동일한 자선당이라 할 수 있을까? 이는 전통적인 정체성의 문제로 우리가 건축의 한국성을 탐구할 때 매번 부딪힐 수 있는 문제일 것이다.

두 번째로 '자신이 다른 귀신들을 대표할 수 있을까' 하는 경우는 바로 집단의 정체성 문제다. 이는 한국 건축이 가지는 정체성을 묻는 것이지 어떤 개별의 건축에서 한국성을 묻고 있는 것이 아니라는 사실을 일깨워 준다.

- 탁석산의 《한국의 정체성》에서는 ① 초강대국이 된 대한민국의 국민 만득이가 개발도상국 아프리카를 방문하는 경우, ② 만득이가 벌레로 변한 자신을 발견하는 경우, ③ 밤길에 낯선 존재를 만나는 상황을 예로 들었다. 이 글은 세 번째 경우를 사람과 귀신으로 바꿔 세 가지 각기 다른 경우를 담아보았다.
- 백 개의 조각으로 이루어진 테세우스의 배가 있다. 한 조각씩 보수를 거듭하던 배는 결국 백 개의 조각이 모두 보수·교체되었다. 이 배는 원래의 배와 동일한 것인가? 혹은 한 조각씩 분해되었다가 같은 순서로 다시 조립된 배는 원래의 배로 볼 수 있는가의 문제를 다룬 것이 바로 '테세우스의 배'의 역설이다.

여러 속성을 갖는 한국 건축이라고 하는 집단의 정체성 문제에서 고려되어야 하는 것은 세 가지다. 하나, 여러 속성들 가운데 대표성을 띤 어느 하나가 정체성을 이루는 진정한 속성이다. 둘, 이 모든 속성이 정체성을 구성한다. 셋, 정체성이란 애초에 존재하지 않으며 단지 정체성을 구성하는 것처럼 보이는 속성의 연속 혹은 다발이 존재할 뿐이다. 이 세 가지는 집단이 갖는 여러 속성이 정체성을 이루는 과정에서 어떻게 작용하는가에 관한 문제다.

귀신의 고민을 예로 들면, 사망 직후 자각하는 모든 영혼은 귀신이 될 수 있는 충분조건을 갖춘 것인지, 사망한 직후 자각한 영혼이 공중 부양을 해야 하며 머리는 산발을 하고 입에 피를 물고 있는 등 모든 조건이 일치해야 비로소 필요충분을 충족하는 것인지, 이 모든 조건의 일부 또는 상이한 조건들일지라도 밤길에 만났으며 상대의 심리적인 상태까지 작용한 일련의 환경이 정체성을 이룬 것인지를 고려해야 한다는 것이다.

정리하면 건축의 한국성은 집단의 정체성을 묻고 있으며 개별 건축물의 연구를 통해 접근할 수 있지만 개별 건축물의 연구의 총합이 곧 한국 건축의 정체성을 의미하지는 않는다는 것이다. 이는 합성의 오류를 일으킬 수 있다. 상호 간에 작용하는 시너지를 무시하기 때문이다. 이는 역으로 전체를 분할한다고 해서 개별이 나오지 않는 분할의 오류와도 일맥상통한다.

세 번째로 '귀신이라고 대답한 후에 어떻게 증명할지'의 문제는 정체성 판단의 기준이 무엇인가의 문제다. 정체성 판단의 기준은 뒤에 나올 '건축의 한국성과 판단의 기준'에서 다루기로 한다.

살펴본 바와 같이 정체성을 묻고 답하기는 그리 쉬운 일이 아니다. 정확히 무엇을 묻는 것인지 알기도 어렵고, 그래서 답하기도 어렵다. 탁석산의 다음 일갈은 건축의 한국성을 묻는 우리의 자세를 고쳐 앉게 한다.

> 영화 〈서편제〉를 볼 때는 한국적인 아름다움을 이야기하지만, 〈8월의 크리스마스〉를 두고 한국적인 미와 정서를 논하지는 않는다. 이는 정체성 문제의 본질을 제대로 파악하지 못하는 데서 비롯된 현상이다. 두 영화 모두 한국인이 만든, 한국을 배경으로 하는, 한국의 이야기이다. 국악이나 조선시대의 풍물 혹은 6·25 동란을 소재로 하면 무조건 '한국적'이란 수식어를 붙이면서, 왜 현대의 문제나 정서를 담은 우리 영화에는 그런 수식어를 붙이지 않는가? 우리의 정체성 논의가 언제나 빈껍데기로 남아 있는 이유 중 하나는 그것이 극히 난이도 높은 형이상학의 문제라는 점을 도외시했기 때문이다. 정체성이란 것이 상당히 난해한 문제임을 안다면, 그렇게 쉽게 한국적인 것을 논하지는 않을 것이다.
>
> – 탁석산, 《한국의 정체성》, p.32

한국적인 건축이기만 하면 세계적인 건축이 될 수 있을까?

88올림픽을 기점으로 귀가 따갑게 들었던 것이 바로 '가장 한국적인 것이 가장 세계적인 것이다'라는 구호였다. 당시 정확한 논리는 알 수 없었지만 정말 깊이 있는 구호이며 정곡을 찌르는 뭔가가 들어 있다고 생각했다.

알쏭달쏭했지만 기분이 좋아지는 구호였다. 아마도 '아, 내가 왜 지금껏 이걸 몰랐을까? 왜 멀리서 찾았을까? 가까운 곳에 있는 것을!' 했던 느낌으로 기억한다. 그때는 의심 한번 하지 못했는데, 10년 정도 지났을까, 고故 김수근 별리를 기념하는 세미나에서 한 강사가 자신은 그렇게 생각하지 않는다고 했을 때 큰 틀이 깨지는 느낌을 받았다. 길을 잃은 기분이었다. 하지만 그렇다고 나쁜 느낌은 아니었다. 의심하지 못했던 의심스러운 것을 지워 버린 느낌이랄까. 그리고 다시 10여 년 후 탁석산의 《한국의 정체성》에서 그때의 그 구호를 만났다. 탁석산은 딱 잘라 말한다. 보편적인 것은 없다고, 보편성의 함정을 조심하라고 말이다.

탁석산은 우리가 자주 함정에 빠지는 보편성을 '인간성'과 '파란 바다'에 비유했다. '인간성을 회복하자!'는 구호는 매우 모호하다는 것이다. '인간성'이라는 것이 매우 모호하기 때문이다. 인간성이란 인간의 본질적 속성을 말하는데 우리는 인간을 본 적이 없다. 영희, 철수는 알지만 인간은 한 번도 겪어보지 못했다. 그리고 바다가 파랗다는 것도 사실 주관의 오류일 뿐이다. 바다의 색깔은 늘 변하기 때문에 이렇다고 딱 잘라 말하기 어렵다. 사실 세계 각지에는 검은 바다나 녹색 바다는 물론이고 빨간 바다도 있다. 따라서 '한국적인 것'과 '세계적인 것'의 불명확성 때문에 매우 공허한 구호가 아닐 수 없다는 것이다. 수정이 필요하다. 한국적인 것 중 어느 것을 특화할 것인지를 고찰해야 하고, 세계적인 것의 기준을 보다 세심하게 설정해야 한다. 탁석산은 그래서 '한국적인 것의 세계화'가 아니라 '세계적인 보편적 속성을 알아낸 다음 역으로 한국적인 것에서 그것을 찾아야 한다'고 주장한다. 홍콩의 느와르 영화가 좋은 사례다. 액션을 보편적인 속성으로 보고 그 액션을 중국의 쿵푸에 녹여 탄생한 것이 홍콩의 느와르다. 당시에는 홍콩적인 것이 세계적인 것이 되었다. 그리고 세계적인 것은 곧 미국적인 것을 모호하게 표현한 것에 지나지 않는다고 말한다. 그러니 우리 한국 건축이 세계 속에 자리매김하기 위해서는 홍콩 영화와 같은 방법을 쓸 수 있을 것이다. 건축에서 미국적인 속성을 찾아내 거기에서 한국적인 요소를 끄집어내야 한다. 예를 들면 온돌이 있다. 프랭크 로이드 라이트의 바닥 난방(중력 난방)은 그도 인정하듯이 한국의 온돌을 현대화한 것이다. 생활 습관이 하루아침에 바뀔 수 없지만 그 효율 때문에 미국은 물론이고 유럽의 많은 나라에서 바닥 난방이 빠르게 보급되고 있다. 이 세계적인 난방 방식은 바로 한국 건축의 난방 방식이라 할 만하다. 주거 건축의 대부분을 바닥 난방으로 채택한 나라는 한국이 유일하고 명맥 또한 유구하다. 온돌이 우리 문화에 뿌리 깊게 정착된 것은 두말할 나위 없다. 그리고 건축의 한국성이 내용은 물론이고 형식 면에서도 고려되어야 한다는 점 역시 간과해서는 안 될 것이다.

건축의 한국성과 그 판단 기준

건축의 한국성을 얘기할 때 그 속성은 무엇이며 또 그 판단 기준은 어떤 것들이 있을까? 한국성의 기준과 한국성 판단의 기준은 다르다. 길이가 얼마인가를 재는 기준은 자가 될 수 있지만 좋은 자의 기준이 무엇인가는 전

혀 다른 문제이기 때문이다. 탁석산은《한국의 정체성》에서 정체성은 개성
이고, 개성은 고유성과 창의성의 합이며, 그 정체성의 판단 기준은 현재성
과 대중성이라고 말한다.

먼저 정체성의 기준이다.
첫째, 고유성의 문제다. 탁석산이 흠잡을 데 없다고 한 조지훈의 정의*
를 들어 보자.

> '고유'라는 말은 문자 그대로 본디부터 있었다는 뜻은 아닙니다. 다른 것
> 과 같으면서 다른 것과 구별되는, 다른 곳에는 다시 있을 수 없는 것을 고
> 유라고 하는 것입니다. 그러므로 고유사상은 본디부터 있는 사상이 아니라
> 오늘 이렇게 개성적으로 주체적으로 있게 된 사상이란 뜻입니다. 다시 말
> 하면, 인류 일반 사상의 한국적 존재 양식 또는 한국 민족의 같은 풍토적 환
> 경에서, 같은 역사적 환경에서 공동의 집단생활을 영위해 오는 동안 발견
> 된, 사물에 대한 공동의 사고방식을 우리는 한국의 고유사상이라 부를 수
> 있다는 것입니다.

조지훈의 정의에서도 알 수 있듯이 고유성의 문제를 따질 때 '원조元祖'
니 '시원始原'이니 하는 문제에 더 시달릴 일이 아님을 강조하고 있다. 맛이
비슷한 설렁탕집 간에나 원조 시비가 붙는 것이다. 다시 말해 주체적으로
받아들여 개성적인 것이 되어 '다른 것과 같으면서, 다른 것과 구별되는, 다

---

* 　조지훈, 〈한국 사상의 모색〉, 《한국학연구》, 조지훈 전집 8(나남출판, 1996), 275~276쪽 재인용.

른 곳에는 다시 있을 수 없는 것'이라면 고유하다고 할 수 있다는 것이다. 건축의 한국성을 얘기할 때 '고유'한 속성이 있는지 살펴봐야 할 일이다.

둘째, 창의성의 문제다. 다른 것과 구별되는 것이 고유성의 문제라면, 일정 수준의 미美나 격格을 갖추는 문제는 창의성에서 찾아볼 수 있다는 것이다. 주체적으로 받아들이되 한 단계 더 끌어올려야 하는 것이다.

다음은 정체성 판단의 기준이다.

첫째, 현재성이다. 한국의 정체성 탐구를 위해 우선 현재 한국에서 일어나는 현상에서 출발하고, 현재의 현상을 중시해야 한다. 단절된 것은 건축의 한국성이 될 수 없다. 간단한 문제는 아니지만 그렇다고 한국 건축의 정체성을 과거에 존재하는 것에서 찾을 수만은 없다. 한국인이 고려청자를 만든 것은 분명한 사실이지만 명맥을 잇지 못한 고려청자에서 현재 한국의 정체성을 찾기 힘든 까닭이다.

하지만 역사에는 일시적인 단절이나 공백이 늘 있어 왔기에 그대로 복원하거나 원형을 본으로 삼아 창의적으로 발전시킨다면 언제든지 단절을 메울 수 있다. 앞서 얘기했지만 일시적 단절로 고려청자를 만들었던 우리 조상들의 우수성이 부정되는 것은 아니기 때문이다. 물론 숱한 역사적 단절의 고비 속에서도 면면히 이어져 내려온 것도 있다. 온돌만 봐도 그렇다. 36년의 일제강점기도 온돌을 고다츠*로 바꾸지 못했다. 이런 측면에서 한국 건축의 정체성을 과거에는 전통성과 혼동했다면 최근에는 한국성이라는 보다 포괄적인 개념으로 정리된 것 같아 반갑기만 하다.

---

* 고다츠는 이불을 덮어씌우도록 만든 일본식 화로. 각로(脚爐).

둘째, 대중성이다. 많은 사람들이 공감해야 한다. 정체성은 곧 대표성이기도 하기 때문에 가급적이면 많은 사람들의 지지를 받아야 한국성을 인정받을 수 있을 것이다.

셋째, 주체성이다. 탁석산은 주체성을 표면적 현상이 아닌 현상을 대하는 태도라고 말하고 있다. 자발적으로 받아들여서 새로운 유형이 되는 것을 말하는 것이지 어떤 이유로 본질이 변질되는 것을 말하는 것이 아니다.

이런 측면에 잘 부합되는 것이 온돌이 아닐까 싶다. 중국 문헌에서 최초로 언급되는 것과는 큰 차이로 창의적 발전이 있었으며, 그래서 그 어떤 것과도 닮지 않은 난방 방식이 만들어졌다는 점. 현재에도 한국의 주거 공간은 대부분 온돌이 변형된 바닥 온수 난방을 채택하고 있다는 점. 이런 점들로 미루어 보아 건축의 한국성을 이루는 한 요소가 되기에 충분하리라 생각한다.

선언이 필요하다

《건축평단》*에 실린 김인철의 글은 우리의 현재를 잘 말해 주고 있다.

십수 년 전 아시아의 건축가들이 모여 포럼을 진행한 적이 있다. 각자의 작업을 소개하고 서로 평가하며 탈서구의 가치를 모색하자는 모임이었다.

---

* 　건축비평공동체, 〈건축의 한국성〉《건축평단》 2015 겨울호 통권4), 정예씨 출판사, 2015.

한국, 일본, 타이완, 싱가포르, 태국, 인도네시아 등에서 모인 건축이 한자리에서 공개되고 평가받는 판을 벌였다. 모두 자신의 주제와 건축적 관심을 바탕에 깔고 작업의 시말을 설명했는데, 유독 우리만 방법이 달랐다. 참여한 여섯은 누구나 할 것 없이 한국의 문화적 특성을 전제로 예시하고 자신의 작업을 설명했다. 처음 한둘의 이야기는 주목을 받았으나 거듭 반복되는 동일한 설명은 지루함으로 변했고, 급기야 한국성을 빼고 이야기할 수 없는가라는 항의까지 받았다.

한국의 전통 문화가 그런 것이라면, 그래서 그다음의 오늘이 무엇이며 그로부터 자신이 갖는 생각과 작업이 무엇인지 밝히라는 요구에, 누구도 명확한 주장을 밝히지 못했다. 반면 일본의 참가자들은 아무도 전통을 거론하지 않았다. 그들의 개별적인 주제는 속도, 소리, 그림자 등 구체적이고 일상적인 것들이었다. 그럼에도 그들이 제시하는 결과물은 누가 보아도 일본의 냄새로 가득했다. 화교가 주축인 동남아의 건축가들은 열대의 기후 조건이 큰 주제였고, 그것을 재료나 구법 등으로 접근하고 있었다. 그들의 색깔은 조금씩 달랐으나 말레이시아의 켄 양이 주창하는 열대주의가 보편적인 동의를 얻고 있는 것처럼 보였다. 결국 우리만 정리되지 않은 모호한 주제를 얹어 힘들이고 있었다.

– 김인철, '한국성', 《건축평단》 2015 겨울호 통권4, p.7~8

다시 십수 년이 지난 현재. 그때보다는 더 나아졌겠지 하고 긍정적으로 생각하고 싶지만 과연 그럴까? 이정표가 될 선언이 필요하다. 우리도 건축의 한국성에 대한 선언을 계속해서 확인하고 점검하며 보완하는 계기를 마련해야 한다. 학교나 학회가 주도하든 주빈이 계속 바뀌든 중요하지 않다. 한국성 선언이 항시적으로 '현재성'을 가지는 것이 중요하다. 유네스코에서 세계문화유산을 지정하듯 건축의 한국성을 선언하고 확인했으면 좋겠다.

이처럼 한 번에 완성된 결과물이 나오기 힘든 경우에는 더욱 그러하다. 이런 기회가 거듭될수록 우리 입에서는 건축의 한국성 대신 건축이 자리 잡게 되고, 그건 누가 봐도 한국 건축이라는 생각이 자리 잡을 수 있지 않을까 생각해 본다.

건축의 한국성을 탐구하고 어떤 성과를 내고자 하는 것은 지금의 자리에 이정표를 만들어 두려고 하는 것이다. 아주 오랜 미래에, 우리가 그런 논의를 하긴 했었나 싶을 때, 더욱 자유롭게 건축을 향유하려고 하는 의미가 더 크다고 할 수 있겠다.

우리의 변방 콤플렉스는 외국인들에게 여전히 '두 유 노 김치?'를 묻고 있다. 그러는 우리는 정작 김치에 대해 얼마나 알고 있을까 물어야 할 때가 아닐까 싶다.

거리에, 그것도 고층 건물로 하늘에 빈자리가 보이지 않는 거리에서
미술 작품을 만나는 것은 분명 즐거운 일이다.
돈만 거짓말하지 않는다면 말이다.

15

그 건물 앞 조각상

인사하는 척 방귀 뀌는 조각상

어느 거리에서 하늘을 올려다볼 수 없다고 가정해 보자. 오히려 시선은 조금 아래, 그러니까 건물의 치맛자락 정도만 볼 수 있다고 하자. 그 정도 눈높이로 소형과 중·대형 건물을 가려낼 수 있을까?

그림자? 태양의 고도가 높으면 모두 저층·소형으로 보일 것이다. 물론 저층이라고 해서 모두 소형은 아니겠지만 대지가 협소하고 비싼 한국에서 특별히 저층으로 대규모 건물을 지을 만한 이유는 많지 않다. 지나가는 사람들에게 물어본다? 그건 반칙이다. 물구나무를 서서 눈을 내리깔면? 손으로 걷는 게 편하다고 하면? 힘들게 그럴 만큼 중요한 일이 아니니 사서 고생할 필요 없다. 그보다 더 좋은 방법이 있으니까. 건물 앞에 미술 작품이 설치되어 있느냐의 여부로 확인할 수 있다.

도심을 걷다 보면 큰 건물 앞에 있는 미술 작품을 종종 확인할 수 있다. 그 특징적인 면모들은 거기서 거기인 건물들 사이에서 거리를 조금 더 활기차게 만들어주는 랜드마크가 되기도 한다. 그런데 어떤 건물은 있고, 또 어떤 건물은 없다. 거리를 위한 건축주의 배려 차이일까? 그렇지 않다. 이 미술 작품은 어디까지나 법적인 장치의 결과다. 「문화예술진흥법」에 근거해 초기에는 권장 사항으로 출발했다가 1995년에 이르러 의무 조항으로 변경된 것이다.

거리를 아름답게 하는 이 미술 작품들을 있게 한 「문화예술진흥법」의 해당 조항들을 살펴보자.

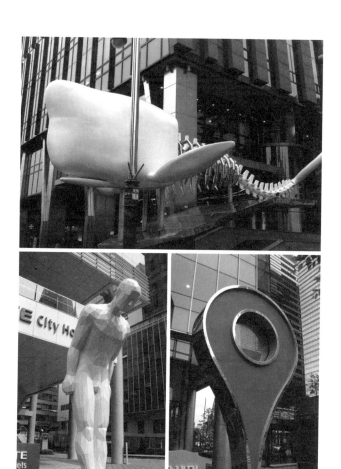

1	
2	3

1.2.3 불과 2백 미터 내에 연이어 서 있는 세 건물의 미술 작품.
　　　분명 딱딱한 건물의 인상을 누그러뜨리는 것 같다.

「문화예술진흥법」제9조

건물 앞 미술 작품은 「건축법」(국토교통부)이 아닌 「문화예술진흥법」(문화체육관광부)에 의해 조성되는 것이다. 제9조에 건축물의 미술 작품 설치에 대한 조항이 있다.

「문화예술진흥법」[•]

<u>제2장</u> 문화예술 공간의 설치,

제9조(건축물에 대한 미술 작품의 설치 등) ① 대통령령으로 정하는 종류 또는 규모 이상의 건축물을 건축하려는 자(이하 "건축주"라 한다)는 건축 비용의 일정 비율에 해당하는 금액을 회화·조각·공예 등 미술 작품의 설치에 사용하여야 한다. 〈개정 2011. 5. 25.〉

② 건축주(국가 및 지방자치단체는 제외한다)는 제1항에 따라 건축 비용의 일정 비율에 해당하는 금액을 미술 작품의 설치에 사용하는 대신에 제16조에 따른 문화예술진흥기금에 출연할 수 있다. 〈신설 2011. 5. 25.〉

③ 제1항 또는 제2항에 따라 미술 작품의 설치 또는 문화예술진흥기금에 출연하는 금액은 건축 비용의 100분의 1 이하의 범위에서 대통령령으로 정한다. 〈개정 2011. 5. 25.〉

④ 제1항에 따른 미술 작품의 설치 절차 및 방법 등에 관하여 필요한 사항은 대통령령으로 정한다. 〈개정 2011. 5. 25.〉

[제목 개정 2011. 5. 25.]

• 「문화예술진흥법」, 법률 제12354호, 대한민국 국회, 시행 2014. 7. 29., 2014. 1. 28., 타법 개정.

정리하면 다음과 같다.

❶ (대통령령으로 정하는) 일정 종류 또는 규모의 건물은 (건축주가),

❷ 건축 비용의 1/100 내에서 일정 비율의 금액으로 미술 작품을 설치하거나,

❸ 역시 같은 비율의 금액으로 문화예술진흥기금에 출연할 수 있다.

❹ 미술 작품의 설치 절차 및 방법은 대통령령으로 정한다.

그러면 미술 작품을 설치해야 하는 대상(❶)이 되는 건물은 어떤 것일까? 대통령령이 정한다는 것은 곧 시행령을 의미하므로 「문화예술진흥법 시행령」을 찾아야 한다. 시행령 제12조가 바로 건축물에 대한 미술 작품의 설치에 관한 조항이다.

「문화예술진흥법 시행령」*

제2장 문화예술 공간의 설치,

제12조(건축물에 대한 미술 작품의 설치) ① 법 제9조 제1항에 따라 미술 작품을 설치하는 데에 건축 비용의 일정 비율에 해당하는 금액을 사용하여야 할 건축물은 「건축법 시행령」 [별표 1]에 따른 용도별 건축물 중 다음 각호의 어느 하나에 해당되는 건축물로서 연면적**[「건축법 시행령」 제119조 제1항 제4호에 따른 연면적을 말하며, 주차장·기계실·전기실·변전실·발전실 및 공조실空調室의 면적은 제외한다. 이하 같다]이 1만 제곱미터(증축하는 경우에는 증축되는 부분의 연면적이 1만 제곱미터) 이상인 것으로 한다. 다만,

---

* 「문화예술진흥법 시행령」, 시행 2016. 1. 1., 대통령령 제26683호, 2015. 11. 30., 타법 개정.
** '13. 가든은 고깃집이다?'의 '면적과 비율에 관한 용어' 참조.

제1호에 따른 공동주택의 경우에는 각 동의 연면적 합계가 1만 제곱미터 이상인 경우만을 말하며, 각 동이 위치한 단지 내의 특정한 장소에 미술 작품을 설치하여야 한다. 〈개정 2008. 6. 11., 2009. 7. 16., 2011. 11. 25., 2014. 3. 24., 2015. 12. 28.〉

(하략)

그러니까 ❶은 '위에 열거한 건축물 종류 중에 연면적이 1만 제곱미터를 넘는 건물'을 말하고 있다.

그렇다면 일정 비율의 금액(❷)이란 어느 정도를 말하는 것일까?

「문화예술진흥법 시행령」

제2장 문화예술 공간의 설치,

제12조(건축물에 대한 미술 작품의 설치) ③ 법 제9조 제1항부터 제3항까지의 규정에서 "건축 비용"이란 「수도권정비계획법」 제14조 제2항에 따라 국토교통부장관이 고시하는 표준건축비를 기준으로 연면적에 대하여 산정한 금액(설계 변경을 한 경우에는 최종 설계 변경 시점의 연면적을 기준으로 산정한 금액)을 말한다. 다만, 특별시·광역시를 제외한 지역의 경우에는 표준건축비의 100분의 95를 기준으로 연면적에 대하여 산정한 금액으로 한다. 〈개정 2008. 2. 29., 2011. 11. 25., 2013. 3. 23.〉

⑤ 법 제9조 제1항에 따라 미술 작품의 설치에 사용하여야 하는 금액은 [별표 2]와 같다. 〈개정 2011. 11. 25.〉

따라서 ❷의 미술 작품의 가격은 '연면적에 표준건축비를 대입한 금액으로 1/100 내에서 [별표 2]를 따른다'고 할 수 있다. 표준건축비란 무엇인가? 건물이나 주택을 지을 때 드는 비용의 표준 가격을 말한다. 주택 건설 공급의 가격 안정을 위하여 일정 규모로 국가가 주택 건설의 건축비를 고시하는 제도로 매년 초 국토해양부장관이 고시 형태로 발표한다. 다음은 2010년부터 2016년까지 표준건축비다.

(단위: 천원/㎡)

2010	2011	2012	2013	2014	2015	2016
1,575	1,627	1,630	1,664	1,693	1,715	1,762

따라서 '건축 비용 = 연면적 × 표준건축비(특별시 · 광역시를 제외한 지역은 100분의 95)'가 되는 것이다. 이 건축 비용의 몇 퍼센트가 미술 작품의 비용이 되는지는 [별표 2](금액을 산정하는 내용이므로 생략)에 있다.

그렇다면 미술 작품에는 어떤 것들이 있을까? 건물 앞에 설치해야 하는 미술 작품은 어떻게 규정하는가? 이 역시 「문화예술진흥법 시행령」에 명시되어 있다.

「문화예술진흥법 시행령」

제2장 문화예술 공간의 설치

제12조(건축물에 대한 미술 작품의 설치) ④ 법 제9조에서 "미술 작품"이란 제13조에 따라 감정 또는 평가를 거친 다음 각호의 것을 말한다. 〈개정 2011. 11. 25.〉

1. 회화, 조각, 공예, 사진, 서예, 벽화, 미디어아트 등 조형예술물

2. 분수대 등 미술 작품으로 인정할 만한 공공조형물

대강의 윤곽이 보이는 것과 동시에 알 수 없는 뭔가가 스멀스멀 기어 올라오는 것이 느껴진다. 되짚어 보자.

연면적 1만 제곱미터 이상의 건물은, 연면적에 대해 표준건축비를 대입해 나온 비용에, [별표 2]의 비율에 해당하는 비용으로 정해진 범위의 미술 작품을 설치해야 한다는 것인데…… 1억짜리 미술 작품이라는 것이 뭔가 애매모호하지 않은가?

예를 들어 어떤 예술가가 폐자동차를 거꾸로 세워 두고 — 정면 범퍼가 땅에 코를 박고 트렁크가 하늘로 향하는 — 1억짜리 미술 작품이라고 한다면 어떨까? 폐자동차 구입 비용과 설치 비용까지 1백만 원이 들었다면 과연 사람들은 이에 동의할 수 있을까? 분명 정량과 정가의 개념으로 예술 작품의 가치를 매길 수는 없다. 그래서 「문화예술진흥법 시행령」에는 미술작품 심의위원회의 구성과 운영에 대한 조항을 포함하고 있다.

「문화예술진흥법 시행령」

제2장 문화예술 공간의 설치,

제14조(미술작품심의위원회) ① 시 · 도지사는 제13조 제2항에 따른 미술 작품의 가격과 예술성 등에 대한 공정하고 객관적인 감정 · 평가를 위하여 미술 · 건축 · 환경 · 공간디자인 · 도시계획 분야 등의 전문가 및 시민대표 등

으로 구성된 미술작품심의위원회를 운영할 수 있다. 이 경우 관련 분야 전문가를 3분의 2 이상 포함시켜야 한다. 〈개정 2011. 11. 25.〉

② 제1항에 따른 미술작품심의위원회는 다음 각호의 사항을 심의한다. 〈개정 2011. 11. 25.〉

1. 미술 작품의 가격

2. 미술 작품의 예술성

3. 미술 작품과 건축물 및 환경의 조화

4. 미술 작품에 대한 접근성

5. 그 밖에 미술 작품의 도시 미관에 대한 기여도 등

(하략)

그래도 좀 개운치 않다. 사리私利가 공리公利를 앞설 수 있는 여지가 여전히 존재한다. 1997년도에 실시한 전문가 의견 조사에 따르면 전문가들은 사후 심의제도의 실효성에 대해 72.5퍼센트가 부정적이라고 응답한 바 있다.[*]

흔히 사람이 거짓말하는 것이 아니라 돈이 거짓말한다는 말이 있다. 예술품에 가격을 매긴다는 것은 어쩌면 먼 산을 손가락으로 가리키며 '저쯤이 좋겠소' 하는 것과 크게 다르지 않는 것처럼 보인다. 하지만 시스템으로 정책을 좀 더 투명하게 만들 수는 있다.

2011년에 신설한 항목은 그 가능성을 열어둔 것이라 할 수 있다. 다시 「문화예술진흥법」으로 돌아가 보면 신설된 조항이 보인다. 바로 「문화예술진흥법」 제2장 제9조 ②항과 ③항의 ❸'문화예술진흥기금'이 그것이다. 아

---

* 김갑수(문화관광부 예술정책과장), 〈건축물 미술장식 제도 개선 방안〉, 2005. 5.

예 돈으로 낼 수 있다는 것이다. 더욱 공신력(?) 있는 기관에서 지역사회의 문화예술진흥을 위해 사용할 수 있게 한 것이다. 하지만 건축주는 선호하지 않을 수 있다. 제값을 치르고라도 미술 작품을 설치하면 제 건물 앞 자기 것일 수 있는데, 비용을 지불하면 적어도 건물과는 멀어지는 것일 테니 말이다. 게다가 제값을 치르지 않을 수 있다는 유혹이 들 수도 있다. 그런데 시행령에는 건축주를 더 고민하게 만드는 항목이 있다.

「문화예술진흥법」

제2장 문화예술 공간의 설치,

제12조(건축물에 대한 미술 작품의 설치) ⑥ 법 제9조 제3항에 따라 법 제16조 제1항에 따른 문화예술진흥기금(이하 "기금"이라 한다)에 출연하는 금액은 [별표 2]에 따른 금액의 100분의 70에 해당하는 금액으로 한다. 〈신설 2011. 11. 25.〉

[제목 개정 2011. 11. 25.]

미술 작품을 설치하는 비용보다 저렴하게 정해 두고 있는 것이다. '70/100'이 고민할 만한 금액인지는 잘 모르겠으나 건축 비용이 커질수록 그 차액이 커지는 것은 분명하다.

미술 작품을 설치하거나 문화예술진흥기금을 출연하는 것 모두 건물의 사용 승인 이전에 해야 하며, 미술 작품을 설치하는 것은 그 전에 미술작품심의위원회의 심의 절차를 통과해야 한다.

거리에, 그것도 고층 건물로 하늘에 빈자리가 보이지 않는 거리에서 미술 작품을 만나는 것은 분명 즐거운 일이다. 돈만 거짓말하지 않는다면 말이다.

화장실에 앉아 그날의 첫 번째 기도문을 읽으며 볼일을 보던 마틴 루터에게
악마가 나타나 말했다. "너, 화장실에서 일을 보는 수도사여,
이곳은 네가 그따위 기도문을 읽을 데가 아니다!" 이에 수도사는 침착하게 답한다.
"나는 장 속을 깨끗이 비워내면서 전지전능하신 하느님을 찬양하는 중이다.
아래쪽으로 떨어지는 것은 네 몫이지만, 위로 올라가는 것은 전지전능하신 하느님에게 속한다!"

16

나를 위한 화장실

왜 화장실인가?

주거 공간을 사적인 영역과 공적인 영역으로 나누면 화장실은 어느 쪽일까? 물론 절대적인 것은 아니며 주거자의 기준에 따라 달라질 것이다. 주방의 경우 사적인 공간이라고 생각하는 것이 일반적이겠지만 요리 교실로 공개한다면 공적인 영역이 될 수도 있기 때문이다.

화장실의 경우 어떤 사람은 어떻게 공적인 영역일 수 있냐며 깜짝 놀랄지도 모른다. 하지만 개인 침실에 딸린 화장실은 사적인 영역, 거실이나 다른 방들에서 공동으로 사용하는 화장실은 공적인 영역으로 보는 것이 바람직할 것이다. 물론 주거 이외의 용도, 즉 업무, 상업, 전시 공간 등에 설치된 거의 대부분의 화장실은 공공의 영역으로 봐야 할 것이다. 어쨌든 화장실이 사적이든 공적이든 어느 영역이냐가 사용자들에게는 그리 중요하지 않다. 다만 생활 패턴이 바뀌고 공간에 요구되는 기호가 바뀌는데도 우리의 공간은 변화 없이 고착되어 있는 듯해서 다시 한 번 되새겨 보자는 것이다. 화장실 공간의 성격을 규정하는 것은 그 시작일 것이다.

좋지 않은 주거 환경을 직시하기 시작한 것은 1960~1970년대로 여겨진다. 걷어찰 수 있는 여력이 생기니 새로운 눈이 뜨이게 된 것이다. 연탄가스, 비위생적인 주방과 화장실, 쥐, 웃풍, 쓰레기 처리 등이 그것이다. 개선하자면 못 고칠 것도 아닌데 그때 우리 눈에는 새로운 주거 스타일이 들어왔다. 아파트가 그것이다.

까만 아스팔트 위 하얀 줄로 주차 라인이 그어진 곳에 차를 세우고, 제복 입은 아저씨가 지키고 있는 현관을 가로질러 엘리베이터를 타고 미끄러지듯 들어간다. 집 앞 문패는 더 이상 부러움의 대상이 될 수 없다. 집주인 '누구'가 아니라 주문과도 같은 '몇 동 몇 호'가 더 비교 우위에 놓였다. 집 앞 전봇대 앞까지 쓰레기를 가지고 나가지 않아도 되었다. 다용도실에 설치된 쓰레기 투입구dust chute(지금은 위생상의 이유로 없어졌다)로 쓰레기를 투척하면 그만이었다. 그것뿐만이 아니었다. 겨울에 추운 보일러실로 나가서 연탄을 갈지 않아도 됐다. 어릴 적 부모님의 짜증 어린 표정을 보면서 '내 차례는 언제 올까?' 지레 걱정하기도 했다.

물론 화장실도 집 안으로 들어왔다. 게다가 외국 영화에서 보던 욕조에 샤워기까지 한곳에 모여 있으니 삶의 수준이 단번에 상승된 것 같았을 것이다. 비싼 게 유일한 흠이라면 흠이었다. 그러니 건설회사에서 제공한 공간에 감지덕지할 수밖에. 이러쿵저러쿵할 생각이나 있었겠냐 말이다. 모세가 십계를 받아 왔을 때 아침엔 사과를 먹자는 계율을 추가해 열한 개로 하자거나 여덟 개 정도로 추리면 적당할 것 같다고 하는 사람은 없었을 것이다. 어련히 알아서 좋은 — 외국 영화에나 나올 법한 서양의 라이프 스타일을 적용한 — 공간을 계획한 것이니 내가 거기에 맞추면 될 거라고 생각했을 것이다.

우리는 좋은 옷에 몸을 맞추는 것이 당연하다며 한참을 그렇게 살아왔다. 매일 가격이 오르고 똑같이 만들어도 잘 팔렸으니 개선의 이유는 찾기 힘들었다. 단가를 낮춰 건설사들의 이윤을 증대하는 길이 어쩌면 유일한 목표였는지도 모른다. 소비자들, 즉 거주자들 역시 주거의 개념 대신 투자 ·

투기의 대상으로 바라봤으니 공간을 개선하고자 하는 목소리는 쉽게 묻힐 수 있는 것이었다. 또다시 그렇게 한참을 살아왔다. 그러니 우리의 주거 공간은 처음 건설회사가 제공한 그 공간에 고착되고 말았다. 우리 드라마를 보면 얼마나 똑같은 환경에서 살고 있는지 체감할 수 있을 것이다. 가난한 집은 마당 한편에 수도꼭지가 삐죽 튀어나온 단독주택, 부잣집은 내부에 나무 계단이 있는 복층형 아파트. 가구는 몰딩이 심하게 둘러친 것들이면 충분하다. 게다가 창문엔 한강 이미지가 붙어 있으면 더할 나위 없다. 나머지는 모두 그냥 아파트다. 구조도 비슷하다. 방 개수만 다를 뿐이다. 방송국 스태프들이 게으른 것이 아니라 우리 실상이 그럴 뿐이다. 우리는 어쩌면 똑같은 빵을 찍어내는 빵틀에 살고 있는지도 모른다.

하지만 이제 우리의 주거 환경이 다시 한 번 눈에 들어오기 시작했다. 복합적인 이유가 있을 것이다. 정말 주거 환경에 적합한 것인가 하는 회의가 들었을 수도 있고, 아니면 삶이 너무도 팍팍해 집에서 위안을 얻고 싶었을 수도 있다. 분명한 것은 이제 건설회사에서 제공한 공간을 넙죽 받아 우리 삶을 밀어 넣는 것이 아니라, 내 삶에 맞는 공간을 요구하고 적극 반영하고자 하는 새로운 욕구가 눈을 뜨고 있다는 것이다. 요구하고 반영하는 주체 모두 스스로인 것이다. 그런 측면에서 이번 장에서는 화장실을 폭넓게 다뤄보려고 한다. 내 삶에 필요한 화장실은 어떤 것인가에 대한 욕구를 생각해 볼 기회를 갖자는 것이다.

화장실의 두 기능

주거 공간에 있는 화장실이 사적인 영역인지 공적인 영역인지에 따라 내용을 달리해야 한다. 우선 그 전에 우리의 화장실은 두 개의 다른 용도가 하나로 섞여 있는 유형이라는 점을 짚고 넘어가야 한다. 한국의 화장실은 욕실과 변소가 하나로 합쳐진 형태가 일반적이다. 다시 말해 씻고 배변하는 공간이 한곳에 있는 것이다.*

한국인의 삶의 형태를 보면 두 행위는 그리 유사하지 않지만, 미국 문화의 영향도 있는 데다 성격이 비슷한, 즉 물을 사용하는 공간을 하나로 모은 결과다.

그러면 물을 쓰는 공간 중에 왜 주방은 따로 뺐을까 싶을 수도 있겠다. 하지만 빼지 않았다. 주방도 분명 화장실 인근에 놓여 있다. 다만 음식을 조리하고 식사를 하는 주방 겸 식당dinning kitchen과 더러움을 씻어내고 배변하는 장소인 화장실이 가까이 있다고 느끼지 못할 뿐이다. 주로 벽을 맞대고 있으나 입구를 반대 방향으로 떨어뜨리는 수법을 사용했기 때문이다. 물을 사용하는 공간을 모으면 상하수도 파이프 길이가 짧아져 시공 비용을 절감하는 측면도 있고, 수압에도 분명 도움이 된다. 물론 반드시 그래야 하는 것은 아니다. 두 공간을 멀찍이 떼어놓고 싶다면 그렇게 하면 된다. 우선순위를 어디에 두느냐 하는 문제일 뿐이다. 요즘은 파이프 길이를 짧게 하거나 수압 문제보다 더 중요한 조건이 있을 수도 있다. 경관이 좋은 곳에 화장실을 두고 싶은 것처럼 말이다.

---

* "수세식 변기의 특허를 처음으로 따낸 영국에서는 변기를 욕실 공간과 분리했지만 이 둘의 결합을 고 안한 것은 미국인이었다." (에드윈 헤스코트, 《집을 철학하다》, p.98)

화장실은 말 그대로 '화장化粧 고치는 곳'이다. 영어로는 휴식하는 곳이라는 의미의 레스트 룸rest room이 적당하겠다. '물을 사용하는 방'이라는 의미의 '워터 클로짓water closet(WC)'과 '오테아라이お手洗い'와도 유사하다. 다만 토일렛toilet은 '양변기'를 뜻하므로 자연스럽게 배변을 위한 공간임을 알려주고 있다.

나름 순화된 '화장실'이라고 부르기 전에는 변소便所로 불렸는데, 아마도 일제강점기에 유입된 용어가 아닌가 싶다. 우스갯소리로 한국 사람이 일본에서 편지지를 달라는 의미에서 편지便紙를 달라고 하면 두루마리 화장지를 주고, 일본 사람이 중국에서 편지지를 달라는 의미로 데가미手紙를 달라고 하면 역시 두루마리 화장지를 준다고 한다.

한국 사람에게 배변의 장소는 아주 오래전부터 '뒷간'이나 '측간廁間'으로 불렸다. 중국에서 화장실, 흔히 '측소廁所', '측간廁間', '측실廁室'이라고 불렀으니 측간은 중국의 영향을 받은 것이라고 생각된다. 여기서 '측廁'은 '뒷간'이나 '돼지우리'를 의미하는 한자다. 그래서 '뒷간'과 함께 '똥둣간'이나 '똥시간'으로도 불렀던 게 아닌가 싶다. '똥둣간'은 '똥뒷간'이나 '똥돈豚간'이 변형된 것으로 생각할 수 있고, '통시간'은 '통시豕간'으로 유추할 수 있다. 돈豚과 시豕는 물론 '돼지'라는 뜻이다.

이름을 보면 당시 우리 한국인들이 화장실을 어떻게 바라보았는지 알 수 있다. 뒷간은 당연히 정서상의 거리를 나타내며, 측간은 변조차 거름이며 가축의 사료로 보는 경제 감각을 말해 주고 있다. 뒷간의 거리를 조금 더 자세히 들여다보기 위해 다음을 참고할 수 있다.

측문화厠文化를 뒤돌아보면 배설물을 멀리 처리하는 원측문화遠厠文化와 가깝게 처리하는 근측문화近厠文化로 대별할 수 있다. 마르코 폴로의 《동방견문록》에 보면, 사막에서는 오아시스에서 활을 쏘아 꽂히는 먼 거리까지 가서 용변하는 것이 규칙이며, 범칙을 하면 형벌을 받는다 했다. 물이 귀한 땅에서는 건조시켜 처리해야 했기에 원측문화가 발달할 수밖에 없었음직하다. 한데 물이 많은 수도문화권水稻文化圈에서는 근측문화가 발달하고 있다.

– 이규태, 《한국인의 버릇》, 〈제2권 · 살리고 싶은 버릇〉, p.351

집 안에 있는 것은 아니지만 그렇다고 그리 멀리 두지도 않은 것이다. 하지만 알다시피 가장 일반적인 배변 형태는 요강이었다. 낮에는 도처에 뒷간이 널려(?) 있었던 셈이고 밤에는 요강이면 충분했을 것이다. 돼지한테 먹이든 밭에 뿌리든 아무도 개의치 않았을 것이다. 오히려 씻기 위해서는 멀리 나가야 했다. 집에서는 물 묻힌 천으로 닦아내고, 가까운 하천 변에서는 바가지로 물을 끼얹는 정도였을 것이다. 물에 몸을 담그려면 깊이가 있는 하천으로 가서 멱을 감았을 것이다. 주의 깊게 바라봐야 하는 것은 몸을 씻는 행위가 지금처럼 위생의 개념만은 아니었다는 점이다. 몸을 정갈히 한다는 것은 위생을 위한 실용적인 일임과 동시에 의식적인 제의祭儀 행위였다. 이 점에서는 동서양이 마찬가지다. 씻김굿을 통해 죄를 씻어 낸다거나 심마니가 산을 타기 전에 산중한수로 몸을 닦아 냈다. 이와 관련해 에드윈 헤스코트는 그의 책에서 다음과 같이 말하고 있다.

이슬람교의 세정식, 유대교의 제식용 욕조인 미크바mikveh, 갠지스 강에서 몸을 씻는 힌두교 전통, 아메리카 원주민의 한증汗蒸 의례 등 모든 종교에는 몸을 물에 집어넣는 정화 의식의 전통이 있다.

목욕은 부활과 환생이라는 지속성의 상징이기도 하다. 욕조의 따뜻한 물에 몸을 담그는 것은 자궁 속 체험을 되살리는 행위다. 따뜻한 물에 몸을 담글 때 근심이 사라지는 느낌 혹은 몸을 씻을 때 걱정도 씻겨 나가는 느낌이 드는 것은 그 순간 자궁 속 기억이 되살아나기 때문이다.

(중략)

욕실에 향기가 나는 목욕용품을 놔두는 행동은 옛날에도 있었던 것으로, 그만큼 제의적 의미가 강했다.

– 에드윈 헤스코트, 《집을 철학하다》, p.96

요강을 사용하고 또 몸을 닦는 행위에 특별한 의미를 부여하는 것은 유사하지만 큰 차이점도 분명 있다. 우리 한국인들이 배변이나 목욕을 매우 사적인 것으로 여겼던 것에 비해 서양은 공공의 행위로 여겼다는 점이다. 19세기 중반에서 후반으로 넘어가던 시기에 욕실 공간을 따로 분리하는 문화가 퍼져 나갈 때 비로소 씻는 것이 사적인 행위가 되었다고 헤스코트는 말하고 있다.[•]

공공화장실을 보면 이해하기 쉽다. 이것은 개인의 위생을 고려했다기보다 거리가 더러워지는 것을 막기 위함이었다. 항아리에 든 오줌을 창밖으로 던져버리는 로마인의 관습은 수백 년 동안 지속되었고 중세 도시도 예외

• 　앞의 책, p.97.

는 아니었다.

16~18세기까지도 날이 어두워지면 런던이나 파리의 거리 여기저기에서 "물 조심!" 하고 외치며 2, 3층에서 창밖으로 배설물을 길가에 쏟아 버렸다고 한다. 당시 이것은 공중도덕에 위배되는 일이 아니었다. 그리고 이런 행위는 페스트가 중세 유럽을 휩쓸고 지나간 뒤에도 각성하기까지 한참이나 계속되었을 것이다. 영국에서 수세식 변기가 특허°를 받은 것은 어쩌면 이 각성의 결과가 아닐까 싶다.

가까운 일본은 작은 면적의 주택도 세욕 공간과 배변 공간을 분리하고 있다. 더 나아가 욕조가 있는 욕실과 양변기가 있는 최소 공간, 그리고 세면대와 세탁실을 최소의 조건으로 분리한 곳도 있다. 공간 활용 측면에서는 다소 아쉽다는 생각이 들 수도 있다. 하나로 모으면 조금 더 여유 있는 공간이 되기 때문이다. 그러나 이는 문화를 잘 이해하지 못해 생긴 오해라 할 수 있다. 일본 사람들은 욕조에 몸을 담그는 것을 무척이나 좋아해서 배변 공간을 따로 떼어놓지 않으면 효율이 떨어질 수 있기 때문이다. 그리고 한번 받아놓은 물에 온 가족이 돌아가면서 들어간다. 욕조는 몸을 담그는 곳이고, 씻는 것은 욕조 밖에서 하기 때문에 가능한 것이다.

문화는 비슷한 듯 다르고 개개인의 취향 역시 닮은 듯 다른 법이다. 주어진 틀에 몸을 맞춘 삶에서 위안을 받기는 힘들어 보인다. 자신의 욕구에 귀 기울이고 적극적으로 요구하고 반영해야 한다. 우리는 과연 얼마만큼 화장실에 대해 세밀한 조건을 제시할 수 있을까? 나에게 맞는 맞춤형 화장실을 위해서 말이다.

•   1775년 런던의 시계 기술자 알렉산더 커밍스는 처음으로 수세식 변기의 특허를 냈다. 그의 수세식 변기는 밸브를 이용해 수압과 수량을 조절했다는 점에서 수세식 변기의 시조 격이라 할 수 있다.

1 독일 슈바이어(speyer) 지역의 중세 미크바

2 고대 로마의 공중화장실

3 고성(古城)에 설치된 변소(garderobe). 아래 구멍으로 배설물이 떨어진다. 그 아래는 강인 경우도 있고 도시의 거리인 경우도 있었다.

화장실의 척도

한 나라의 건축 수준이나 공업 생산 수준은 욕실에 잘 나타나 있다고 말한 사람이 있다. 고^故 김수근[*] 선생이다. 그는 여섯 가지 요소로 욕실의 수준을 가늠했다.

첫째, 욕실의 수도꼭지를 틀고 얼마 만에 더운물이 나오느냐 하는 것.

둘째, 목욕할 만큼의 물이 욕조에 채워지려면 시간이 얼마나 걸리느냐 하는 것. 약 2분 내외면 인내심이 필요 없다고 기준을 세워 놓고 있다.

셋째, 욕조에 담긴 물이 얼마 만에 빠지느냐의 기준. 30초를 기준으로 삼고 있다.

넷째, 수세식 변기의 물을 흘려 버리려고 물탱크의 줄을 잡아당겼다 즉시 손을 놓으면 목적을 달성하지 못한다. 몇 초 동안 줄을 당긴 채로 인내심을 배양해야 하는가. 그 시간의 장단이 또한 기준이 된다고 했다.

다섯째, 좌식 양변기의 상대판과 좌대의 정첩 위치. 즉, 남자가 양변기에 소변을 볼 때 양쪽 손을 모두 필요로 하느냐, 한쪽 손이면 족하느냐 하는 것을 기준으로 삼고 있다. 이 항목은 설명이 필요하겠다. 양변기의 물탱크와 좌대는 완전히 고정된 것이 아니라 유동적이다. 그래서 공간이 협소할 때는 거리를 좁힐 수 있는 여유가 있다. 하지만 무작정 좁힐 수만은 없다. 뚜껑, 즉 상대판을 올렸을 때 그 자리에 멈춰 있어야 하는 것이다. 한 손으로 잡고 있을 필요가 없어야 한다는 것이 김수근 선생의 조건이다. 이는 배변 전용 공간이 버릴 공간 없이 최소화되어야 한다는 전제에 따른 조건인 셈이다.

---

* 김수근(金壽根, 1931. 2. 20.~1986. 6. 14.)은 한국 현대 문화예술사를 새로 쓴 건축가다. 〈타임〉지에서 '서울의 로렌초'로 소개한 바 있다. 김중업과 공동 작업한 국회의사당(건축설계경기 1등)과 공간사옥, 잠실 메인 스타디움, 경동교회 등 수많은 대표작들과 그를 그리워하는 많은 사람들을 남겼다.

1
2

1 물탱크에 매달린 줄

2 물탱크 앞으로 상대판(뚜껑)이 세워져 있고, 그 앞에 엉덩이가 닿는 좌대(깔개)가 놓이는 일반적인 양변기(toilet).
물탱크가 앞으로 당겨져 시공되면 상대판이 자꾸 앞으로 내려 닫히곤 한다.

마지막으로 여섯째, 휴지의 질이다. 더 설명할 필요가 없다. 요즘은 비데를 쓰지만 당시에는 휴지의 질도 그 집의 문화 정도를 가늠하는 척도였다.

1975년 〈한국일보〉에 실린 '욕실의 근대화''라는 제목의 글이니 벌써 40년 전의 일이다. 각 항목의 내용이 중요한 것이 아니다. 오히려 시대에 뒤떨어진 것들이 더 많다. 하지만 한 시대, 한 국가를 대표하는 뛰어난 건축가가 보잘것없어 보이는 화장실 설계에도 이러한 세심한 기준을 가지고 있었다는 사실은 건축인들은 물론이고 화장실을 생활 패턴의 주된 공간으로 적극 포용하려는 사람들에게 시사하는 바가 크다. 화장실은 보잘것없지 않다. 《레 미제라블》의 작가 빅토르 위고는 다음과 같은 말을 남겼다. "인간의 역사는 곧 화장실의 역사다."

---

* 　김수근, 《좋은 길은 좁을수록 좋고 나쁜 길은 넓을수록 좋다》, 공간사, p.158.

검은 물

태교가 태아에게 좋다는 사실은 누구나 인정한다. 태아는 부모의 온화한 음성에, 음악의 안정된 화음에 반응한다. 자궁의 물리적 환경을 소리를 통해 좀 더 확장한다는 이해도 가능하다. 출생 후에는 그 공간이 파격적으로 넓어진다. 우리들 모두는 그 공감각적 환경에 반응하고 영향을 받으며 성장한다. 나이가 들어서도 마찬가지로 공간이 만들어 내는 환경과 끊임없이 상호 작용을 한다. 익숙하고 별반 다를 게 없는 것 같아도 상호 작용이 멈춘 적은 없다. 낯설고 새로우면 부드러운 새 살이 돋고, 그 반대라면 점점 더 딱딱해지는 것뿐이다. 물리적인 환경에 인간관계에서 오는 정서적인 영향이 더해져 한 사람을 둘러싼 환경이 만들어진다. 환경은 개인의 정서에 지대한 영향을 준다. 건축은 인간 정서에 긍정적인 영향을 주기 위한 물리적·정서적 환경을 제공하는 데 궁극의 목표가 있다.

똑같은 빵틀에 구운 빵은 똑같을 수밖에 없다. 물론 내용물이 다르다면 맛도 충분히 달라질 수 있다. 우리의 삶을 대입해 보자. 우리들의 아파트는 평수가 달라도 기본적인 형태는 크게 다르지 않다. 방이 하나 더 있고 없고의 차이일 뿐이다. 또 다른 차이가 있다면 어느 브랜드이며, 위치는 어디고, 그래서 소득 수준이 어떠한 사람들이 살고 있는지 정도일 것이다. 주차장에

서 아파트 출입구까지, 그리고 엘리베이터에서 다시 현관 앞으로의 진입로
도 그렇고, 층고나 발코니의 위치, 수납공간과 주방의 구조 역시 거기서 거기
다. 싱크대와 식탁은 너무나 당연하고 소파나 침대의 위치도 변동의 여지는
적다. 드라마에 나오는 집들도 상황은 비슷하다. 가난한 집은 마당에 수도꼭
지가 하나 있는 주택에 유난히 대가족이 살고 있으며, 더 나아가 집안 사람이
아닌 사람들도 함께 버글버글 살고 있다. 어쩌면 이러한 환경에 대한 고착된
이미지는 더 많을지도 모른다. 가진 건 없지만 그래도 가족끼리의 유대감이
나 위계질서는 잘 보존되어 있는 느낌. 그래서 그런지 유독 가족의 삶 깊숙한
곳까지 들어가 함께 싸우고 있다. 십수 년 저축한 통장을 거리낌 없이 내주는
분위기도 공존한다. 상대적으로 돈 좀 있다는 집은 내부에 위층으로 가는 계
단이 있다. 퇴근한 중소기업 사장님은 말썽꾸러기 막내딸이 방 안에 있는지
도우미 아주머니를 통해 확인한다. 넓은 식탁에서는 가끔 불편한 대화를 끊
기 위해 아버지가 근엄한 목소리로 '거기 소금 좀 주지' 한다. 나머지 보통의
형편은 그냥 보통의 아파트다. 그리고 그 아파트의 방들은 모두 똑같은 구조
다. 다시 말해 드라마 속에는 소득 수준을 기준으로 부잣집, 가난한 집, 어중
간한 집(중산층은 아니다), 이 세 종류만 있을 뿐이다. 그런데 실제 환경도 이와

크게 다르지 않다. 일터 환경은 말할 것도 없다.

이 책의 주제가 아파트는 아니다. 하지만 아파트 이야기를 피해 갈 수는 없다. 건축과 공간을 말할 때 우리의 주거 공간을 염두에 두지 않을 수 없기 때문이다. 많은 한국인이 아파트에 살고 있으며, 그렇지 않은 사람들도 아파트를 꿈꾸고 있다. 더 나은 주거 환경을 이야기할 때 더 나은 입지의, 더 나은 브랜드의 아파트를 생각한다. 같은 빵틀에 같은 재료를 넣고 다른 형태, 다른 맛의 빵을 기대해서는 안 된다. 사람도 마찬가지라 생각한다. 지금 우리 한국인의 정서를 보면 더욱더 그렇다. 취향과 기호가 유난히 한쪽으로 몰리고 있다. '내'가 없어지고 '남들'이 대신 들어앉았다. 타자의 욕망을 욕망하는 것이 인간이라는 라캉의 말이 무색하다. 똑같은 공간에 살고 있는 우리가 똑같은 정서를 가지게 되었다고 말한다면, 억측일까?

오래전에 태백석탄박물관을 구경했었다. 당시 광부들의 삶을 표현한 많은 전시물이 있었는데, 그중 광부의 도시락을 까만 쌀밥으로 표현한 것이 재미있는 동시에 안타까웠다. 그런데 정말 놀라웠던 건 마을 아이들이 교실을 그린 그림이었다. 교탁 위에 커피 한 잔, 아이들 책상에도 커피 한 잔이 놓여 있었다. 그곳에서 태어나 자라셨다는 분이 한 말씀 거드셨다. "이곳에는 물을 까맣게 그리는 아이들이 더러 있어요." 실제로 까만 물을 보고 까맣게 그리기도 했겠지만 애초에 물은 까맣다고 생각하기도 했던 모양이다. 바닷물이 파랗다고 말하는 것과 마찬가지다. 물 위에 석탄가루가 내려앉은 건 걱정스러운 일이지 부끄럽거나 창피한 것은 아니다. 분명한 것은 환경이 우리 정서에 막대한 영향을 끼친다는 점이다.

병원에 오래 머무는 사람은 두 부류에 속한다. 의사와 환자. 주거 환경에서 우리는 의사가 될 것인지 환자가 될 것인지 고민해 봐야 할 것이다. 칼에 몸을 내맡길 것인가 칼을 쥘 것인가?

마지막으로 이 책을 만드는 데 직접 도움을 주신 분들, 책밥의 이상훈 대표님과 김난아 편집자, 그리고 탁월한 능력으로 교정교열과 디자인을 맡아 주신 모든 분들께도 진심으로 감사드립니다. 이 책이 나올 수 있도록 끊임없는 관심과 애정을 주신 가족과 하늘에 계신 어머니 한희자 데오필라에게도 사랑과 감사의 마음을 전합니다.

이석용

도판목록

Photo from Wikimedia Commons

참고문헌

《건축심리》, 데이비트 칸터, 기문당, 1990 **1**

《숨겨진 차원》, 에드워드 홀, 최효선 옮김, 한길사, 2002 **1**

《어젯밤 카레, 내일의 빵》, 기자라 이즈미, 이수미 옮김, 은행나무, 2014 **1**

《영원한 제국》, 이인화, 도서출판 세계사, 1993 **1**

《지혜롭고 행복한 집 한옥》, 임석재, 인물과사상사, 2013 **1**

《건축계획》, 이광노 외 5인, 문운당, 1991 **1**

《집 − 6,000년 인류 주거의 역사》, 노버트 쉐나우어, 김연홍 옮김, 다우출판사, 2004 **1**

《방의 역사》, 미셸 페로, 이영림 · 이은주 옮김, 글항아리, 2013 **1**

《집을 철학하다》, 에드윈 헤스코트, 박근재 옮김, 아날로그, 2015 **1** **16**

《박물관학입문》(개정신판 제2판), 이난영, 삼화출판사, 2001 **2**

《뮤지엄 건축 − 도시 속의 박물관과 미술관》, 서상우, 살림출판사, 2005 **2**

《안녕, 난 박물관이야》, 진 마크 글/리처드 홀랜드 그림, 박은미 옮김, 비룡소, 2007 **2**

《미술관/박물관이란 무엇인가》, 다니엘 지로디 · 앙리 뷔이에, 김혜경 옮김, 한병삼 감수, 화산문
　　화, 1996 **2**

《한국인의 의식주 − 재미있는 우리의 집 이야기》, 이규태, 기린원, 1991 **3**

《한국건축 중국건축 일본건축》, 김동욱, 김영사, 2015 **3**

〈KBS 스페셜 − 온돌 세계를 덥히다〉, 2007. 2. 18. 방영 **3**

《온돌과 구들문화》, 김준봉 외, 어문학사, 2014 **3**

〈프랭크 로이드 라이트의 온돌 체험과 그의 건축 작품에의 적용 과정 및 의미에 대한 고찰〉, 김남
　　응 · 장재원 · 임진택, 대한건축학회논문집 계획계 21권 9호(통권203호), 2005. 9 **3**

〈한국의 전통난방 온돌과 현대화〉, 홍희기, 대한설비공학회 설비저널 제43권, 2014 **3**

《이규태 코너 2 − 배꼽의 한국학》, 이규태, 기린원, 1987 **4**

《韓國의 美》 '⑬ 寺院建築', 신영훈 책임감수, 중앙일보사, 1983 **4**

《한국의 명찰 시리즈 ① 전등사》, 신대현 지음, (재)대한불교진흥원, 2009 **4**

《독도》(창비시선 126), 고은, 창작과비평사, 1995 **4**

《VITRUVIUS 建築十書》, 모리스 모건 편역, 오덕성 옮김, 기문당, 1989 **5**

《다 빈치, 비트루비우스 인간을 그리다》, 토비 레스터, 오숙은 옮김, 도서출판 뿌리와이파리, 2014 **5** **11**

《건축을 묻다》, 서현, 효형출판, 2009 **5** **6** **7**

《기독교 박해와 승리의 역사 로마의 카타콤》, 조인형, 기독서원 하늘양식, 2013 **5**

《건축 강의》, 외젠 비올레르뒤크, 정유경 옮김, 아카넷, 2015 **5** **6**

《서양건축문화의 이해》, 윤장섭, 서울대학교출판문화원, 2014 **5** **6**

〈초기 그리스도교의 예배공간에 관한 연구〉, 안재룡 · 이종국, 《대한건축학회연합논문집》 11권 2호(통권38호), 2009 **5**

〈초기그리스도교회의 예배공간 형성과 변화과정에 관한 연구〉, 안재룡 · 이종국, 《대한건축학회연합논문집》 12권 1호(통권41호), 2010 **5**

〈초기 기독교 교회건축의 형성 모델에 관한 연구〉, 홍순명, 《대한건축학회연합논문집》 계획계 제26권 제1호(통권255호), 2010 **5**

〈바실리카 교회건축의 형성과 변천에 관한 연구〉, 홍순명, 《한국문화공간건축학회논문집》 (통권 제35호), 2011 **5**

〈로마 공공 바실리카와 기독교 바실리카 교회의 평면특성 비교연구〉, 홍순명, 《한국문화공간건축학회논문집》 (통권 제41호), 2013 **5**

〈초기 기독교 교회건축에서 로마 바실리카의 기독교화와 기독교 건축의 로마화에 관한 연구〉, 홍순명, 《한국실내디자인학회논문집》 제22권 6호 (통권101호), 2013 **5**

《고딕성당》, 데이비드 맥컬레이, 하유진 옮김, 도서출판 한길사, 2003 **6**

《교회와 대성당의 모든 것》, 리처드 스탬프, 공민희 옮김, 사람의무늬, 2012 **6**

《헬만의 건축이야기》, 루이스 헬만, 임종엽 옮김, 도서출판국제, 1991 **6**

《에펠》, 데이비드 하비, 이현주 옮김, 생각의나무, 2005 **7**

《건축사의 대사건들》, 우르술라 무쉘러, 김수은 옮김, 도서출판 열대림, 2005 **7**

《건축이 건들건들》, 마이클 콕스, 오숙은 옮김, 김영사, 1999 **7**

네이버 캐스트 〈역사인물〉 '알렉산더 구스타브 에펠', 차창룡, 2009. 5. 6. **7**

《아파트 공화국》, 발레리 줄레조, 길혜연 옮김, 도서출판 후마니타스, 2007 **8**
《Le Corbusier 1 1905 – 1926》, 편집부 편역, 도서출판 보원, 1994 **8**
《대한민국에 건축은 없다》, 이상헌, 효형출판, 2013 **8**
《꼬르뷔제의 生涯 – 建築과 神話》, 스타인슬라우스 폰 무스, 최창길 · 예명해 옮김, 기문당, 1995 **8**

《건축디자이너를 위한 RC조 건축이해》, 하라구치 히데아키, 주진형 옮김, 기문당, 2009 **9** **10**
《건축예찬》, 지오 폰티, 김원 옮김, 열화당, 1979 **9**

《현대의 건축가 – 黑川紀章》, SD 편집부 편저, 최영명 옮김, 태림문화사, 1986 **11**

《생각》, 장정일, 행복한책읽기, 2005 **12**

《알기 쉬운 건축이야기》, 장정제, Spacetime · 시공문화사, 2015 **13**
「건축법」, 「건축법 시행령」, [별표]는 모두 법제처의 국가법령정보센터(http://www.law.go.kr) 참조 **13**

〈건축물 미술장식 제도 개선 방안〉, 김갑수(문화관광부 예술정책과장), 2005. 5 **15**
〈건축물에 대한 미술장식품 설치업무 처리 지침〉, 문화관광부 예술국, 2008. 6 **15**
「문화예술진흥법」, 「문화예술진흥법 시행령」, [별표]는 모두 법제처의 국가법령정보센터(http://www.
  law.go.kr) 참조 **15**

《화장실의 작은 역사》, 다니엘 푸러, 선우미정 옮김, 들녘, 2005 **16**
《호모 토일렛》, 이상정, 이지출판, 2012 **16**
《세계 화장실 엿보기》, 에바 뉴먼, 김은정 옮김, 경성라인, 2002 **16**
《최고의 평면》, 혼마 이타루, 박승희 옮김, 마티, 2005 **16**
《주거해부도감》, 마스다 스스무, 김준균 옮김, 더숲, 2013 **16**
《좋은 길은 좁을수록 좋고 나쁜 길은 넓을수록 좋다》, 김수근, 공간사, 1989 **16**
〈문화코드로 읽는 동양 삼국의 화장실〉, 이왕기, 《설비저널》 제31권 제2호 2002년 2월호 **16**